1.15

HISTOIRE ET ÉDUCATION
À LA CITOYENNETÉ

HISTOIRE EN ACTION®

FRANCE LORD

JEAN LÉGER

1er CYCLE
DU SECONDAIRE

MANUEL DE L'ÉLÈVE 1

THOMSON

GROUPE MODULO™

Australie   Canada   Espagne   États-Unis   Mexique   Royaume-Uni   Singapour

Nous reconnaissons l'aide financière du gouvernement du Canada par l'entremise du Programme d'Aide au Développement de l'Industrie de l'Édition (PADIÉ) pour nos activités d'édition.

L'information de Statistique Canada est utilisée en vertu d'une permission du ministre de l'Industrie, à titre de ministre responsable de Statistique Canada. On peut obtenir de l'information sur la disponibilité de la vaste gamme de données de Statistique Canada par l'entremise des bureaux régionaux de Statistique Canada, de son site Internet au http://www.statcan.ca et de son numéro d'appels sans frais au 1 800 263-1136.

Catalogage avant publication de Bibliothèque et Archives Canada

Lord, France

    Histoire en action : manuel de l'élève I

    Pour les élèves du niveau secondaire.

    ISBN 2-89113-986-0 (v. 1)

    1. Histoire – Manuels.   2. Éducation civique – Manuels.   3. Histoire sociale – Manuels. I. Léger, Jean, 1948-   . II. Titre.

D21.L67 2005   909   C2005-940774-3

Équipe de production

Chargée de projet : Pascale Couture
Recherche : Pirogue Communications
Révision linguistique : Audette Provost
Consultation scientifique : Éric Bellavance (dossiers 1 et 2), Katherine Blouin (dossiers 3 et 4), Marc Carrier (dossiers 5 et 6)
Correction d'épreuves : Marie Théorêt
Typographie : Carole Deslandes
Montage : Lise Marceau, Nathalie Ménard
Maquette : Marguerite Gouin
Couverture : Marguerite Gouin
Illustrations : Jocelyne Bouchard : p. 12, 14 ; Julie Bruneau : p. 12, 17, 19, 58, 59, 87, 110, 177, 188, 201, 214, 230 ; Monique Chaussé : p. 3, 13, 20, 29, 46, 48, 57, 71, 86, 89, 94, 99, 108, 119, 124, 131, 135, 141, 170, 175, 181, 217, 225, 230, 245 ; Danièle Dauphinais : p. 7 ; François Girard : p. 93, 222 ; Jacques Lamontagne : p. 17, 22, 34, 45, 61 ; Peter et Irina Pusztai : p. 11, 23, 24, 33, 53, 63, 83, 102 ; Jean-Luc Trudel : p. 65, 96, 111, 125, 136, 138, 144, 162, 189, 197, 232, 233, 247.

THOMSON

GROUPE MODULO

Histoire en action® – Manuel 1

© Groupe Modulo, 2005
233, av. Dunbar, bureau 300
Mont-Royal (Québec)
Canada H3P 2H4
Téléphone : (514) 738-9818 / 1 888 738-9818
Télécopieur : (514) 738-5838 / 1 888 273-5247
Site Internet : www.groupemodulo.com

Dépôt légal — Bibliothèque nationale du Québec, 2005
Bibliothèque nationale du Canada, 2005
ISBN 2-89113-986-0

HISTOIRE EN ACTION est une marque déposée de Groupe Modulo.

Imprimé au Canada
1 2 3 4 5   09 08 07 06 05

TABLE DES MATIÈRES

Un coup d'œil sur ton manuel   V

LA SÉDENTARISATION

▎ La sédentarisation, une lente
révolution   2

▎ 1. Les débuts de la
sédentarisation   6
   Un climat d'abondance   7
   Aux quatre coins du monde   9
   Se fixer à la terre   11

▎ 2. Maîtriser la nature   15
   La domestication des plantes   15
   La domestication des animaux   18
   La domestication des minéraux   21

▎ 3. La nouvelle vie sociale
des villages   26
   Travailler pour la famille   26
   Sédentaires et égalitaires ?   28
   Des ancêtres et des dieux   31

▎ Le sol nous raconte   34

▎ En conclusion   36

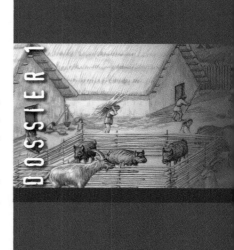

L'ÉMERGENCE D'UNE CIVILISATION

▎ La naissance d'une civilisation
au Proche-Orient   38

▎ 1. La Mésopotamie, une plaine
fertile et populeuse   42
   Le pays entre les deux fleuves   42
   La campagne mésopotamienne   45
   Les premières villes   47

▎ 2. Un carrefour d'échanges
convoité   50
   Cultiver en grand   50
   Commercer pour prospérer   53
   L'écriture nécessaire au
commerce   56

   La spécialisation de
l'artisanat   60

▎ 3. Vivre à l'ombre des dieux   64
   Libres ou esclaves   64
   Premiers rois, premières
administrations   67
   Des dieux à visage humain   72

▎ Déchiffrer les écritures
anciennes   74

▎ En conclusion   76

UNE PREMIÈRE EXPÉRIENCE DE DÉMOCRATIE

▎ Athènes, une cité grecque
démocratique   78

▎ 1. La mer, la montagne et
les Hellènes   82
   Une terre avare près de la mer   82
   La cité grecque   85

▎ 2. Vivre de la terre et de la mer   91
   De l'orge, de la vigne et de
l'olivier   91
   Fabriquer le beau   94
   Un commerce maritime
indispensable   98

▎ 3. La société démocratique
des Athéniens   100
   Être ou ne pas être citoyen   100
   Les institutions de
la démocratie   104
   Des dieux au cœur de
la vie terrestre   106

▎ Interroger et reconstituer
le passé   114

▎ En conclusion   116

DOSSIER 1

DOSSIER 2

DOSSIER 3

LA ROMANISATION

▶ **Un empire à son apogée** 118

▶ **1. Des territoires et des peuples conquis** 122
L'extension des frontières du monde romain 122
Des villes à la romaine 129

▶ **2. Assurer le bien-être de la population romaine** 134
Se nourrir et nourrir la capitale 134

L'intense va-et-vient des échanges 137
Tous les savoir-faire du monde 141

▶ **3. Le régime impérial** 143
Une société inégalitaire 143
Sous le regard de l'empereur 147
Honorer les dieux et l'empereur 151

▶ **Faire revivre les monuments** 154

▶ **En conclusion** 156

LA CHRISTIANISATION DE L'OCCIDENT

▶ **L'Occident, un monde chrétien** 158

▶ **1. L'Occident éclaté et chrétien** 162
Des « barbares » sur les ruines d'un grand empire 162
Édifier des châteaux par nécessité 168

▶ **2. Travailler pour son seigneur et pour l'Église** 174
Vivre de la terre 175
Façonner la pierre, le verre et le fer 180

▶ **3. Une société féodale dominée par l'Église** 185
Sous la protection d'un seigneur 185
L'Église triomphante 190

▶ **Lire le plan ou la coupe d'un monument** 200

▶ **En conclusion** 202

L'ESSOR URBAIN ET COMMERCIAL

▶ **L'expansion de la ville médiévale** 204

▶ **1. L'Europe en formation** 208
Des royaumes et des calamités 208
La ville médiévale 214

▶ **2. Le commerce, moteur de l'économie** 220
Des draps de bonne réputation 220
Le marchand, maître de la ville 224

▶ **3. Sous l'autorité d'un monarque** 232
La nouvelle société urbaine 232
Le renforcement du pouvoir royal 236
Faire pénitence 241

▶ **Étudier les monnaies** 246

▶ **En conclusion** 248

Index 249

Un coup d'œil sur ton manuel

Voici un aperçu de ton manuel d'histoire et d'éducation à la citoyenneté. Prends le temps de lire ces quelques lignes pour mieux comprendre l'organisation des textes et des rubriques.

Des dossiers pour interroger et interpréter le passé

À travers six dossiers captivants, explore trois grandes périodes de l'histoire : la Préhistoire, l'Antiquité et le Moyen Âge.

La sédentarisation Comment les communautés humaines de la Préhistoire sont-elles devenues sédentaires ? Pourquoi se fixent-elles sur un territoire ?

L'émergence d'une civilisation Qu'est-ce qui caractérise la civilisation mésopotamienne ? Quel rôle a joué l'écriture en Mésopotamie ?

Athènes, une cité grecque démocratique En quoi consiste la démocratie athénienne au 5e siècle avant Jésus-Christ ? Comment Athènes devient-elle la cité dominante du monde grec ?

La romanisation Comment l'Empire romain maintient-il sa domination sur un territoire aussi vaste ? De quelle manière cet État romanise-t-il les populations qu'il conquiert ?

La christianisation de l'Occident Quelle est l'influence de l'Église et de la religion chrétienne dans la société du Moyen Âge ?

L'essor urbain et commercial Qu'est-ce qui caractérise les villes d'Europe à la fin du Moyen Âge ? Comment s'y organise le grand commerce ?

Ligne du temps

LA SÉDENTARISATION, UNE LENTE RÉVOLUTION

L'aventure humaine débute il y a plus de deux millions d'années. Les premiers êtres humains s'assemblent en bandes nomades qui trouvent refuge à l'entrée des grottes ou dans des abris temporaires. Ces petits groupes vivent de chasse et de cueillette. Ils taillent la pierre pour s'en faire des outils. Avec ceux-ci, ils façonnent divers objets dans le bois et les os d'animaux. Cette période très reculée de notre histoire s'appelle le Paléolithique ou l'âge de la pierre taillée. De nombreux objets de pierre datant de cette époque préhistorique sont parvenus jusqu'à nous.

À partir de 16 000 avant Jésus-Christ, le climat de la Terre s'adoucit. Les paysages, la végétation et la faune se transforment. L'être humain raffine ses outils peu à peu. Il ne se contente plus de tailler la pierre, il la polit. Débute alors une lente révolution qui va changer radicalement la face de l'humanité. Au fil des siècles et des millénaires, aux quatre coins du monde, les populations se mettent à bâtir des villages. Elles commencent à cultiver des céréales, à domestiquer des animaux ou à pratiquer la poterie : c'est le début de la sédentarisation. Cette période correspond à l'âge de la pierre polie, connue aussi sous le nom de Néolithique.

Premiers êtres humains

vers -2 000 000

Maîtrise du feu

vers -400 000

PALÉOLITHIQUE

vers -30 000

Peinture dans les grottes

PRÉHISTOIRE

Remue-méninges

Pour découvrir des liens entre des réalités d'aujourd'hui et leur origine dans le passé.

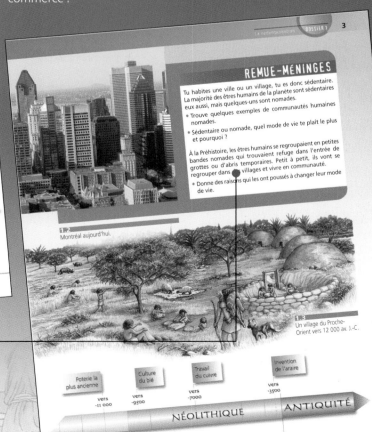

REMUE-MÉNINGES

Tu habites une ville ou un village, tu es donc sédentaire. La majorité des êtres humains de la planète sont sédentaires eux aussi, mais quelques-uns sont nomades.
- Trouve quelques exemples de communautés humaines nomades.
- Sédentaire ou nomade, quel mode de vie te plaît le plus et pourquoi ?

À la Préhistoire, les êtres humains se regroupaient en petites bandes nomades qui trouvaient refuge dans l'entrée de grottes ou d'abris temporaires. Petit à petit, ils vont se regrouper dans des villages et vivre en communauté.
- Donne des raisons qui les ont poussés à changer leur mode de vie.

Montréal aujourd'hui.

Un village du Proche-Orient vers 12 000 av. J.-C.

Poterie la plus ancienne

vers -11 000

Culture du blé

vers -9500

Travail du cuivre

vers -7000

Invention de l'araire

vers -3500

NÉOLITHIQUE **ANTIQUITÉ**

vers -12 000

vers -10 000

vers -8000

fin de la dernière

élevage de la chèvre

42   DOSSIER 2   L'émergence d'une civilisation

❶ LA MÉSOPOTAMIE, UNE PLAINE FERTILE ET POPULEUSE

CONSIGNE
▶ **Critique externe**
Indique d'où proviennent tes informations.

Rappelle-toi : les plus anciennes traces d'habitations fixes, d'agriculture et d'élevage se trouvent au Proche-Orient, dans le sud-ouest de l'Asie. Au fil des millénaires, la population de la région s'accroît et les villages agricoles deviennent de plus en plus nombreux. Malgré les conditions naturelles assez difficiles, les habitants savent tirer profit des ressources et de la situation géographique de leur territoire. Ainsi, c'est au Proche-Orient, plus précisément en Mésopotamie, que des archéologues européens du 19e siècle découvrent les traces des premières villes, construites il y a plus de 5000 ans ! Ces vestiges racontent l'histoire d'une brillante civilisation, une histoire qui s'étend du 4e au 1er millénaire avant Jésus-Christ.

Consigne

Ces dix capsules que tu retrouveras tout au long de ton manuel constituent un aide-mémoire. Elles te rappellent les étapes de la démarche de recherche en histoire.

TON SUJET D'ENQUÊTE

Explique en quoi l'eau fut déterminante pour le développement des grandes civilisations.

Commence ton enquête
▶ Note dans quelles régions du monde apparaissent des civilisations.
▶ Établis une liste de fleuves près desquels se développent des civilisations.
▶ Énumère des utilités de l'eau.

Poursuis ton enquête
Cherche une illustration d'une ville ancienne construite à proximité d'un cours d'eau. Vérifie si elle existe encore.

Le pays entre les deux fleuves

Ce nom, Mésopotamie, vient des mots grecs *mesos* « milieu » et *potamos* « fleuve » : « la terre, le pays entre les fleuves ». En effet, le territoire de la région est dominé par la plaine comprise entre l'Euphrate et le Tigre, deux longs fleuves qui se jettent dans le golfe Arabo-Persique. Observe la carte. Des frontières naturelles bien marquées délimitent la Mésopotamie : au nord et à l'ouest, les montagnes ; au sud-ouest, les **marais** ; au sud et à l'est, le désert. Dans son entier, la Mésopotamie correspond donc au vaste territoire formé par les vallées du Tigre et de l'Euphrate.

Ton sujet d'enquête

Pour développer tes compétences, cette rubrique te propose une enquête afin d'interpréter un aspect de la réalité sociale à l'étude.

Pour faciliter ta démarche d'enquête dans le manuel, tu trouveras une série de questions dans la section *Commence ton enquête*. La section *Poursuis ton enquête* t'invite à pousser plus loin ta recherche en consultant d'autres sources documentaires.

marais Nappe peu profonde d'eau stagnante, c'est-à-dire immobile. Le marais abrite une multitude de poissons et d'oiseaux ainsi que des plantes aquatiques comme le roseau.

oriental Situé à l'est d'un lieu.

affluent Cours d'eau qui se jette dans un autre.

palmier dattier Palmier élancé qui produit la datte.

Tu te rappelles le Croissant fertile [◀ carte 1.10] ? La Mésopotamie en occupe la partie **orientale**. Des fleuves imposants sont au cœur de la vie mésopotamienne. L'Euphrate, le Tigre et leurs **affluents** constituent des voies de transport indispensables au commerce. Ils fournissent l'eau nécessaire à l'agriculture et à la survie des populations. De plus, leurs rives sont riches en limon, un engrais naturel déposé par les eaux. Le **palmier dattier** y pousse en abondance. Le sol de la Mésopotamie renferme de grandes quantités d'argile, matière nécessaire à la fabrication de briques et de poteries. Les Mésopotamiens récupèrent également, à la surface du sol, du pétrole qui leur sert surtout à cimenter les murs des édifices.

Une première expérience de démocratie   DOSSIER 3   101

AILLEURS

UNE ÉDUCATION MUSCLÉE

Lacédémonien Citoyen de Sparte, Spartiate.

Les citoyens de Sparte, les Spartiates, ont la réputation d'être de redoutables guerriers. Dès la naissance, ils donnent à leurs enfants une éducation censée faire d'eux de robustes citoyens au service de la cité. Comment fabrique-t-on ces citoyens disciplinés ? Tout d'abord, un comité d'aînés décide si le nouveau-né est assez vigoureux : s'il est trop chétif, il sera précipité du haut d'une falaise du mont Taygète.

Dès l'âge de sept ans, les enfants quittent leur famille et sont pris en charge par la cité. Ils apprennent à lire et à écrire, mais s'adonnent surtout à la gymnastique. Dans son ouvrage intitulé *La République des Lacédémoniens*, l'historien grec Xénophon vante les mérites de cette éducation : exercices physiques pour garçons et filles, vêtement léger par tous les temps, port de chaussures interdit, punition par le fouet, régime alimentaire strict, etc. Une jeunesse vécue à la spartiate, ce n'était pas une partie de plaisir !

Comme les femmes mésopotamiennes, les femmes de la Grèce antique vivent constamment sous l'autorité d'un homme. Elles n'ont aucun droit politique. Pas question qu'elles participent à une assemblée ou qu'elles votent ! L'épouse grecque exécute les travaux domestiques, comme la cuisine et la fabrication des vêtements, ou voit à leur bonne marche. La femme aisée quitte rarement le foyer, sinon pour assister aux cérémonies religieuses. Même dans sa propre maison, elle est isolée dans son appartement, le gynécée, pour éviter les contacts avec les hommes du dehors, amis ou clients de son époux.

Les enfants des familles grecques ne sont pas nombreux, mais une bonne épouse doit mettre au monde au moins un fils. Le père a droit de vie ou de mort sur ses enfants. Il peut abandonner un enfant qu'il n'a pas les moyens d'élever ou encore un enfant faible, handicapé ou de sexe féminin. La mère veille à l'éducation de ses petits jusqu'à ce qu'ils atteignent l'âge de sept ans. Par la suite, les jeunes garçons se rendent chez des maîtres particuliers pour apprendre à lire, à écrire et à compter. Ils apprennent aussi la musique et la gymnastique. Quant aux filles, elles demeurent auprès de leur mère pour l'aider dans ses tâches ménagères.

Un modèle d'éducation rigoureux et sévère serait-il préférable pour les adolescents d'aujourd'hui ?

3.24 Figurine en bronze, Grèce actuelle, fin du 6e siècle av. J.-C. La jeune fille spartiate s'adonne à la culture physique pour donner naissance à des enfants en santé.

Ailleurs

Ton manuel t'aide à mieux comprendre comment s'est formé le monde occidental dans lequel tu vis aujourd'hui. Cette rubrique te propose d'aller voir ce qui se vit ailleurs, dans d'autres sociétés. « Ailleurs » t'ouvrira une fenêtre sur un repère culturel ou un élément essentiel d'une autre civilisation afin d'établir des comparaisons.

Opinion

Exerce ton jugement critique en réfléchissant aux questions de cette rubrique et prends l'habitude d'appuyer ton argumentation sur des faits historiques vérifiés.

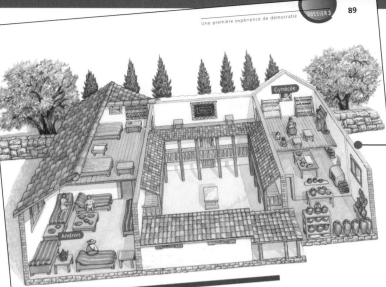

3.13
Reconstitution d'une habitation grecque du 4e siècle av. J.-C.

Les habitations

Seule la taille de l'habitation peut révéler la fortune du propriétaire. La plupart des maisons se composent de deux ou trois pièces seulement et n'ont pas d'étage. Elles sont construites d'après un plan rectangulaire et présentent un toit en pente recouvert de tuiles. Dans les îles de la mer Égée, les Grecs préfèrent le toit plat, en terrasse. Les constructions plus récentes révèlent un plan plus spacieux où les pièces s'organisent autour d'une cour.

La maison grecque constitue un lieu de repos, mais aussi de travail : selon l'occupation des habitants, on y trouve une boutique, un atelier, un pressoir à huile qui sert à extraire le liquide des fruits ou des grains, et même des animaux de ferme.

CONSIGNE
> **Place à la créativité**
* Essaie plusieurs façons de faire.
* Mets de l'avant des idées nouvelles.
* Envisage de nouvelles formes d'expression.

Passe à l'action

Histoire inventée
En t'inspirant de l'illustration, raconte une journée dans la vie d'une famille grecque de l'époque.

Un coup d'œil sur ton manuel

Documents iconographiques

Où cela s'est-il passé ? À quoi ressemble telle construction ou tel objet ancien ? Quelle tête avaient les gens à cette époque ? Une foule de documents visuels redonnent une vie et un visage au passé : reconstitutions, cartes, photographies et graphiques.

Passe à l'action

Cette rubrique te propose une activité pour approfondir tes connaissances et développer tes compétences. Tu y trouves des projets de toutes sortes : exposition, sketch, sondage, maquette, etc.

FAITS D'HIER   **L'OCCIDENT ENVAHI**

Souviens-toi qu'en l'an 395 l'empereur Théodose divise en deux l'Empire romain, devenu trop vaste et trop difficile à gouverner. À cette époque, des peuples « barbares » ont déjà forcé les frontières et attaqué des villes romaines. Pour acheter la paix, les empereurs avaient alors accepté d'accueillir certains de ces peuples, mais à condition qu'ils reconnaissent l'autorité impériale. Des populations germaniques se sont donc installées en sol romain, devenant légionnaires et même fonctionnaires. Malgré ces mesures, l'Empire romain d'Occident, agité par les guerres civiles, demeure très fragile. Et les « barbares » vont en profiter…

À la fin du 4e siècle, les peuples germaniques du nord-est de l'Europe fuient devant les Huns, venus du centre de l'Asie. Les Germains se répandent par vagues à travers le territoire romain. En l'espace d'un siècle, les « barbares » dominent le monde occidental. L'Empire romain d'Orient, pour sa part, résiste.

CONSIGNE
> **Analyse de cartes**
* Observe attentivement la légende.
* Évalue son échelle.
* Repère l'orientation.

5.6 **LES INVASIONS GERMANIQUES**

[Carte : MER DU NORD, Angles et Saxons, Francs, Rhin, Vandales, Ostrogoths, Huns, Wisigoths, OCÉAN ATLANTIQUE, Danube, Rome, MER NOIRE, Constantinople, MER CASPIENNE, Carthage, MER MÉDITERRANÉE, Tigre, Euphrate, NIL, MER ROUGE]

Légende
→ Trajet des invasions
Peuple « barbare »
Empire romain d'Occident
Empire romain d'Orient
0   400   800 km

Faits d'hier

Tu veux en savoir plus ? Cette rubrique fait le point sur un repère culturel, un concept important ou un aspect particulier de la période étudiée. Souvent accompagnés d'un document visuel ou écrit, les « Faits d'hier » piqueront ta curiosité pour t'entraîner un peu plus loin sur les routes de l'histoire.

Un coup d'œil sur ton manuel

5.12
Creusement d'un fossé autour d'une motte, tapisserie, Bayeux, France actuelle, 11ᵉ siècle.

Aujourd'hui

Suis l'évolution des sociétés humaines grâce à cette rubrique qui comprend toujours une question sur la réalité actuelle.

AUJOURD'HUI
Cherche en quoi consiste le projet de bouclier antimissile américain et décris son fonctionnement.

Définition

Un mot nouveau ? Un nom curieux ? Tu trouveras les définitions dans la marge tout au long des textes.

Le château fort

Tu peux constater que le château fort porte bien son nom [➜ illustration 5.13] ! L'entrée principale est presque imprenable. La **barbacane** et le pont-levis en défendent les abords. De solides **herses** empêchent d'accéder à la porte de bois, elle-même recouverte de fer ou de cuir et fermée de l'intérieur par de lourdes barres. Les fortifications impressionnent l'ennemi, qui doit d'abord franchir les profondes **douves** pour s'approcher des murailles de l'enceinte, parfois hautes de plus de dix mètres. L'enceinte est hérissée de **créneaux**. On y aménage un chemin de ronde, pour permettre aux défenseurs de faire le guet. En cas d'alerte, les charpentiers installent des hourds tout en haut des tours et des murailles. Ces galeries en bois comportent des ouvertures dans leur plancher, par lesquelles on jette sur les adversaires toutes sortes de projectiles redoutables : des pierres, de l'eau bouillante et de la **poix** brûlante. Au 14ᵉ siècle, les hourds sont remplacés par des constructions permanentes en pierre, appelées mâchicoulis.

Construction militaire, le château sert aussi de logis. Au fil des siècles, il devient une habitation plus ou moins somptueuse selon l'importance de son propriétaire. Le donjon s'agrandit. À quoi ressemble-t-il ?

barbacane Construction qui protège une entrée, et qui ressemble parfois à un véritable petit château.

herse Lourde grille coulissante de bois ou de fer qui s'abaisse à l'entrée d'un château pour en défendre l'accès.

douve Large fossé creusé autour d'un château, rempli d'eau ou non.

créneau Ouverture pratiquée à intervalles réguliers en haut d'un rempart ou d'une tour pour tirer sans être à découvert.

poix Matière visqueuse à base de résine de bois.

favoriser l'introduction de la civilisation romaine dans les territoires conquis. Lorsque le terrain le permet, l'organisation des nouvelles villes reprend le plan en damier des camps militaires romains [⬅ illustration 4.3]. Observe bien l'exemple des ruines de l'ancienne ville romaine de Timgad sur la photo 4.18, en Algérie. Cette ville de province regroupait des bâtiments qui rappellent ceux de la capitale : un forum, un marché, un théâtre, des thermes et un arc de triomphe. Centres politiques, économiques et culturels, ces nouvelles villes de province favorisent les contacts entre les Romains et les habitants de la région. Peu à peu, ces derniers adoptent la langue latine, le mode de vie et, parfois même, les croyances des Romains. C'est ce qu'on appelle la romanisation.

Citoyen, citoyenne

L'éducation à la citoyenneté te permet de prendre conscience des changements sociaux apportés par l'action humaine au fil des âges. Avec « Citoyen, citoyenne », tu aborderas des notions telles que l'identité sociale, les règles et conventions, les droits démocratiques et le rôle des institutions publiques. Prends conscience de ton rôle social et du fonctionnement de ta société à travers des enquêtes, des débats ou des action citoyennes.

CITOYEN, CITOYENNE

Des institutions d'hier à aujourd'hui

Les institutions publiques ont évolué au fil du temps. Dès les débuts de la Nouvelle-France, des écoles et des hôpitaux sont fondés pour répondre aux besoins des citoyens. Plusieurs facteurs comme l'accroissement de la population, les conflits, les crises économiques, les revendications sociales ou la simple nécessité ont transformé ces premières institutions et en ont fait apparaître de nouvelles. Aujourd'hui, tout un ensemble d'institutions publiques est en place pour répondre à tes besoins. Ces institutions sont prises en charge par les gouvernements. Les nombreux employés de toutes sortes qui y travaillent font partie du réseau de la fonction publique dont l'employeur est l'État. Comme c'est à même les budgets des gouvernements que les institutions publiques sont administrées, elles appartiennent à la collectivité qui les utilise. En plus d'offrir des services aux citoyens, ces institutions représentent un important bassin d'emplois pour la population.

Questions citoyennes
1. Explique le rôle d'une institution publique de ta communauté.
2. En plus de défendre le territoire, quels nouveaux rôles jouent nos institutions militaires ?
3. Cherche et raconte l'histoire d'une vieille institution publique du Québec.

Action citoyenne
Vive les institutions publiques !
- Choisissez en équipe une institution publique de votre communauté.
- Recueillez des informations à son sujet.
- Interviewez les dirigeants au sujet de son rôle.
- Présentez les résultats de votre enquête à vos camarades.

Opinion citoyenne
Certaines institutions publiques sont-elles plus importantes que d'autres ?

FAIRE L'HISTOIRE

Étudier les monnaies

La numismatique, du grec *numisma* «monnaie», se définit comme la science des monnaies. Les numismates se passionnent pour la fabrication des pièces, leur circulation et leur aspect. Selon leur champ de recherche, ils étudient aussi d'autres instruments de paiement, comme les lettres de change, les jetons, les billets de banque et même les cartes de crédit.

L'histoire de la monnaie remonte à l'Antiquité. C'est en Grèce, au 7e siècle avant Jésus-Christ, que les premières pièces sont frappées. Cependant, la numismatique demeure longtemps le domaine des amateurs, n'accédant au rang de science qu'à partir du 19e siècle. Grâce à la photographie, les chercheurs disposent de représentations beaucoup plus exactes que de simples dessins. L'identification et la comparaison des pièces de monnaie deviennent ainsi beaucoup plus fiables.

Les numismates collaborent souvent avec d'autres spécialistes de l'histoire, notamment avec des archéologues, des historiens et des historiens de l'art. Ils travaillent à partir de collections déjà constituées, qu'ils trouvent dans les musées, les bibliothèques ou encore les banques. Les numismates ont parfois la chance de participer à des fouilles archéologiques. Ils obtiennent alors

HISTOIRE EN ACTION

Dessine une pièce de monnaie et explique en quoi elle est représentative de tes valeurs.

6.43
Conservateur-numismate au travail. Musée de la Monnaie, Ottawa, Canada.

Un coup d'œil sur ton manuel

Faire l'histoire

Comment fait-on de l'histoire ? Quelles sources utilise-t-on ? De quels outils et méthodes dispose-t-on ? Cette rubrique tente de répondre à ces questions. Faire l'histoire, c'est l'affaire des historiennes et des historiens mais, comme tu le découvriras, c'est aussi le travail de beaucoup d'autres professionnels.

Histoire en action

Cette capsule te propose des pistes de recherche pour mieux connaître des métiers liés à l'histoire.

En conclusion

Voici quatre rubriques pour conclure un dossier.

Ton résumé te fournit des indices utiles qui t'aideront à établir un résumé du dossier.

Aide-mémoire revient sur quelques-unes des notions apprises.

Ton portfolio te rappelle de noter dans ton portfolio les concepts importants du dossier.

Tes travaux préparatoires te prépare au prochain dossier à l'étude.

L'historien français Lucien Febvre a écrit : «L'histoire, c'est cela : un moyen de comprendre et, par là même d'agir sur le cours des événements.» Avec *Histoire en action*, découvre le passé et prends ta place dans le présent!

EN CONCLUSION

TON RÉSUMÉ

Rédige un court résumé de ce que tu viens de découvrir concernant la romanisation. Pour établir ton plan de rédaction, consulte la ligne du temps afin de noter les événements marquants, les cartes afin de repérer les éléments géographiques importants et la table des matières pour te rappeler les grandes thématiques de ce dossier.

Aide-mémoire

- **Empire**: État constitué d'un ensemble de territoires relevant d'une seule autorité.
- **État**: Gouvernement qui exerce son autorité sur l'ensemble de la population d'un territoire délimité, et qui offre divers services à cette même population par l'intermédiaire de son administration.
- **Romanisation**: Les pays conquis subissent l'influence romaine, la langue latine devient celle du commerce et de l'administration, l'architecture se transforme, les lois romaines sont appliquées et ces contrées relèvent dorénavant de l'autorité de Rome.

MOTS ET CONCEPTS CLÉS

aqueduc
arc de triomphe
autarcie
«barbare»
citoyen
empire
esclave
État

infrastructure
institution publique
mandarin
monothéiste
peuple
romanisation
route (*via*)
vie urbaine

TON PORTFOLIO

- Décris ta participation à l'activité citoyenne *Vive les institutions publiques!* Comment s'est déroulé ton exposé oral? Note les points forts de ta présentation.
- Résume en quoi consiste la méthode historique de recherche.

TES TRAVAUX PRÉPARATOIRES

Le prochain dossier d'*Histoire en action* traite de la christianisation de l'Occident. Afin de bien t'y préparer, effectue les recherches suivantes:

- Détermine à quelle date débute et se termine le Moyen Âge.
- Note la définition des mots et concepts suivants: barbare, cathédrale, charte, croisade, chrétienté, donjon, évêque, féodalité, islam, médiéval, minaret, moine, monastère, mosquée, Occident, patriarche, Terre sainte.
- Repère sur une carte les villes suivantes: Constantinople, Cordoue, Grenade, Jérusalem, La Mecque, Paris, Rome et Saint-Jacques-de-Compostelle.
- Recherche la représentation d'un lieu saint du christianisme à l'époque médiévale et raconte son histoire.

LE MONDE AUJOURD'HUI

ALASKA
(É.-U.)

CANADA

GROENLAND
(Dan.)

ISLAND

**OCÉAN
PACIFIQUE**

**OCÉAN
ATLANTIQUE**

ÉTATS-UNIS

BERMUDES (R.-U.)

MEXIQUE

ÎLES HAWAÏ (É.-U.)

BAHAMAS

CUBA
RÉPUBLIQUE DOMINICAINE
PUERTO RICO (É.-U.)
JAMAÏQUE
BELIZE   HAÏTI   ST. KITTS et NEVIS
HONDURAS   DOMINIQUE
GUATEMALA   SAINTE-LUCIE
                               BARBADE
SALVADOR   NICARAGUA   TRINIDAD-ET-TOBAGO
COSTA RICA   GUYANA
            VENEZUELA   SURINAM
PANAMÁ   GUYANE
            COLOMBIE   FRANÇAISE (Fr.)

CAP-VERT

ÎLES
MARSHALL

NAURU

ÉQUATEUR

PÉROU

BRÉSIL

BOLIVIE

VANUATU

FIDJI

PARAGUAY

CHILI

URUGUAY

ARGENTINE

Légende

1 Slovénie   5 Macédoine
2 Croatie   6 Vatican
3 Bosnie-Herzégovine 7 Saint-Marin
4 Serbie-et-Monténégro 8 Liechtenstein

0   750   1 500 km

NORVÈGE
ESTONIE
RUSSIE
SUÈDE
LETTONIE
DANEMARK
LITUANIE
RUSSIE
BÉLARUS
IRLANDE
ROYAUME-
UNI   PAYS-BAS
         ALLEMAGNE   POLOGNE
BELGIQUE
LUXEMBOURG   RÉP.
              TCHÈQUE   SLOVAQUIE   UKRAINE
         8
FRANCE   AUTRICHE HONGRIE
         SUISSE   MOLDAVIE
              1 2 ROUMANIE
MONACO ITALIE
ANDORRE   7 6 3 4 BULGARIE

NOUVELLE-
ZÉLANDE

ÎLES FALKLAND
(Malouines)
(R.-U.)

ESPAGNE
6   5
PORTUGAL   ALBANIE
         Mer Méditerranée   GRÈCE   TURQUIE

0   250   500 km

ALGÉRIE   TUNISIE

OCÉAN ARCTIQUE

N
O ✦ E
S

NORVÈGE SUÈDE FINLANDE

RUSSIE

8
7 1 2 2
3 4
6 5

GÉORGIE

KAZAKHSTAN MONGOLIE

CORÉE
DU NORD
JAPON
CORÉE
DU SUD

OUZBÉKISTAN
KIRGHIZISTAN
TURKMÉNISTAN
TADJIKISTAN
ARMÉNIE
TURQUIE
SYRIE AZERBAÏDJAN
CHINE
TUNISIE
LIBAN
ISRAËL IRAK IRAN AFGHANISTAN
NÉPAL
BOUTHAN
MAROC JORDANIE
KOWEÏT
BAHREÏN PAKISTAN
ALGÉRIE LIBYE ÉGYPTE QATAR
INDE TAÏWAN
SAHARA
OCCIDENTAL ARABIE
SAOUDITE
ÉMIRATS
ARABES UNIS
BANGLADESH
LAOS
MAURITANIE ÉRYTHRÉE OMAN MYANMAR
(Birmanie) VIÊTNAM PHILIPPINES
ÉNÉGAL MALI NIGER YÉMEN
GAMBIE BURKINA BÉNIN TCHAD SOUDAN THAÏLANDE CAMBODGE
GUINÉE FASO DJIBOUTI BRUNEI
NIGERIA MALAISIE
CÔTE ÉTHIOPIE SINGAPOUR PAPOUASIE –
D'IVOIRE RÉP. SOMALIE MALDIVES NOUVELLE-
GHANA CENTRAFRICAINE GUINÉE
TOGO CAMEROUN OUGANDA SRI LANKA INDONÉSIE
GUINÉE GABON KENYA
ÉQUATORIALE CONGO RÉP. RWANDA TIMOR
LIBERIA POPULAIRE BURUNDI ORIENTAL
DU CONGO TANZANIE
SIERRA LEONE SEYCHELLES
GUINÉE-BISSAU ANGOLA MALAWI COMORES OCÉAN
ZAMBIE INDIEN
MOZAMBIQUE
ZIMBABWE MAURICE
NAMIBIE BOTSWANA MADAGASCAR ÎLE DE LA RÉUNION (Fr.)

AUSTRALIE

SWAZILAND
AFRIQUE
DU SUD LESOTHO

ANTARCTIQUE

LISTE DES CARTES

DOSSIER 1

Le monde vers 5000 av. J.-C. : premiers foyers d'agriculture et d'élevage	p. 4-5
Le monde vers 16 000 av. J.-C., pendant la dernière glaciation	p. 8
Le Croissant fertile, un carrefour naturel entre les continents	p. 10

DOSSIER 2

Le monde vers 2000 av. J.-C. : premières villes et premiers systèmes d'écriture	p. 40-41
Le relief de la Mésopotamie	p. 43
Expansion des empires égyptien et hittite vers 1300 av. J.-C.	p. 55
Les grands empires de Mésopotamie	p. 70

DOSSIER 3

Le monde vers 450 av. J.-C. : la vie politique	p. 80-81
Relief de la Grèce égéenne	p. 82
La région de l'Attique, territoire de la cité-État d'Athènes	p. 85
La ville d'Athènes et son port, Le Pirée, au 5e siècle av. J.-C.	p. 87
L'expansion du monde grec du 8e au 5e siècle av. J.-C.	p. 90

DOSSIER 4

Le monde vers 150 ap. J.-C. : les grands empires et leur défense	p. 120-121
L'emplacement de Rome	p. 122
L'Empire romain et ses provinces au 2e siècle ap. J.-C.	p. 125
Le commerce dans l'Empire romain au 2e siècle ap. J.-C.	p. 137
Les routes de la soie au 2e siècle ap. J.-C.	p. 140

DOSSIER 5

Le monde vers 1100 : les grandes religions	p. 160-161
Les invasions germaniques	p. 163
L'Occident chrétien au 12e siècle	p. 164
Pèlerinages et croisades au Moyen Âge	p. 198

DOSSIER 6

Le monde vers 1450 : les principaux centres urbains et leur population (données approximatives)	p. 206-207
L'Europe vers 1450	p. 208
Le royaume de France en 987	p. 209
Le royaume de France en 1483	p. 209
Plan de la ville de Bruges au Moyen Âge	p. 214
Le grand commerce au Moyen Âge	p. 226

LA SÉDENTARISATION

TABLE DES MATIÈRES

▶ **La sédentarisation, une lente révolution**   p. 2

▶ **1. Les débuts de la sédentarisation**   p. 6
    Un climat d'abondance   p. 7
    Aux quatre coins du monde   p. 9
    Se fixer à la terre   p. 11

▶ **2. Maîtriser la nature**   p. 15
    La domestication des plantes   p. 15
    La domestication des animaux   p. 18
    La domestication des minéraux   p. 21

▶ **3. La nouvelle vie sociale des villages**   p. 26
    Travailler pour la famille   p. 26
    Sédentaires et égalitaires ?   p. 28
    Des ancêtres et des dieux   p. 31

▶ **Le sol nous raconte**   p. 34

▶ **En conclusion**   p. 36

PROJET

Construis avec tes camarades un ruban du temps qui couvrira toute la période à l'étude, soit de la Préhistoire au Moyen Âge. Utilisez un support en carton ou en papier. Indiquez les dates charnières afin de délimiter proportionnellement chaque période historique. Laissez l'espace suffisant pour y coller des illustrations et y indiquer les événements importants.

LA SÉDENTARISATION, UNE LENTE RÉVOLUTION

L'aventure humaine débute il y a plus de deux millions d'années. Les premiers êtres humains s'assemblent en bandes nomades qui trouvent refuge à l'entrée des grottes ou dans des abris temporaires. Ces petits groupes vivent de chasse et de cueillette. Ils taillent la pierre pour s'en faire des outils. Avec ceux-ci, ils façonnent divers objets dans le bois et les os d'animaux. Cette période très reculée de notre histoire s'appelle le Paléolithique ou l'âge de la pierre taillée. De nombreux objets de pierre datant de cette époque préhistorique sont parvenus jusqu'à nous.

À partir de 16 000 avant Jésus-Christ, le climat de la Terre s'adoucit. Les paysages, la végétation et la faune se transforment. L'être humain raffine ses outils peu à peu. Il ne se contente plus de tailler la pierre, il la polit. Débute alors une lente révolution qui va changer radicalement la face de l'humanité. Au fil des siècles et des millénaires, aux quatre coins du monde, les populations se mettent à bâtir des villages. Elles commencent à cultiver des céréales, à domestiquer des animaux ou à pratiquer la poterie : c'est le début de la sédentarisation. Cette période correspond à l'âge de la pierre polie, connue aussi sous le nom de Néolithique.

1.1
La Préhistoire.

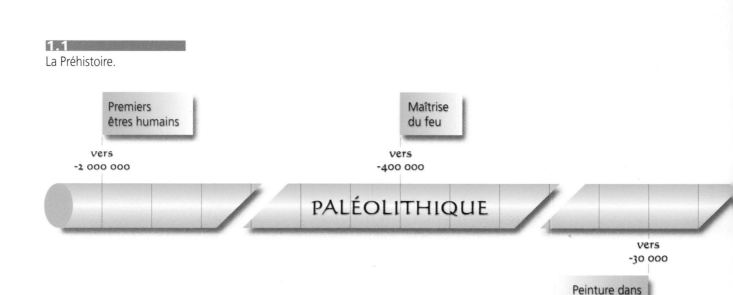

Premiers êtres humains
vers -2 000 000

Maîtrise du feu
vers -400 000

PALÉOLITHIQUE

vers -30 000

Peinture dans les grottes

PRÉHISTOIRE

Tu habites une ville ou un village, tu es donc sédentaire. La majorité des êtres humains de la planète sont sédentaires eux aussi, mais quelques-uns sont nomades.

- Trouve quelques exemples de communautés humaines nomades.

- Sédentaire ou nomade, quel mode de vie te plaît le plus et pourquoi ?

À la Préhistoire, les êtres humains se regroupaient en petites bandes nomades qui trouvaient refuge dans l'entrée de grottes ou d'abris temporaires. Petit à petit, ils vont se regrouper dans des villages et vivre en communauté.

- Donne des raisons qui les ont poussés à changer leur mode de vie.

1.2
Montréal aujourd'hui.

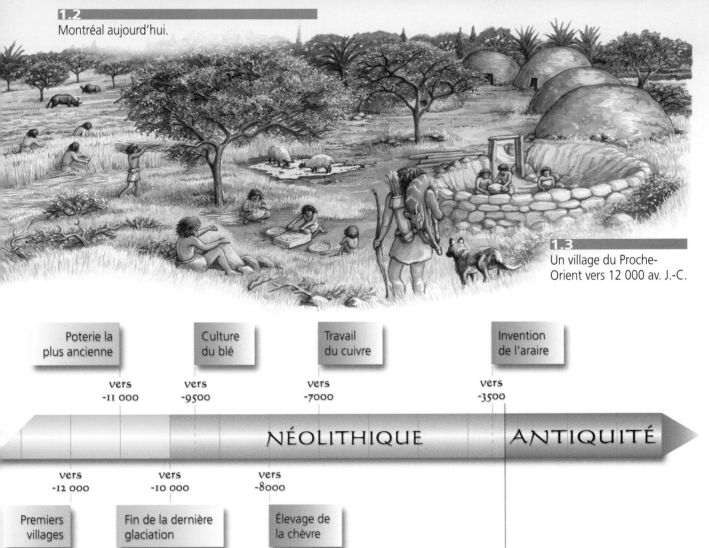

1.3
Un village du Proche-Orient vers 12 000 av. J.-C.

Poterie la plus ancienne	Culture du blé	Travail du cuivre	Invention de l'araire
vers -11 000	vers -9500	vers -7000	vers -3500

NÉOLITHIQUE   ANTIQUITÉ

vers -12 000	vers -10 000	vers -8000
Premiers villages	Fin de la dernière glaciation	Élevage de la chèvre

1.4   LE MONDE VERS 5000 AV. J.-C. : PREMIERS FOYERS D'AGRICULTURE ET D'ÉLEVAGE

- À partir de la carte, établis une liste des plantes et des animaux vivant à la Préhistoire. Lesquels sont exclusifs à l'Amérique ?

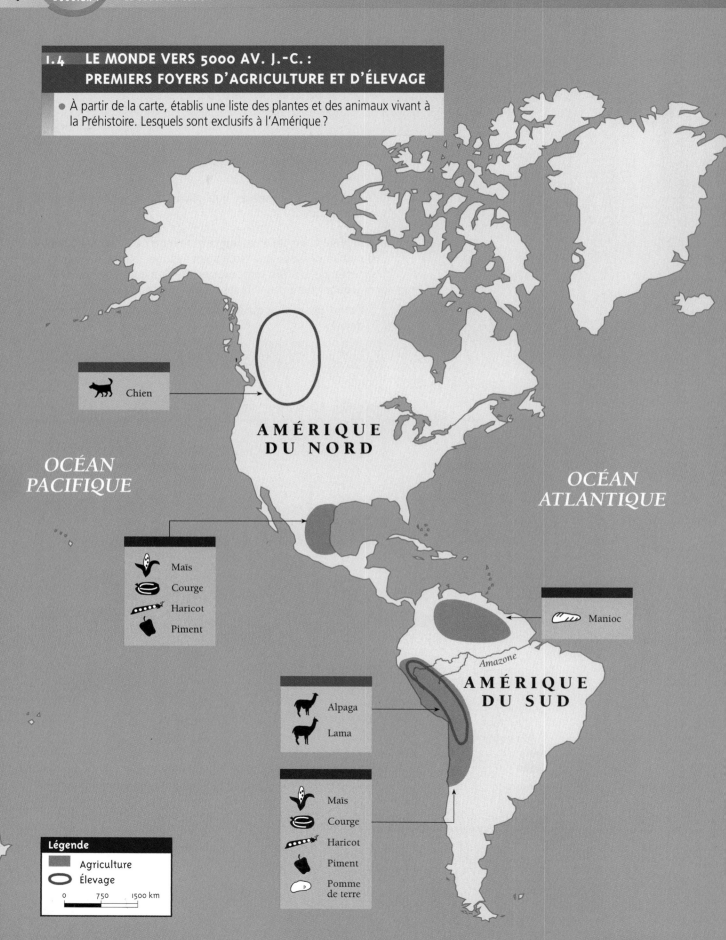

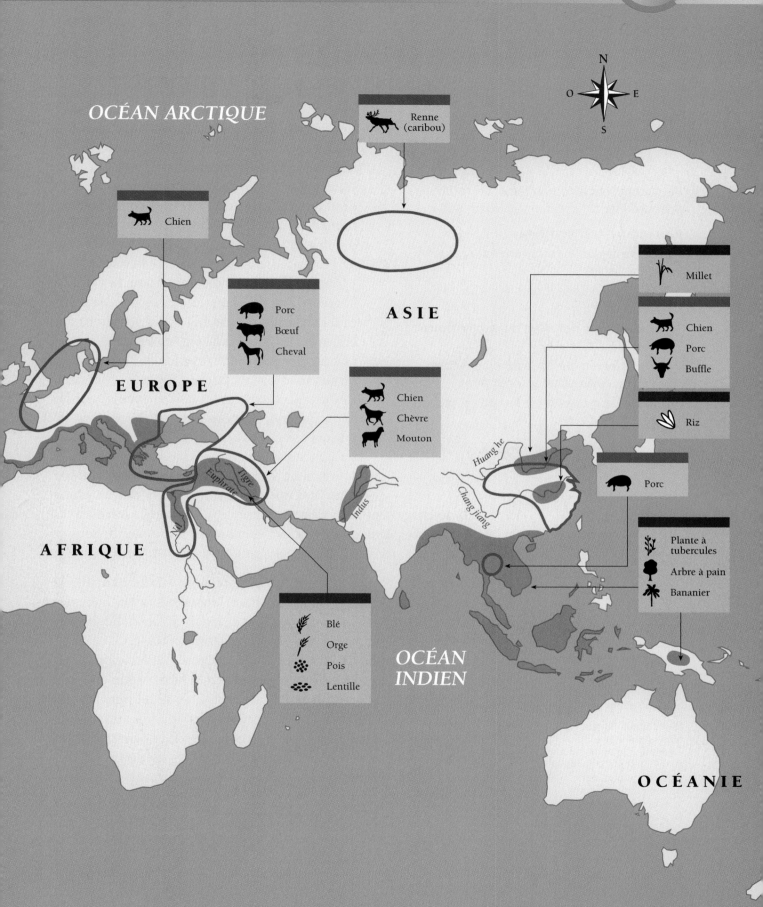

OCÉAN ARCTIQUE

Renne (caribou)

Chien

ASIE

Millet

Chien
Porc
Buffle

Riz

Porc

Plante à tubercules
Arbre à pain
Bananier

Porc
Bœuf
Cheval

Chien
Chèvre
Mouton

EUROPE

AFRIQUE

Tigre
Euphrate
Nil

Indus

Huang he

Chang jiang

Blé
Orge
Pois
Lentille

OCÉAN INDIEN

OCÉANIE

1 LES DÉBUTS DE LA SÉDENTARISATION

1 TON SUJET D'ENQUÊTE

Décris comment le réchauffement climatique favorise la sédentarisation au Néolithique.

Commence ton enquête

▶ Identifie des zones recouvertes de glaciers à la Préhistoire.

▶ Note quand débute le dernier réchauffement climatique.

▶ Dresse une liste des effets du réchauffement climatique.

▶ Identifie les régions où se développent les premières communautés sédentaires.

▶ Compare les modes de vie nomade et sédentaire.

Poursuis ton enquête

Cherche des sociétés modernes qui ont adopté un mode de vie nomade.

Paléolithique (du grec *palaios* « ancien » et *lithos* « pierre ») Première période de la Préhistoire, période souvent appelée âge de la pierre taillée à cause de la technique utilisée pour le façonnage des outils de pierre.

nomade Population qui n'est pas établie en un lieu, qui n'a pas d'habitation fixe.

sédentaire Population qui vit en un lieu fixe.

Néolithique (du grec *neos* « nouveau » et *lithos* « pierre ») Seconde période de la Préhistoire, souvent appelée âge de la pierre polie et pendant laquelle les sociétés se regroupent en villages et s'adonnent à l'agriculture, à l'élevage et à la poterie. Elle débute vers 10 000 avant Jésus-Christ dans le sud-ouest de l'Asie, mais pas avant 7000 avant Jésus-Christ dans les autres régions du globe.

Au **Paléolithique**, les bandes de chasseurs-cueilleurs se déplaçaient au gré des saisons en fonction des ressources disponibles sur leur vaste territoire. Elles ne comptaient que quelques dizaines d'individus. Ces petites communautés **nomades** suivaient les migrations des troupeaux d'animaux. Leur survie dépendait de ces bêtes qui leur fournissaient non seulement la viande pour se nourrir, mais aussi des peaux pour se vêtir, de la graisse pour s'éclairer et des os pour la fabrication d'armes et d'outils. Elles recherchaient également les endroits favorables à la cueillette des plantes, à la pêche, à l'extraction de la pierre ainsi qu'au ramassage du miel ou des œufs d'oiseaux. Ces diverses activités les amenaient à s'installer dans un endroit pour une durée variant de quelques semaines à quelques mois, et parfois jusqu'à quelques années. Les chasseurs-cueilleurs se réfugiaient dans des abris naturels comme l'entrée d'une grotte ou le renfoncement d'une falaise. Ils aménageaient aussi des campements, dressant des tentes faites de branchages, de peaux ou de grands ossements de mammouth. Pour se protéger des vents, ils construisaient des murets de pierre.

Le réchauffement du climat entraîne d'importantes modifications du mode de vie humain. Vers 10 000 avant Jésus-Christ, plusieurs sociétés nomades deviennent **sédentaires**, c'est-à-dire qu'elles se fixent de façon durable sur une portion de territoire, dans des habitations permanentes. C'est ce qu'on appelle la sédentarisation. D'autres sociétés se mettent d'abord à pratiquer l'agriculture et l'élevage avant de se regrouper en villages. Cette nouvelle façon de vivre s'accompagne d'une foule de changements qui caractérisent le **Néolithique** : l'apparition de nouveaux types d'habitations ainsi que de techniques nouvelles comme la poterie, le polissage de la pierre et le travail du métal. Les découvertes archéologiques récentes montrent que ces changements se produisent graduellement et qu'ils se manifestent dans différentes régions du monde.

L'ÉVOLUTION HUMAINE

L'être humain a de lointains ancêtres plus petits et plus trapus que lui, d'abord apparus en Afrique. Proches cousins du singe, ils se déplacent debout et peuvent accomplir toutes sortes de tâches avec leurs mains. L'*Homo habilis* serait le premier à avoir fabriqué un outil. L'être humain actuel porte le nom latin d'*Homo sapiens* (« homme sage »). Compare leur apparence et remarque le changement de posture.

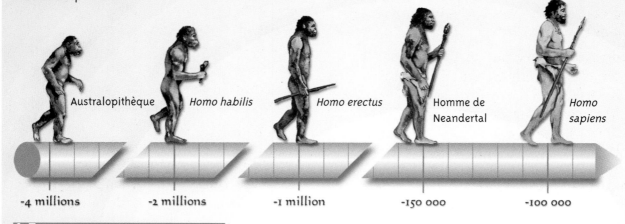

Australopithèque   Homo habilis   Homo erectus   Homme de Neandertal   Homo sapiens

-4 millions   -2 millions   -1 million   -150 000   -100 000

1.5
De l'Australopithèque à l'*Homo sapiens*.

Un climat d'abondance

Que se passe-t-il donc pour que tous ces bouleversements surviennent chez les chasseurs-cueilleurs du Paléolithique ? Au cours du Paléolithique, le climat de la Terre connaît de grandes variations, alors qu'alternent les périodes de réchauffement et de refroidissement. Le froid devient parfois si intense que d'épais glaciers s'étendent jusqu'à recouvrir d'immenses régions du globe. Une large portion de l'hémisphère Nord devient alors inhabitable pour les populations humaines. Ces **glaciations** durent plusieurs millénaires. À cause du gel, de nombreux cours d'eau s'assèchent et le niveau des mers s'abaisse. Comme tu peux l'observer sur la carte de la page suivante, la mer en se retirant découvre de grandes étendues de terre.

À partir de 16 000 avant Jésus-Christ, la Terre connaît une période de réchauffement. La dernière glaciation s'achève il y a environ 12 000 ans, soit vers 10 000 avant Jésus-Christ. Ce changement climatique aura des conséquences importantes sur les sociétés humaines de la Préhistoire, car leur environnement se transforme.

L'adoucissement du climat modifie considérablement l'environnement. En raison de la fonte des glaciers, les cours d'eau se gonflent à nouveau et le niveau des mers remonte. Le climat devient alors plus humide. Les terres glacées où poussent des mousses, des lichens, des arbustes et quelques arbres de petite taille reculent vers le nord, cédant la place aux prairies et aux

glaciation Période pendant laquelle une région a été recouverte par les glaces.

1.6   LE MONDE VERS 16 000 AV. J.-C., PENDANT LA DERNIÈRE GLACIATION

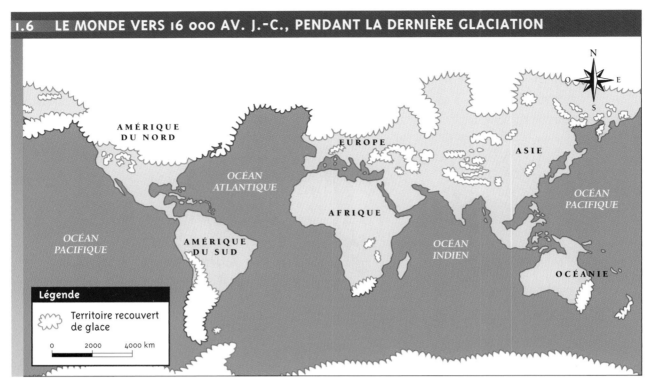

AMÉRIQUE DU NORD

EUROPE

ASIE

OCÉAN ATLANTIQUE

OCÉAN PACIFIQUE

AFRIQUE

OCÉAN PACIFIQUE

AMÉRIQUE DU SUD

OCÉAN INDIEN

OCÉANIE

Légende

Territoire recouvert de glace

0   2000   4000 km

CONSIGNE

> **Analyse de cartes**
> - Observe attentivement la légende.
> - Évalue son échelle.
> - Repère l'orientation.

aurochs Grand bœuf sauvage d'Europe dont la race est aujourd'hui éteinte.

bouquetin Chèvre sauvage des montagnes d'Europe, d'Afrique et d'Asie.

forêts de feuillus comme le chêne et l'érable. Le bœuf musqué et le caribou, des animaux bien adaptés aux grands froids, se déplacent vers les régions plus nordiques. Quant aux gros mammifères comme le mammouth, ils s'éteignent, probablement victimes du réchauffement ou d'une chasse trop importante. Tout un bouleversement !

Peu à peu, de grandes zones au climat plus doux et plus humide se peuplent d'un gibier plus petit : **aurochs**, cerf, sanglier, **bouquetin** et bien d'autres espèces encore. Près des cours d'eau, les céréales (blé, riz, etc.) et les légumineuses sauvages (pois, haricots, etc.) poussent désormais en abondance. Les populations adaptent leur alimentation aux nouvelles ressources et perfectionnent leurs techniques de chasse et de cueillette. Les produits de la chasse, de la pêche et de la cueillette sont si abondants que les habitants des grottes n'ont plus besoin de se déplacer pour survivre. Ils se mettent à exploiter des territoires beaucoup plus petits mais beaucoup plus riches qu'autrefois. La population augmente. Elle commence alors à quitter les tentes et les abris naturels pour s'installer dans de petites habitations permanentes. Cependant, dans quelques endroits, des groupes nomades entreprennent la culture des plantes et l'élevage des animaux avant même de s'établir dans un endroit fixe.

1.7

Peinture rupestre d'aurochs.

1.8   LA POPULATION MONDIALE AU NÉOLITHIQUE

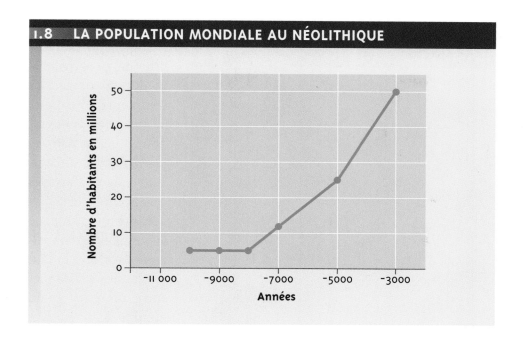

Aux quatre coins du monde

Les plus anciens **vestiges** d'habitations permanentes se trouvent au **Proche-Orient**. L'agriculture et l'élevage y débutent très tôt. Cependant, durant la période du Néolithique, il existe d'autres endroits où les groupes humains connaissent de tels changements dans leur mode de vie. Avec le Proche-Orient, certaines vallées fertiles de la Chine, en Asie, et du Mexique, en Amérique centrale, sont aussi des centres de sédentarisation. Comme tu peux le constater, en consultant la carte des pages 4 et 5 [← carte 1.4], ces régions sont très éloignées les unes des autres.

Dans ces trois zones, on trouve à l'état sauvage toutes les plantes nécessaires pour subvenir aux besoins essentiels d'une population nombreuse. On y trouve aussi les animaux qui complètent l'alimentation des habitants de la région. En fait, au fil des siècles et des millénaires, ce sont ces mêmes plantes et ces mêmes animaux que les populations apprendront à cultiver et à élever.

C'est à partir de ces principales régions que la sédentarisation, l'agriculture, l'élevage et les nouvelles techniques du Néolithique vont se répandre très lentement à travers l'Europe, l'Afrique, l'Asie et l'Amérique. Tu imagines ? Depuis le Proche-Orient, l'agriculture va mettre 4000 ans pour atteindre la côte atlantique de l'Europe et 6000 ans pour parvenir au sud de l'Afrique : une progression de un kilomètre par année !

vestige   Trace, ruine ; ce qui reste d'une chose détruite ou disparue.

Proche-Orient   Région du sud-ouest de l'Asie, appelée aussi Levant, située entre la mer Méditerranée et le golfe Arabo-Persique [→ carte 1.10].

1.9
Du lin.

1.10 LE CROISSANT FERTILE, UN CARREFOUR NATUREL ENTRE LES CONTINENTS

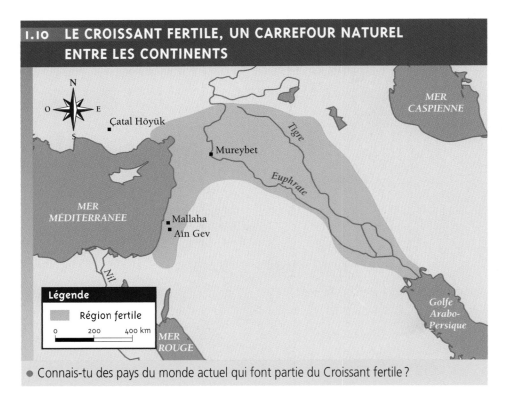

N O E S

Çatal Höyük

Mureybet

Tigre

Euphrate

MER CASPIENNE

MER MÉDITERRANÉE

Nil

Mallaha
Aïn Gev

Légende

Région fertile

0 200 400 km

MER ROUGE

Golfe Arabo-Persique

● Connais-tu des pays du monde actuel qui font partie du Croissant fertile?

Comment les grands changements du Néolithique progressent-ils donc à travers les continents? De deux façons: par l'émigration et les échanges. Les sociétés s'installent d'abord dans les vallées fertiles et sur les bords de mer. Lorsque la population d'un village s'accroît, il faut diviser les ressources entre un plus grand nombre de personnes. Vient un moment où ce territoire ne suffit plus à nourrir tout le village. Une partie des habitants doivent alors se déplacer vers une autre région où ils fonderont un nouveau village. Petit à petit, l'accroissement de la population pousse certains groupes à se fixer dans des endroits moins accueillants: les montagnes, les terres marécageuses ou encore les zones plus nordiques. En **émigrant** ainsi, les villageois transmettent ces techniques et ce mode de vie qu'ils ont emportés avec eux. Par ailleurs les objets, les graines de plantes cultivées, les animaux domestiqués et les nouvelles idées se répandent aussi grâce aux échanges entre populations voisines. De plus, certaines populations demeurées nomades, du fait qu'elles se déplacent régulièrement, facilitent la circulation des nouveautés d'une région vers une autre.

émigrer Quitter sa région ou son pays pour aller s'établir dans une autre région, un autre pays.

textile Que l'on peut diviser en fils afin de fabriquer des tissus.

mouflon Mouton sauvage.

buffle Mammifère ruminant, voisin du bœuf.

1.11 QUELQUES PLANTES ET ANIMAUX SAUVAGES DU DÉBUT DU NÉOLITHIQUE

Région	Céréales	Légumineuses	Plantes textiles	Animaux
Proche-Orient	• blé • orge	• pois • lentilles	• lin	• sanglier • bouquetin • **mouflon** • aurochs • chameau
Chine	• millet • riz	• soja	• ramie ou ortie de Chine • mûrier (nourriture du ver à soie)	• poule • canard • sanglier • **buffle**
Mexique	• maïs	• haricots	• coton	• dindon • canard de Barbarie

Se fixer à la terre

Le passage à la vie sédentaire s'effectue graduellement. En effet, c'est peu à peu que l'être humain se fixe à la terre, puis qu'il se met à la cultiver. Les populations se regroupent dans les régions où abondent l'eau et une nourriture variée : céréales, noix, mammifères, mollusques, poissons, etc. Elles découvrent de nouveaux matériaux qu'elles utilisent selon différentes techniques de construction.

Les premiers abris fixes

Au Proche-Orient, les archéologues ont découvert, creusées dans le sol, de petites maisons de forme circulaire qui datent d'aussi loin qu'environ 13 000 ans avant Jésus-Christ. Ces habitations isolées auraient servi d'abris fixes à des chasseurs-cueilleurs encore nomades venus récolter les céréales sauvages des alentours.

Pourquoi les gens de cette époque ont-ils ressenti le besoin de construire des habitations permanentes ? Il semble que ce serait en bonne partie parce qu'ils appréciaient énormément les céréales sauvages. Étonnant, n'est-ce pas ? Même s'il est trop tôt pour parler de sédentarisation, le site de Aïn Gev [← carte 1.10] nous livre un important indice de changement dans le mode de vie des habitants de ces premières maisons. Les céréales occupent alors une part de plus en plus grande dans l'alimentation des personnes qui vivent à cet endroit. Certaines pierres trouvées sur ce site seraient des outils destinés à écraser les grains pour en faire de la farine, cette dernière se cuisant plus facilement que les grains entiers. Or, les meules qui servent à moudre les céréales sont lourdes à déplacer pour des populations sans moyen de transport. Il devient donc avantageux de s'installer pour de longues périodes dans un lieu riche en grains sauvages.

Les premiers villages

Les premiers villages connus apparaissent vers 12 000 avant Jésus-Christ. Le village de Mallaha, situé au nord de l'Israël actuel [← carte 1.10], rassemble une dizaine de maisons sur un espace d'environ trois mille mètres carrés, soit la moitié de la superficie d'un terrain de soccer. Comme au millénaire précédent, l'habitation est une petite fosse ronde de trois à cinq mètres de diamètre, creusée dans un sol en pente [→ illustration 1.13]. À l'intérieur, un muret de pierre soutient les parois de terre. On y trouve un foyer,

2
TON SUJET D'ENQUÊTE

Explique comment se développent les premiers villages du Néolithique.

Commence ton enquête

▷ Note à quelle période préhistorique sont construits les premiers villages.

▷ Énumère des raisons qui amènent les humains à quitter leurs abris temporaires.

▷ Établis une liste des ressources disponibles dans les zones au climat doux et humide.

▷ Décris l'organisation d'un village néolithique et ses techniques de défense.

Poursuis ton enquête

Cherche un site archéologique de village ancien, situe-le sur une carte et raconte son histoire.

1.12
Le broyage des céréales à l'aide d'une meule et d'une molette.

argile Roche terreuse et imperméable, facile à façonner, utilisée pour la construction et la poterie.

des outils et des déchets de cuisine. À quoi ressemblaient le mur extérieur et la toiture ? Les spécialistes ne savent toujours pas. Ils se questionnent en interrogeant les matériaux disponibles autour des habitations : peaux d'animaux, roseaux, branches ou argile. Une chose paraît certaine : des poteaux de bois supportaient la toiture, car on a retrouvé les trous où ils s'enfonçaient.

Les villages comme celui de Mallaha sont habités par des chasseurs-cueilleurs qui fréquentent encore des grottes et des campements moins importants. Ils s'y abritent temporairement pour trouver les plantes et les animaux plus éloignés du village. Avec le temps, plusieurs d'entre eux vont délaisser leurs campements temporaires pour s'établir définitivement au village.

Les habitations

Au Proche-Orient, l'architecture circulaire se développe jusqu'au 8ᵉ millénaire avant Jésus-Christ. Les villages s'agrandissent et s'étendent sur un territoire dix fois plus grand qu'avant. Avec des murets d'**argile** qui s'enjambent facilement, on divise l'intérieur des habitations. On aménage ainsi un espace de repos, une cuisine et un espace destiné aux réserves de nourriture. Installés près des champs de céréales, les villageois vont apprendre à cultiver la terre. Et le mouvement de sédentarisation se répand de plus en plus.

La maison ronde n'est pas propre au Proche-Orient. On a trouvé des habitations circulaires en Chine, comme celle-ci, en Afrique et en Grande-Bretagne, en Europe.

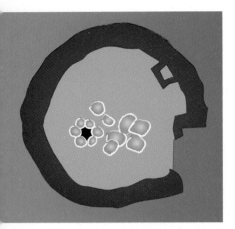

1.13

Plan d'une maison ronde, Mallaha, Israël actuelle, vers 12 000 av. J.-C.

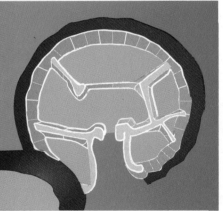

1.14

Plan d'une maison ronde, Mureybet, Syrie actuelle, vers 10 000 av. J.-C.

1.15

Reconstitution d'une maison ronde, Banpocun, dans le nord de la Chine actuelle, vers 6000 av. J.-C.

mortier Mélange fait d'argile ou de pierre en poudre, d'eau et de sable destiné à joindre les éléments d'une construction.

chaume Paille faite de tiges de céréales ou de roseaux qui recouvre les toits.

1.16
Site archéologique de Beidha, Jordanie actuelle.

Au Proche-Orient, la maison rectangulaire ou carrée apparaît grâce à la maîtrise d'une nouvelle technique de construction : le chaînage. Jette un coup d'œil sur l'illustration suivante. Comme dans un jeu de blocs, les pierres s'imbriquent les unes dans les autres pour que les murs se tiennent solidement et forment un angle bien droit.

Les matériaux de construction se multiplient et varient d'une région à l'autre. Pour élever des murs, les bâtisseurs lient maintenant les pierres avec du **mortier**. Dans le sud-ouest de l'Asie, ils utilisent surtout des briques crues, faites d'argile moulée et séchée au soleil. En Europe et dans l'est de l'Asie, où les forêts abondent, les murs se composent de poteaux de bois et de branchages tressés. L'intérieur et l'extérieur des habitations sont ensuite enduits de plâtre ou de torchis, un mélange de paille coupée et d'argile. Le **chaume**, le bois et l'argile recouvrent les toits construits en pente ou en terrasse dans les zones les plus chaudes.

1.17
Technique du chaînage.

Passe à l'action

Sketch sur le thème de la sécurité du village

Vous êtes une trentaine à vivre en communauté sédentaire et, depuis quelque temps, des animaux sauvages rôdent autour de votre village néolithique. De plus, vos réserves de nourriture sont importantes et vous craignez les voleurs. Après avoir discuté en petites équipes de solutions possibles, vous vous retrouvez tous autour d'un feu pour proposer le système de protection auquel vous avez pensé.

CONSIGNE

> **Place à la créativité**
- Essaie plusieurs façons de faire.
- Mets de l'avant des idées nouvelles.
- Envisage de nouvelles formes d'expression.

Reconstitution d'un village sur **pilotis** de Chalain, France actuelle, vers 3500 av. J.-C.

L'aménagement du village

À partir de 7000 avant Jésus-Christ, les villages, toujours plus nombreux, prennent des formes et des dimensions variées. Les habitations constituent les principales constructions du village. Il s'y trouve aussi quelques bâtiments plus petits où l'on entrepose les grains et le **fourrage**. En général, le village présente un édifice plus spacieux, qui servait probablement de lieu de réunion. À proximité des maisons, les trous creusés dans le sol pour extraire l'argile servent ensuite de fosses à déchets.

✴ Avec la sédentarisation, les villageois s'approprient maintenant une étendue de territoire déterminée. Les frontières de leur territoire deviennent dès lors importantes pour eux. Maisons, réserves de nourriture, animaux domestiques : les biens les plus précieux méritent d'être défendus. Ainsi, le territoire et ses ressources deviennent la propriété de la communauté. Leur protection s'organise. On s'entoure de fossés et de palissades faites de bois ou de pierre. Dans le grand village de Çatal Höyük, par exemple, les maisons sont collées les unes aux autres, sans rues ni portes donnant vers l'extérieur. Les villageois y entrent par les toits au moyen d'échelles de bois. Ces constructions permettent de repousser tant les animaux indésirables que les ennemis.

pilotis   Ensemble de pieux de bois enfoncés dans la terre pour supporter une construction en terrain humide ou sur l'eau.

fourrage   Plantes servant de nourriture aux animaux d'élevage comme le bœuf et la chèvre.

Reconstitution d'une section du village de Çatal Höyük, en Turquie actuelle, vers 7000 av. J.-C.

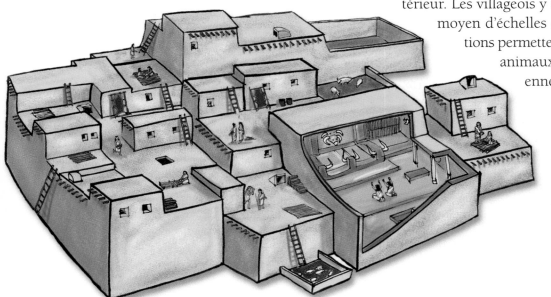

AUJOURD'HUI

Décris jusqu'où les communautés sédentaires d'aujourd'hui ont poussé le développement de l'habitation ou des systèmes de défense.

❷ MAÎTRISER LA NATURE

Pendant des centaines de millénaires, les êtres humains chassent, pêchent et cueillent leur nourriture. On dit qu'ils vivent en prédateurs. Par suite du réchauffement du climat et des transformations de l'environnement, les chasseurs-cueilleurs commencent à se sédentariser. Ils entreprennent alors de maîtriser la nature. Petit à petit, ils se mettent ainsi à produire leur propre nourriture en cultivant la terre et en élevant des animaux. Ce passage du statut de prédateur à celui de producteur constitue l'un des grands bouleversements dans l'histoire des sociétés humaines. Il s'accompagne aussi de progrès techniques liés principalement à l'utilisation des ressources du sous-sol comme l'argile, la pierre et les métaux.

CONSIGNE

> **Critique externe**
> • Indique d'où proviennent tes informations.

La domestication des plantes

L'agriculture n'a pas été créée du jour au lendemain par un inventeur de génie. Ce sont plutôt des observations et des découvertes isolées, des hasards même, qui ont lentement mené l'être humain à intervenir dans la croissance naturelle des plantes. À la fin du Paléolithique, des populations de chasseurs-cueilleurs se fixent dans des vallées fertiles, riches en céréales comme le blé et l'orge ainsi qu'en légumineuses sauvages comme les lentilles et les pois. Ces plantes présentent de grands avantages : elles sont très nourrissantes et leurs graines se conservent longtemps.

3
TON SUJET D'ENQUÊTE

Explique comment se sont développés l'élevage et l'agriculture au Néolithique.

Commence ton enquête
▸ Établis une liste d'outils caractéristiques de la sédentarisation.
▸ Énumère des avantages de la domestication des plantes.
▸ Note quand apparaissent la culture du blé et l'élevage de la chèvre.
▸ Indique des avantages de l'entreposage du grain et des semences.
▸ Énumère des avantages de la domestication des animaux.

Poursuis ton enquête
Cherche d'autres vestiges d'outils agricoles du Néolithique et fais-en une description.

Produire soi-même

Tout en continuant de pratiquer la chasse et la pêche, ces populations de chasseurs-cueilleurs s'inventent de nouveaux outils pour mieux exploiter ces ressources abondantes : la faucille leur permettra de couper les épis des céréales et la meule, de réduire les grains en farine. Les habitants des villages s'emploient à faciliter la croissance des plantes sauvages les plus appréciées. Ils arrachent la végétation indésirable, par exemple. Ce sont les femmes qui, sans même s'en apercevoir, sèment pour la première fois. Alors qu'elles égrènent des épis ou préparent un plat de céréales, des graines tombées au sol produisent bientôt de jeunes pousses près des habitations. Jette un coup d'œil sur l'illustration de la page 3 [← illustration 1.3] pour avoir une meilleure idée des activités et des techniques de l'époque.

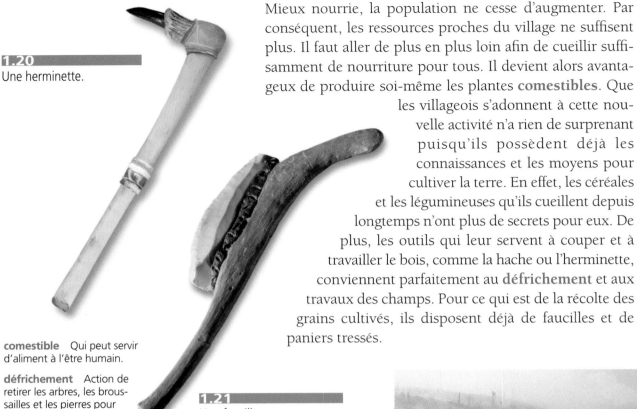

Mieux nourrie, la population ne cesse d'augmenter. Par conséquent, les ressources proches du village ne suffisent plus. Il faut aller de plus en plus loin afin de cueillir suffisamment de nourriture pour tous. Il devient alors avantageux de produire soi-même les plantes **comestibles**. Que les villageois s'adonnent à cette nouvelle activité n'a rien de surprenant puisqu'ils possèdent déjà les connaissances et les moyens pour cultiver la terre. En effet, les céréales et les légumineuses qu'ils cueillent depuis longtemps n'ont plus de secrets pour eux. De plus, les outils qui leur servent à couper et à travailler le bois, comme la hache ou l'herminette, conviennent parfaitement au **défrichement** et aux travaux des champs. Pour ce qui est de la récolte des grains cultivés, ils disposent déjà de faucilles et de paniers tressés.

comestible   Qui peut servir d'aliment à l'être humain.

défrichement   Action de retirer les arbres, les broussailles et les pierres pour rendre la terre cultivable ou propre à la construction.

1.21
Une faucille.

FAITS D'HIER   LA FORÊT ASSASSINÉE

occidental   Qui est à l'ouest.

fortifié   Muni d'ouvrages de défense (palissade, fossé, etc.).

Dès le 4e millénaire avant Jésus-Christ, les populations agricoles de l'Europe de l'Ouest dévastent d'immenses forêts de chênes. Comment cela s'est-il passé ?

L'Europe **occidentale** est alors parsemée de grands villages **fortifiés** dont la population ne cesse d'augmenter. Les besoins en bois de construction, en bois de chauffage et en terres cultivables s'accroissent considérablement. Avec des outils simples, les agriculteurs parviennent à abattre tant d'arbres que la forêt ne peut plus se renouveler. Durant un millénaire, le déboisement s'accélère tellement qu'il modifie le paysage. Le vent et la pluie aplanissent les collines, dont le sol n'est plus retenu par les racines des arbres. Ainsi, les terres cultivées s'appauvrissent. Jusqu'à nos jours, ce sont les plus importants dommages que le sol de cette région ait jamais connus !

1.22
Un brûlis.

● Connais-tu des conséquences d'un déboisement important ?

Les plus anciennes traces de grains cultivés au Proche-Orient remonteraient au 10ᵉ millénaire avant Jésus-Christ. Les habitants de la région prélèvent leurs premières semences sur les plantes sauvages les plus robustes, dont les grains sont gros et nombreux. Pour mieux connaître les plantes utiles de l'époque, consulte le tableau de la page 10 [← tableau 1.11]. Ces premiers agriculteurs aménagent leurs champs tout près des habitations, le sol y étant déjà défriché et engraissé par les déchets de cuisine. Ils recherchent également les terres riches en **limon** en bordure des cours d'eau. Et tout en cultivant, ils continueront pendant plusieurs siècles encore à se livrer à la cueillette de céréales sauvages.

Des agriculteurs sédentaires

Il faut attendre le 8ᵉ millénaire avant Jésus-Christ, au Proche-Orient, pour trouver de véritables agriculteurs sédentaires, c'est-à-dire des gens pour qui la culture et l'élevage constituent les principales sources de nourriture. Plusieurs d'entre eux habitent de grands villages situés près de forêts où ils doivent souvent dégager de nouvelles terres cultivables. Comment s'y prennent-ils ? Ils pratiquent la culture sur brûlis. Grâce à leurs haches en pierre polie bien aiguisée, ces hommes abattent une partie des arbres de la forêt. Ils retirent d'abord du terrain le bois destiné à la construction, au chauffage et à la cuisson. Ensuite, ils brûlent les broussailles et les branchages laissés sur le sol. Les cendres ainsi formées constitueront un excellent engrais. À l'aide de **houes**, les agriculteurs retournent ensuite le sol entre les souches d'arbres. Ils sèment alors les graines dans des trous ouverts avec un bâton, appelé bâton à fouir.

limon   Engrais naturel formé par les particules de terre et les débris organiques que les eaux charrient et déposent sur les rives d'un cours d'eau.

houe   Hache à la lame recourbée, semblable à l'herminette, utilisée pour les travaux agricoles.

1.23
Blé sauvage, blé cultivé.

1.24
Travaux agricoles.

resserre Endroit où l'on range certaines choses (provisions, outils, etc.).

grenier Espace sous le toit d'une maison où l'on conserve les grains et le fourrage.

silo Fosse ou réservoir où l'on entrepose des produits agricoles.

Après quelques années de culture, le sol s'épuise : les céréales et les légumineuses poussent moins bien. Les habitants du village abandonnent le champ à la végétation sauvage qui repousse. Ils doivent alors défricher une autre parcelle de terrain proche du village et réaliser de nouveau un brûlis. Au bout de plusieurs années, ils défrichent à nouveau les champs abandonnés. Lorsque ces terres sont trop appauvries, il arrive que l'on déplace le village.

La production agricole amène la sécurité alimentaire. Les villageois profitent maintenant de bonnes réserves de grains. Au fil des siècles, des espaces destinés à la conservation des récoltes apparaissent dans les villages. Dans les habitations, on aménage des **resserres** ou des **greniers**. On y place les paniers ou les grands vases de terre cuite contenant les semences pour l'année suivante et les grains réservés à la cuisine. À l'extérieur, on construit de petites granges pour abriter les récoltes. On creuse aussi des **silos** à même le sol.

Pour mieux connaître les régions agricoles du globe et leurs principales cultures vers 5000 avant Jésus-Christ, jette un coup d'œil à la carte des pages 4 et 5 [← carte 1.4].

La domestication des animaux

Le passage de la chasse à l'élevage, tout comme celui de la cueillette à la culture, s'effectue sur une longue période de temps. Avant d'élever des bêtes, l'être humain va devoir domestiquer celles qui se trouvent en abondance à l'état sauvage sur son territoire. Consulte la page ci-contre [→ illustration 1.26] pour mieux connaître les principales espèces animales à l'origine des espèces domestiquées.

Les premiers éleveurs

Les chasseurs-cueilleurs commencent par changer leur façon de chasser. Plutôt que de se livrer à un massacre sur un troupeau, ils ne tuent qu'un certain nombre d'animaux afin que les autres servent de réserve vivante de nourriture. Ensuite, ils essaient de se rapprocher des troupeaux. Dans les régions montagneuses du

1.25
Archer, peinture rupestre, Algérie actuelle, vers 6000 av. J.-C. L'arc, inventé à la fin du Paléolithique, permet de tuer le gibier à distance avec beaucoup de précision.

Proche-Orient, par exemple, les habitants bloquent les animaux au fond d'une vallée proche de leur village. Ce voisinage avec les animaux leur permet d'abattre facilement les bêtes dont ils ont besoin et de mieux observer leur comportement.

Tous les animaux ne sont pas domesticables. Les premiers éleveurs recherchent avant tout les espèces dont le comportement facilite l'élevage et dont les besoins en nourriture sont faciles à satisfaire. Ainsi, leur préférence va aux animaux peu perturbés par la présence humaine et qui se contentent d'une nourriture simple comme l'herbe et la paille. Ils recherchent également les espèces dont les mâles vivent dans le même troupeau que les femelles, ce qui simplifie grandement la reproduction. Les premiers élevages regroupent aussi des bêtes dont les petits se développent rapidement. Cette pratique avantageuse permet de profiter de leur viande sans avoir à les nourrir trop longtemps. Ainsi, à partir du 8e millénaire avant Jésus-Christ, au Proche-Orient, on élève des mammifères comme la chèvre, le mouton et le porc.

En outre, les éleveurs ont soin de capturer les bêtes les plus dociles, les plus petites et les moins agressives parmi les troupeaux sauvages. Si bien qu'au fil des siècles les animaux domestiqués se distinguent de plus en plus de leurs ancêtres sauvages. Ils sont généralement plus petits et leurs cornes, moins développées. Compare les exemples illustrés sur cette page.

domestiqué   **non domestiqué**

mouton   mouflon

porc   sanglier

chèvre   bouquetin

bœuf

aurochs

1.26
Évolution de l'animal domestiqué.

FAITS D'HIER   LE PREMIER ANIMAL DE COMPAGNIE

éboueur Animal qui consomme les ordures.

Le chien, sans doute un loup domestiqué, apparaît un peu partout à partir de 10 000 avant Jésus-Christ. Animal très sociable, il fréquente les campements et les villages à la recherche de déchets de cuisine. Les chasseurs-cueilleurs apprécient ses qualités d'**éboueur** et de chasseur. Ils l'adoptent donc comme compagnon et le dressent pour la chasse, ce qui donne au chien un heureux privilège : il finit rarement en viande de boucherie.

Il demeure que le chien de l'époque n'est pas le chien d'aujourd'hui... Il est utile mais on le craint parce qu'à l'occasion il s'attaque aux humains.

Scène d'un village
néolithique.

Des bêtes utiles

D'abord élevés pour leur viande, leur peau et leurs os, les animaux produisent aussi du lait et de la laine. Les oiseaux comme la poule et le canard fournissent des œufs et des plumes. Ce n'est que vers le 3ᵉ millénaire avant Jésus-Christ qu'on utilise les animaux comme force de traction. Les bœufs et les ânes sont attelés à un **araire** pour labourer les champs, puis à des chariots pour transporter des marchandises.

En plus des réserves de grains, les gens des villages ont maintenant à portée de main des réserves de viande, de lait et de laine. Les troupeaux broutent l'herbe des prairies voisines, la paille dans les champs de céréales après la récolte ou encore les petites branches des arbres de la forêt. Les habitants construisent des enclos pour les rassembler près de leurs habitations ou à l'extérieur du village. Et par mauvais temps, il leur arrive de les abriter sous leur toit ! Les agriculteurs sédentaires ne sont pas les seuls à pratiquer l'élevage ; certaines sociétés nomades adoptent aussi cette activité économique, suivant leurs troupeaux qui se déplacent avec les saisons.

L'élevage amène une foule de nouveautés. Les femmes préparent de nouveaux mets comme le fromage et se mettent à filer et à tisser la laine. Cependant, l'élevage n'entraîne pas la disparition de la chasse, de la pêche et de la cueillette de coquillages, ces activités traditionnelles complétant la production de viande et de grains. Si les éleveurs chassent encore pour se nourrir et se vêtir, ils le font désormais aussi pour protéger leur troupeau des bêtes carnivores.

araire　Charrue toute simple faite de bois.

GASTRONOMIE NÉOLITHIQUE

Que trouve-t-on au menu des villageois du Néolithique ? Principalement des plats à base de céréales : des bouillies de farine et du pain sans levain, sorte de galette plate. Ils apprécient les soupes de légumes (pois, lentilles, etc.) aromatisées d'ail et d'herbes sauvages. Les viandes se mangent grillées ou à l'étouffée, c'est-à-dire placées dans une fosse, sur un lit de braise et de pierres brûlantes, et recouvertes d'argile. Ce n'est pas tout. On se régale aussi de fromage, de fruits frais ou séchés selon la saison (pommes, poires, raisins, etc.), de champignons et de noix variées.

La cuisinière de l'époque dispose d'un foyer et parfois d'un petit four en argile qu'elle alimente avec des broussailles et des excréments d'animaux séchés. Sa batterie de cuisine se compose de pierres pour la cuisson et le broyage, de couteaux de pierre taillée, de cuillères et de bols en bois ainsi que de toutes sortes d'articles en terre cuite : des bols, des plaques pour cuire le pain, des marmites pour les plats mijotés, des cruches pour l'eau et l'huile, etc.

1.28
Reconstitution d'une cuisine néolithique.

La domestication des minéraux

Les sociétés humaines se sont donc mises à domestiquer les ressources végétales et animales disponibles dans leur environnement. Bientôt, elles vont aussi exploiter les richesses minérales pour améliorer leurs conditions de vie. L'utilisation des ressources du sous-sol n'est toutefois pas nouvelle. Il y a fort longtemps que les chasseurs-cueilleurs utilisent des outils et des armes de chasse munis d'une lame ou d'une pointe de pierre. Ils disposent aussi de lampes et de plats taillés dans ce matériau. En outre, ils peignent leur corps et les parois des grottes avec des couleurs à base de craie et d'**ocre**. Mais avec la sédentarisation, l'exploitation des minéraux s'intensifie et leur usage se diversifie.

ocre Argile jaune-brun ou rouge.

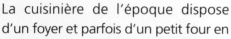

4

TON SUJET D'ENQUÊTE

Décris l'utilité des minéraux pour les sociétés sédentaires.

Commence ton enquête

▶ Note quand apparaissent la poterie et le travail du cuivre.

▶ Énumère les outils que les mineurs utilisent alors.

▶ Énumère des utilisations de l'argile, de la pierre et d'autres minéraux au Néolithique.

▶ Décris des avantages du métal fondu pour la production d'armes et d'outils.

Poursuis ton enquête

Cherche d'autres vestiges archéologiques d'objets en métal datant de la Préhistoire et explique leur utilité.

1.29
Poterie néolitique, France actuelle, 3ᵉ millénaire av. J.-C.

AUJOURD'HUI

Explique à l'aide d'un exemple jusqu'où les communautés sédentaires d'aujourd'hui ont poussé la domestication des minéraux.

1.30
Deux techniques de poterie.

La poterie

Il semble que la découverte de la poterie survienne dans différentes régions d'Asie, d'Afrique, d'Amérique et dans l'est de l'Europe. Certaines populations connaissent déjà bien l'argile, car elles s'en servent pour recouvrir les murs et le sol de leurs maisons. Mais pendant longtemps, on s'accommode de récipients confectionnés dans de la peau d'animal, du bois, de la pierre ou des plantes tressées. Les spécialistes pensent qu'en observant le durcissement du sol sous le feu de leur foyer, des individus auraient compris que la cuisson fait de l'argile une matière résistante. C'est ainsi que serait née la poterie ! Les plus anciennes poteries connues viennent du Japon et datent du 11ᵉ millénaire avant Jésus-Christ. Ces poteries sont façonnées dans une pâte d'argile mélangée à de l'herbe, du sable ou de l'os broyé. On trouve aussi des figurines d'argile très anciennes produites au Proche-Orient.

À partir du 7ᵉ millénaire avant Jésus-Christ, la production de poteries se répand sur le globe. Chez les populations sédentaires, les récipients de terre cuite s'imposent. Les agriculteurs y entreposent leurs liquides, leur farine et leurs grains. On les utilise aussi pour faire mijoter longtemps sur le feu les plats à base d'eau comme les soupes et les ragoûts. Par contre, ces objets ne présentent pas de si grands avantages pour les nomades. Lourdes et fragiles, les poteries supportent mal le transport.

Ia **Le montage au colombin**

La potière façonne un boudin de pâte d'argile, le colombin.

Elle monte le colombin en spirale.

Ib **L'estampage**

La potière aplatit une boule de pâte d'argile.

Elle moule la pâte sur un panier de vannerie.

2 Elle lisse la surface du contenant avec ses doigts mouillés ou à l'aide d'une pierre ou d'une baguette de bois.

3 Avant la cuisson, elle décore le contenant à l'aide d'un coquillage, d'une corde ou encore avec le doigt.

Les premières poteries sont modelées directement dans la pâte d'argile avec les mains. Par la suite, les potiers du Néolithique utilisent aussi d'autres techniques de fabrication, comme le montage au colombin puis l'estampage. L'illustration 1.30 en donne un aperçu.

L'art de la poterie exige la maîtrise d'un feu à haute température. Les premières cuissons de pièces d'argile se font à l'air libre. On entoure les pièces de branchages auxquels on met le feu. Avec cette méthode, les pots ne sont pas toujours assez cuits et se brisent facilement. Pour obtenir une température de cuisson beaucoup plus élevée et des objets de meilleure qualité, les potiers améliorent leur technique. Ils font cuire leurs poteries à l'abri du vent dans des fosses recouvertes d'argile.

main-d'œuvre Ensemble des personnes qui travaillent.

colporteur Personne qui transporte la pierre de la mine au village.

Le travail de la pierre

Les sociétés sédentaires travaillent également la pierre. L'accroissement important de la population entraîne la construction de nouveaux villages et le défrichement de nouveaux champs. La hache de pierre constitue l'outil essentiel pour réaliser ces grands travaux. Cependant, le ramassage des pierres à la surface du sol ne suffit plus. Il devient nécessaire d'exploiter des mines pour produire plus de haches et divers autres outils.

Cette activité demande une **main-d'œuvre** nombreuse pour creuser les puits et les galeries et pour extraire la pierre. Les mineurs exécutent ces travaux au moyen de pioches en bois de cerf, de marteaux de pierre et de pelles en os. Imagine : le puits d'une mine peut atteindre

1.31
Une mine de silex.

20 mètres de profondeur ! Comme chaque village n'a pas de gisement à proximité, les habitants se procurent les pierres auprès d'autres villages. Il arrive aussi que le transport soit assuré par des **colporteurs**.

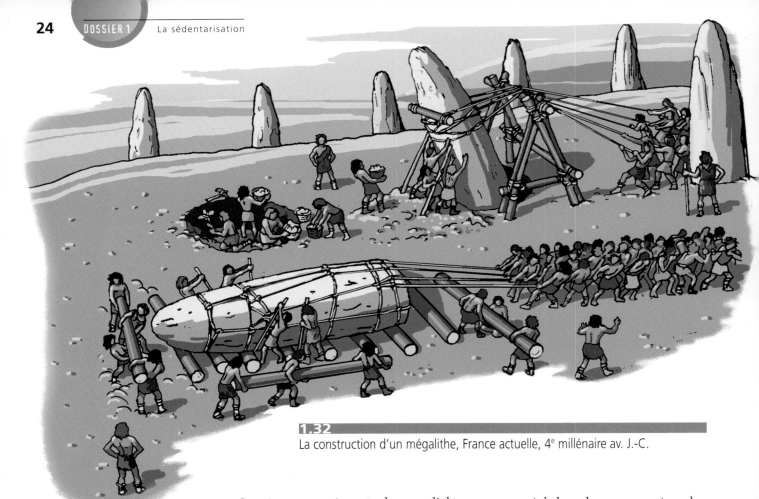

1.32
La construction d'un mégalithe, France actuelle, 4ᵉ millénaire av. J.-C.

mégalithe (du grec *megas* « grand » et *lithos* « pierre ») Monument constitué d'un seul ou de plusieurs blocs de pierre de grandes dimensions.

ériger Élever, bâtir un monument.

La pierre constitue également l'élément essentiel dans la construction des **mégalithes**, des ouvrages bâtis en Europe entre le 5ᵉ et le 3ᵉ millénaire avant Jésus-Christ et qui servent de tombes ou de lieux sacrés. Des centaines d'hommes doivent extraire d'énormes blocs de pierre, les transporter, les tailler et les **ériger**. Ils travaillent à l'aide de marteaux de pierre, de cordes végétales, de troncs d'arbres et de leviers de bois. Regarde l'illustration. Pas étonnant, n'est-ce pas, que ces imposants monuments deviennent le symbole de la puissance du village qui les a construits !

CITOYEN, CITOYENNE

Une identité sociale

Comme tu le vois dans ce dossier traitant de la sédentarisation des communautés au Néolithique, une identité sociale se définit par l'addition de différents attributs sociaux. Le groupe d'âge, enfant ou adulte, l'identité sexuelle, homme ou femme, le mode de vie, nomade ou sédentaire, voilà autant d'aspects qui définissent l'identité sociale d'un individu des premières communautés humaines. Même si ces attributs déterminent aussi ton identité sociale, tu constateras qu'ils sont devenus, au fil de l'évolution, de plus en plus nombreux et complexes.

Les métaux

Le sous-sol renferme aussi des métaux comme le cuivre, l'or et l'argent. Dès le 8ᵉ millénaire avant Jésus-Christ, des gens habiles travaillent le métal au Proche-Orient. Les objets trouvés sont peu nombreux. Il s'agit principalement de parures de cuivre comme des perles et des épingles. Le cuivre est un métal qui se trouve à l'état pur à la surface du sol et dans les grottes. Comme il est plutôt mou, il se travaille facilement au marteau.

Il faut attendre le 5ᵉ millénaire avant Jésus-Christ pour que la **métallurgie** débute au Proche-Orient et en Europe. Or, un bon observateur de l'époque s'était déjà rendu compte qu'en chauffant certaines roches, un liquide brûlant s'en échappait : du métal fondu ! Il devient maintenant possible d'extraire le métal du **minerai**. La métallurgie est une industrie complexe qui exige l'exploitation de mines et la maîtrise de techniques spéciales. La chaleur nécessaire pour la fonte du métal est encore plus élevée que celle nécessaire à la cuisson de l'argile. Le métal fondu est ensuite coulé dans un moule en pierre. On peut ainsi reproduire plusieurs exemplaires du même objet, par exemple d'une lame de hache ou de poignard.

métallurgie Travail du métal.

minerai Roche contenant du métal.

CONSIGNE

Méthode historique
- Cherche la même information dans différentes sources.
- Distingue les faits historiques des opinions.
- Fais appel à tes connaissances antérieures.

Passe à l'action

Exposition de vestiges archéologiques

Le métal fondu rend possible la confection d'outils, de bijoux et d'armes de formes variées. Cherche pour chaque catégorie un exemple d'objet en métal fondu datant du Néolithique. Fais pour chacun une fiche descriptive. Une fois les fiches terminées, expose-les en classe.

FAITS D'HIER — UNE HACHE À LA FINE POINTE DU PROGRÈS TECHNIQUE

Au 4ᵉ millénaire avant Jésus-Christ, la hache en pierre polie à gaine de bois de cerf connaît un grand succès parmi les défricheurs. Elle permet d'économiser les matériaux et de travailler plus efficacement.

Comment cela est-il possible ? Cet outil ingénieux rassemble trois pièces démontables : une lame de pierre polie, une gaine de bois de cerf et un manche en bois. Le polissage permet d'utiliser les pierres dures qu'il est impossible de tailler avec précision. On polit la pierre pour l'aiguiser en la frottant sur une autre pierre avec du sable. Mais la grande innovation, c'est la gaine en bois de cerf. D'une part, elle prolonge la lame et la rend plus légère : plus besoin de grosses lames de pierre ! D'autre part, la gaine amortit les coups : le manche de bois éclate moins facilement. Si une des pièces de la hache se brise, on la remplace sans se débarrasser de toute la hache. Plus d'efficacité, moins de gaspillage : voilà l'outil idéal pour défricher la forêt !

1.33 Une hache en pierre polie, vers 2500 av. J.-C.

❸ LA NOUVELLE VIE SOCIALE DES VILLAGES

TON SUJET D'ENQUÊTE

Explique comment la sédentarisation modifie les rapports entre les individus.

Commence ton enquête

▶ Dresse un tableau des activités selon le sexe des individus des communautés sédentaires.

▶ Note un exemple de la division du travail au Néolithique.

▶ Relève les premiers signes de hiérarchie sociale au Néolithique.

▶ Établis une liste des individus qui constituent la nouvelle élite sociale au Néolithique.

Poursuis ton enquête

Recherche dans d'autres sources des preuves de hiérarchie sociale au Néolithique.

CONSIGNE

> **Traitement des informations**
> • Établis un cadre d'organisation des informations.
> • Classe, critique et compare les données recueillies.
> • Retiens les informations pertinentes en fonction du sujet.

Les bandes de chasseurs-cueilleurs nomades du Paléolithique réunissaient quelques dizaines d'individus liés par le **sang**. Les membres de ces groupes s'entraidaient, la coopération était au cœur de leur vie quotidienne. Ils obéissaient à des chefs de famille ou à des hommes choisis pour leur courage ou leur expérience de la chasse. Le passage à la vie sédentaire va changer leur mode de vie. Un village compte maintenant quelques centaines, parfois même des milliers d'individus. Ces individus vivent désormais sur un territoire limité. Aussi les villageois se donnent-ils des règles quant au partage du travail, du territoire et des ressources. Leur vie culturelle et religieuse se transforme. Comment ces nouvelles sociétés s'organisent-elles ? Quels sont les rapports entre les habitants d'un même village ou entre villages voisins ? Comment les croyances s'expriment-elles ?

Travailler pour la famille

Pour les villageois, la parenté continue de jouer un rôle important. Les membres d'une même famille habitent la même maison. Dans certains villages d'Europe, des maisons abritent parfois plusieurs familles, mais en ce cas chacune dispose d'une pièce équipée d'un foyer.

La division sexuelle des tâches

Comme auparavant, la division du travail s'organise plutôt selon le sexe des individus. Chez les bandes nomades, les femmes se chargeaient des enfants, de la cueillette et de la préparation des aliments ; les hommes chassaient et fabriquaient leurs armes. Avec la sédentarisation, la liste des tâches s'allonge. Les femmes élèvent un plus grand nombre d'enfants. Elles s'adonnent toujours à la cueillette de plantes sauvages, mais cultivent aussi la terre. Leurs tâches domestiques se multiplient avec l'entretien de l'habitation, le broyage des céréales, le filage, le tissage et la poterie. Quant aux hommes, ils veillent aux travaux qui exigent une plus grande force physique. Ils creusent le sol pour extraire la pierre ou l'argile. Ils construisent les bâtiments et les ouvrages de défense. S'ils chassent toujours, ils élèvent maintenant des animaux comme la chèvre, le porc ou le bœuf. Ils prennent aussi part aux conflits qui éclatent avec les populations voisines.

sang Liens du sang, liens de parenté.

1.34
Reconstitution de
l'intérieur d'une maison,
Chalain, France actuelle,
vers 3000 av. J.-C.

Jusqu'au 5ᵉ millénaire avant Jésus-Christ, il existe peu de preuves d'une autre façon de répartir le travail entre les individus. Ainsi, dans le grand village de Çatal Höyük [◀ carte 1.10], en Turquie, chaque **famille élargie** a construit ses propres maisons pour s'abriter. C'est qu'il n'y a pas d'artisans spécialisés dans la construction, c'est-à-dire d'individus dont le métier serait de construire des maisons. Même chose pour la plupart des activités comme la chasse, la cueillette, l'agriculture ou la taille de la pierre. Chaque famille comble ses propres besoins : se loger, se nourrir, se vêtir, se défendre.

La division économique du travail

Vers la fin du Néolithique, une nouvelle forme de division du travail apparaît au Proche-Orient, en Afrique et en Europe avec le développement de la métallurgie. En effet, la métallurgie exige une main-d'œuvre nombreuse

famille élargie Famille qui comprend la mère, le père et leurs enfants, mais aussi les grands-parents, les tantes, les oncles, les cousins, etc.

CITOYEN, CITOYENNE

Attributs identitaires et travail

Le travail que tu accomplis constitue un attribut de ton identité sociale. Aujourd'hui, un individu est socialement reconnu en tant qu'étudiant, professionnel, ouvrier, retraité ou chômeur, par exemple. Ton occupation s'ajoute donc aux autres traits qui définissent ton identité sociale. Déjà, ce trait identitaire existe chez les communautés sédentaires de la Préhistoire. Les travailleurs de cette époque s'adonnent à des tâches de plus en plus spécialisées. Il est désormais possible d'identifier un individu à son occupation : il est par exemple paysan, mineur, métallurgiste ou religieux.

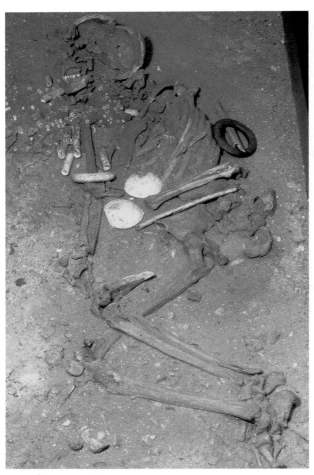

1.35
Une sépulture individuelle. Restes d'une femme du Néolithique, 5ᵉ millénaire av. J.-C.

de mineurs et de colporteurs, ainsi que des artisans spécialisés pour façonner et transformer le métal. Dans cette division économique du travail, différentes personnes se partagent les tâches à accomplir. Chacune adopte une spécialité : le mineur extrait le minerai, le colporteur le transporte, le métallurgiste le transforme et le **paysan** fournit la nourriture.

Il suffit d'échanger les biens que l'on produit. Les artisans spécialisés peuvent dorénavant se consacrer à leur métier.

Sédentaires et égalitaires ?

Pendant des siècles, voire des millénaires, les habitants des villages paraissent mener une vie égalitaire. En effet, il ne semble pas que des individus dominent la communauté ou jouissent de privilèges. En d'autres termes, il n'y a pas de **hiérarchie sociale**. Comment peut-on le savoir ? En observant, entre autres, la taille et le contenu des maisons, le plan du village ou encore les tombes.

Une société égalitaire

Jusqu'au 5ᵉ millénaire avant Jésus-Christ, les habitations du village ont plus ou moins les mêmes dimensions : pas de demeures beaucoup plus grandes que les autres qui permettraient de croire à la présence de personnes plus puissantes ou plus riches. De même, le mobilier ne témoigne d'aucune différence importante entre les habitants. Les outils, les poteries, les fours, les foyers ou encore les réserves de nourriture de chaque maison révèlent un degré de confort comparable.

La façon dont on **inhume** les morts constitue aussi un important indice d'inégalité au sein d'une population. Les fosses individuelles des premiers cimetières ne portent pas de signes de richesse. On y trouve généralement les mêmes offrandes faites de parures, d'outils ou d'armes. Petit à petit, les tombes deviennent collectives, c'est-à-dire qu'elles contiennent quelques dizaines de corps et parfois même des centaines. Encore là, peu de signes témoignant d'une distinction quelconque. En fait, tout comme les bandes nomades du Paléolithique, les premières sociétés sédentaires choisissent leurs chefs pour leur capacité à diriger, leur bonne réputation, leurs qualités personnelles ou encore pour leur expérience. On accorde en effet beaucoup d'importance au savoir des aînés.

paysan Personne qui s'occupe des travaux des champs.

hiérarchie sociale Classement qui accorde plus ou moins d'importance aux membres d'une société selon leur fonction, leur richesse, leur groupe social, etc.

inhumer Mettre en terre un corps humain.

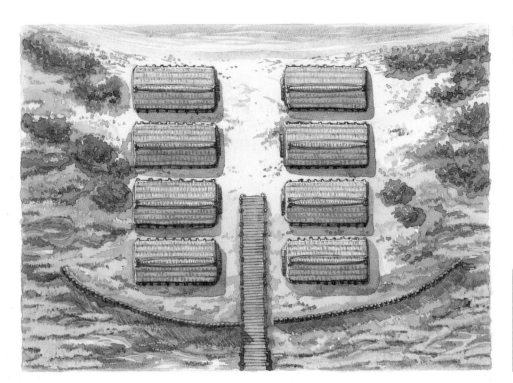

1.36
Plan orthogonal d'un village néolithique.

AUJOURD'HUI
À l'aide d'exemples pris dans ta communauté, démontre que la hiérarchie sociale existe encore.

La hiérarchisation de la société

Il faut attendre le 4e millénaire avant Jésus-Christ, vers la fin du Néolithique, pour voir des signes clairs de hiérarchie sociale. À cette époque, les sociétés deviennent beaucoup plus complexes. Pourquoi? Parce que l'augmentation de la population, le développement de l'agriculture et le progrès technique posent de nouveaux problèmes que les familles seules ne peuvent plus régler.

Ainsi, la croissance de certains villages exige des personnes capables d'organiser l'espace et de conduire les grands travaux. Pour bâtir un maximum de maisons dans un espace donné, il faut des dirigeants capables d'imposer le plan du village, avec ses rues, ses pâtés de maisons, sa palissade et ses fossés. Il est aussi nécessaire de superviser les constructions qui demandent de nombreux travailleurs.

De la même façon, en Europe, des chefs religieux ou politiques dirigent la construction des mégalithes. Ces individus sont de véritables ingénieurs qui maîtrisent aussi le travail de la pierre. De plus, ils doivent être

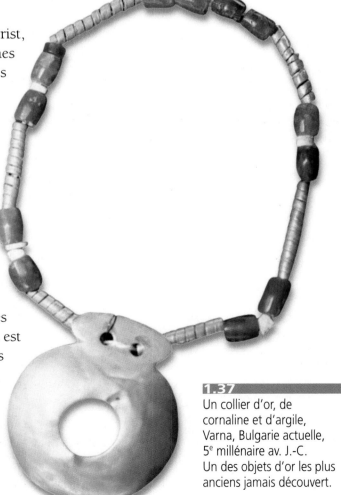

1.37
Un collier d'or, de cornaline et d'argile, Varna, Bulgarie actuelle, 5e millénaire av. J.-C. Un des objets d'or les plus anciens jamais découvert.

classe Dans une société, ensemble des personnes qui ont en commun une fonction, un genre de vie, un niveau de fortune, etc.

capables de rassembler et de conduire des centaines d'hommes. La métallurgie est une autre activité complexe qui exige une main-d'œuvre nombreuse et spécialisée. Là encore, des chefs s'imposent pour organiser l'extraction et le transport du minerai. Ils doivent aussi veiller à la protection des mines, car les villages voisins se les disputent.

Qu'ils soient organisateurs, artisans réputés, chefs religieux ou militaires, ces hommes et leurs familles vont former une **classe** supérieure d'individus. Ces personnes privilégiées gagnent du prestige et accumulent les richesses. Elles se distinguent des

opinion

Une communauté humaine sans aucune forme de hiérarchie sociale est-elle possible?

CITOYEN, CITOYENNE

Attributs identitaires et rang social

Comme tu vois, les facteurs déterminant l'identité sociale se multiplient et sont très variés. Au Néolithique, la division sexuelle des tâches s'est complexifiée, la spécialisation a entraîné une division économique du travail et une nouvelle hiérarchie sociale s'est installée. Avec la sédentarisation des communautés, la société égalitaire qui prévalait depuis des siècles se transforme. Désormais, l'identité sociale est aussi associée au rang qu'occupent les individus dans leur communauté. Par exemple, un individu est socialement reconnu comme chef religieux, militaire, guerrier, bâtisseur, artisan réputé ou paysan. Tout comme au Néolithique, la place que tu occupes dans la hiérarchie sociale de ta communauté marque aussi ton identité sociale.

Questions citoyennes

1. Énumère des caractéristiques qui définissent une identité sociale.
2. Démontre que certaines caractéristiques des identités sociales du Néolithique sont encore présentes aujourd'hui.
3. Dresse une liste des caractéristiques de l'identité sociale d'une personne de ton entourage.
4. Relève trois attributs de ta propre identité sociale.

Action citoyenne

Découvre des identités sociales:

- Forme une équipe avec deux ou trois camarades.
- Dressez ensemble une liste des caractéristiques d'une identité sociale de votre choix.
- Établissez une liste d'indices qui permettront aux autres élèves d'identifier de qui il s'agit (exemples : dire un mot, montrer un objet, mimer une action, fredonner une chanson, etc.).
- Établissez ensemble qui d'entre vous présentera les indices à vos camarades et dans quel ordre.

Opinion citoyenne

Quelles identités sociales sont les plus valorisées dans ta communauté?

autres par des objets de luxe : des bijoux faits de pierres ou de métaux précieux, des objets rares provenant d'une région lointaine ou encore des armes décorées.

Au fil des siècles, de nouveaux chefs provenant de cette **élite** gagnent du pouvoir dans leur village. Ils imposent aussi leurs décisions aux plus petits villages des environs. Comment exercent-ils le pouvoir ? Ces dirigeants assurent la prospérité de leur **chefferie** et veillent au règlement des conflits ainsi qu'au respect des traditions. Leur pouvoir se transmet à leurs **descendants**.

élite Ensemble des personnes considérées comme les meilleures d'un groupe, d'une société.

chefferie Territoire placé sous l'autorité d'un chef.

descendant Qui descend d'un ancêtre : enfants, petits-enfants, etc.

sépulture Lieu où est déposé le corps d'un défunt.

Des ancêtres et des dieux

Les croyances religieuses datent du Paléolithique. Les premières **sépultures** constituent les plus anciennes traces de pratique religieuse. Elles remontent à 60 000 ans environ. Déjà, l'être humain soignait ses morts avec respect. Pour les sociétés du Paléolithique comme pour celles du Néolithique, la mort ne signifie pas la fin de l'existence. Il s'agit plutôt d'une simple étape à franchir : l'esprit du défunt quitte son corps et continue à vivre sous une forme invisible aux vivants.

6 TON SUJET D'ENQUÊTE

Démontre qu'il existait des pratiques religieuses à la Préhistoire.

Commence ton enquête

▶ Établis une liste de preuves de l'existence de rituels religieux au Néolithique.

▶ Énumère des valeurs religieuses que les gens de la Préhistoire respectaient.

Poursuis ton enquête

Cherche des représentations d'objets ou de monuments religieux du Néolithique et raconte leur histoire.

1.38

L'énorme dolmen de la Roche-aux-Fées, en France, mesure plus de 19 mètres de long et 4 mètres de hauteur. Ce monument de l'époque néolithique est remarquable par la taille des dalles avec lesquelles il a été érigé.

● Cherche la légende de la Roche-aux-Fées.

Le culte des ancêtres

vénérer Adorer, considérer avec un profond respect religieux, semblable à celui qu'on éprouve pour un dieu.

Les premiers cimetières apparaissent avec les premiers villages. Les villageois protègent les corps de leurs morts à l'aide de pierres et de terre. Pour assurer le bien-être des défunts, ils leur offrent de la nourriture, des outils, des armes et des parures faites de coquillages, d'os ou de pierre. Ces nouvelles sociétés sédentaires étant fondées sur la famille, les villageois **vénèrent** leurs parents disparus. C'est ce qu'on appelle le culte des ancêtres. Ainsi, les morts ne sont jamais très loin des vivants. Les corps sont déposés dans des fosses individuelles creusées près des maisons, parfois sous les maisons. À la fin du Néolithique, en Europe, on construit des tombes collectives faites d'immenses monuments de pierre. La construction de ces mégalithes exige que tous les villageois fournissent un effort phénoménal. Ces ouvrages monumentaux sont constitués de blocs de pierre, parfois transportés sur des kilomètres. C'est ainsi que les sociétés sédentaires érigent des dolmens, d'énormes tombeaux de pierre, pour honorer leurs défunts [← illustration 1.38]. Ces tombes dans lesquelles sont inhumés collectivement les défunts sont d'abord de simples constructions et se complexifient au fil des siècles. Elles démontrent bien l'importance accordée aux morts.

Les premières divinités

Les nomades du Paléolithique n'adoraient pas encore de dieux à visage humain. La plupart de leurs œuvres d'art représentaient les animaux qu'ils chassaient et respectaient : aurochs, cerf, mammouth, etc. Dès le début de la sédentarisation et de l'agriculture

1.39
Figurine de la déesse-mère, Çatal Höyük, Turquie actuelle, vers 6000 av. J.-C.

AUJOURD'HUI
Trouve des exemples de monuments qui témoignent des rituels religieux de ton époque.

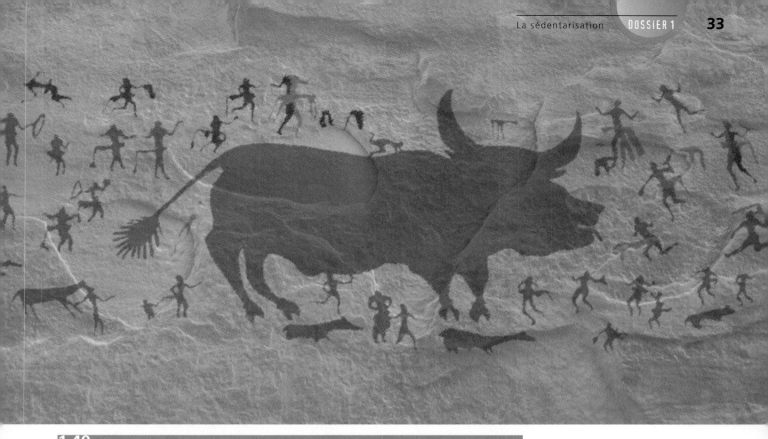

1.40

Reconstitution d'une fresque murale représentant un immense aurochs, Çatal Höyük, Turquie actuelle, vers 6000 av. J.-C.

au Proche-Orient, les croyances se modifient. Alors que l'être humain commence à dominer la nature en défrichant et en cultivant, il se met à vénérer des dieux à visage humain. La plus importante divinité est sans doute la déesse-mère, appelée aussi Grande Déesse. On la trouve sous forme de figurines façonnées dans l'argile, la pierre ou l'os.

Ces figurines représentent une femme aux formes généreuses qui accouche ou qui tient un enfant. Très populaire aussi en Europe, la déesse-mère symbolise la **fécondité** sous deux aspects très importants dans la vie des villageois : la naissance des enfants et la fertilité du sol. Plusieurs maisons de Çatal Höyük abritent un sanctuaire [← illustration 1.19], c'est-à-dire une pièce destinée aux cérémonies religieuses. On y a découvert des représentations de la déesse-mère, mais aussi de l'aurochs. Ce taureau sauvage, l'une des rares divinités animales de l'époque, est un symbole de force.

fécondité À la fois faculté qu'ont les êtres humains de donner naissance et faculté qu'a la terre de produire des plantes utiles à l'être humain.

Passe à l'action

Devis : super mégalithe

Forme avec des camarades une équipe d'architectes. Élaborez ensemble le croquis préliminaire d'un super mégalithe, puis réalisez une maquette ou un croquis à l'échelle.

CONSIGNE

> **Travail d'équipe**
- Évalue ta participation à la tâche commune.
- Mets tes ressources personnelles au service de l'équipe.
- Respecte les idées et les méthodes proposées.

FAIRE L'HISTOIRE

Le sol nous raconte

trace Ce à quoi on reconnaît que quelqu'un ou quelque chose a existé, ce qui reste d'une chose passée, par exemple un ossement, un vase ou une pierre de hache.

Comment connaissons-nous la vie des femmes et des hommes de la Préhistoire ? Certes, ces gens n'ont transmis aucun document écrit. Cependant, ils ont laissé derrière eux de nombreuses **traces** qui permettent de reconstituer la vie à cette époque. Ce sont les archéologues et leurs collaborateurs qui interrogent ces indices enfouis dans le sol.

HISTOIRE EN ACTION

- Explique pourquoi les archéologues apportent tant de soin à l'extraction des vestiges qu'ils découvrent.
- Cherche dans d'autres sources des représentations d'objets découverts lors de fouilles archéologiques au Québec et raconte leur histoire.

Pour faire parler ces traces du passé, les archéologues doivent d'abord les trouver sous la terre. Comment s'y prennent-ils ? Certains mènent leur enquête dans des lieux connus, d'autres cherchent de nouveaux sites. Ils disposent de moyens efficaces pour les repérer. La photographie aérienne et des instruments comme le radar leur permettent de détecter les vestiges importants cachés sous la surface du sol. Ils doivent malgré tout s'armer de patience, car il leur arrive de creuser pour rien. Et parfois, de grands travaux d'excavation (construction de tunnels, de gratte-ciel, etc.) mettent au jour des ruines ou des objets qui datent de centaines ou même de milliers d'années. On interrompt alors les travaux pour faire place aux archéologues.

1.41
Voici un site archéologique divisé en carrés de fouilles à l'aide de piquets et de cordes. Cette division permet de bien situer chaque trace découverte.

L'archéologue fouille les sites autrefois habités. Il se passionne également pour les paysages que l'être humain a modifiés, comme les champs, les pâturages ou les chemins. Que trouve-t-il dans ces lieux du passé ? Surtout des objets faits de pierre ou de terre cuite, objets qui résistent bien aux attaques du froid, de la chaleur, de l'humidité, des insectes, etc. Les ossements et les dents sont plus fragiles, mais on les retrouve tout de même sous forme de squelettes,

I.42 QUELQUES SCIENCES UTILES À L'ARCHÉOLOGIE

Science	Définition
L'anthropologie	Étudie l'être humain, ses caractéristiques physiques et son organisation sociale.
La zoologie	Étudie les animaux.
La palynologie	Étudie le pollen des plantes.
La géologie	Étudie les roches et les fossiles pour reconstituer l'histoire de la terre.
L'archéométrie	Permet de dater les objets et les ossements anciens.

d'outils ou de restes de repas. Par contre, les matières végétales comme la paille se conservent très mal. Elles ne laissent souvent pas de trace, sauf si elles ont été brûlées. Ainsi, l'archéologue dégage parfois du sol des graines ou des morceaux de bois brûlés dans un foyer.

L'archéologue travaille en équipe. Sur le chantier de fouilles, il s'entoure d'archéologues débutants, d'étudiants ou encore de bénévoles. D'autres spécialistes, comme l'anthropologue, le zoologue, le palynologue, le géologue et l'archéomètre, participent aussi aux fouilles ainsi qu'aux recherches en laboratoire pour examiner les vestiges mis au jour. Les tâches sont variées : mesurer, photographier, dégager, nettoyer, noter, dessiner, classer, etc. Toutes ces tâches nécessitent la plus grande minutie.

Les archéologues ne s'intéressent pas seulement à la Préhistoire. Certains étudient aussi les périodes plus récentes de l'histoire humaine. Pendant longtemps, ces spécialistes ont recherché des trésors comme des tombes remplies d'objets précieux. Aujourd'hui, ils essaient plutôt de connaître la vie quotidienne des sociétés passées. Tu imagines ? Ce sont maintenant les dépotoirs et les **latrines** qui leur fournissent de précieux renseignements ! Pourquoi ? Parce que ces lieux renferment une foule de traces : des déchets de cuisine comme des os ou des noyaux de fruits, des **tessons** de poterie et toutes sortes d'objets usés ou brisés. On apprend alors ce que les gens mangeaient et quels objets ils utilisaient le plus souvent.

Sans texte écrit ni témoignage d'aucune sorte pour lui raconter comment les gens vivaient, l'archéologue de la Préhistoire n'arrive pas toujours à comprendre ce qu'une fouille lui a permis de déterrer. Souvent, les traces sont rares. Il doit alors faire preuve d'imagination et formuler différentes hypothèses. Prends l'exemple de la figurine trouvée dans une réserve de grains à Çatal Höyük [← illustration 1.39]. Les spécialistes se posent encore des questions à son sujet : À quoi servait-elle ? S'agit-il vraiment d'une statuette utilisée au cours de cérémonies religieuses ? Ne s'agit-il pas plutôt d'une **amulette** pour se préserver des mauvaises récoltes ou encore d'un jouet pour les enfants ? Essaie d'imaginer ce que penserait un archéologue de l'an 4963 s'il découvrait ton étui à crayons vide au fond d'un dépotoir…

latrines Toilettes sans eau débouchant sur une fosse, un fossé ou même dans la rue à certaines époques.

tesson Morceau d'un objet brisé de verre ou de céramique.

amulette Petit objet que l'on porte sur soi pour se préserver des malheurs ; porte-bonheur.

EN CONCLUSION

TON RÉSUMÉ

Rédige un court résumé de ce que tu viens de découvrir concernant la sédentarisation des communautés de la Préhistoire. Pour établir ton plan de rédaction, consulte la ligne du temps afin de noter les événements marquants, les cartes afin de repérer les éléments géographiques importants et la table des matières pour te rappeler les grandes thématiques traitées dans ce dossier.

MOTS ET CONCEPTS CLÉS

culte des ancêtres

division du travail

domestication

glaciation

hiérarchie sociale

identité sociale

métallurgie

production

réchauffement climatique

sédentaire

société égalitaire

! Aide-mémoire

UNITÉS DE MESURE FIXES

Siècle: 100 ans

Millénaire: 1000 ans

ÈRE CHRÉTIENNE

L'ère chrétienne s'échelonne de l'an 1 à aujourd'hui et détermine le temps écoulé depuis la naissance de Jésus-Christ. La période qui précède cet événement débute par l'an -1, le signe « moins » indiquant qu'il s'agit du temps d'avant la naissance de Jésus-Christ. On peut donc l'écrire de deux façons : -5000 ou 5000 av. J.-C.

TON PORTFOLIO

- Note comment tu as construit ta banque personnelle de signets Internet et noté les titres des ouvrages de référence qui pourront être utiles dans le cadre de tes enquêtes futures.

- Note un exemple de critique externe afin de t'y référer en cas de besoin.

TES TRAVAUX PRÉPARATOIRES

Le prochain dossier d'*Histoire en action* traite de l'apparition des premières civilisations. Afin de bien t'y préparer, effectue les recherches suivantes :

▶ Détermine à quelle date débute et se termine la période de l'Antiquité.

▶ Note la définition des mots et concepts suivants : cadastre, civilisation, ère, hiérarchie, hiéroglyphe, paléographe, pictogramme, polythéiste, ziggourat.

▶ Repère sur une carte du monde l'Égypte, la Mésopotamie, la vallée de l'Indus, la Chine et les fleuves suivants : Huang he, Nil, Indus, Tigre et Euphrate.

▶ Identifie sur une carte les pays actuels du Proche-Orient et énumère quelques-uns de leurs monuments anciens.

L'ÉMERGENCE D'UNE CIVILISATION

TABLE DES MATIÈRES

◗ **La naissance d'une civilisation au Proche-Orient**   p. 38

◗ **1. La Mésopotamie, une plaine fertile et populeuse**   p. 42
   Le pays entre les deux fleuves   p. 42
   La campagne mésopotamienne   p. 45
   Les premières villes   p. 47

◗ **2. Un carrefour d'échanges convoité**   p. 50
   Cultiver en grand   p. 50
   Commercer pour prospérer   p. 53
   L'écriture nécessaire au commerce   p. 56
   La spécialisation de l'artisanat   p. 60

◗ **3. Vivre à l'ombre des dieux**   p. 64
   Libres ou esclaves   p. 64
   Premiers rois, premières administrations   p. 67
   Des dieux à visage humain   p. 72

◗ **Déchiffrer les écritures anciennes**   p. 74

◗ **En conclusion**   p. 75

PROJET

Construis une grande carte murale avec tes camarades. Empruntez du matériel de projection afin d'agrandir une carte muette et de dessiner les continents du format désiré. Sur ce fond de carte, vous pourrez, au fil des dossiers, suivre l'évolution des frontières, l'apparition et la disparition des différents empires, et localiser les villes qui furent, chacune à leur époque, les centres du commerce et de la vie politique.

LA NAISSANCE D'UNE CIVILISATION AU PROCHE-ORIENT

Qu'est-ce qu'une civilisation ? C'est un vaste ensemble de caractères communs aux membres d'une grande société ou à un groupe de sociétés. Une civilisation se distingue des autres par ses réalisations matérielles, telles les constructions, les œuvres d'art ou les techniques d'agriculture. Elle se distingue aussi par des traits culturels, comme les valeurs, les croyances, les savoirs et l'organisation sociale. Au cours de l'histoire, des civilisations naissent, s'enrichissent, rayonnent et disparaissent.

Au Proche-Orient, une nouvelle civilisation apparaît au 4e millénaire avant Jésus-Christ. Elle voit le jour dans une grande plaine fertile appelée Mésopotamie. Grâce aux progrès techniques, les habitants de cette région étendent les limites des terres cultivables. Peu à peu, ils intensifient le commerce avec les pays voisins et construisent des villes prospères. Ces gens se distinguent aussi de leurs prédécesseurs par l'invention de l'écriture. L'organisation et la vie politique de leur société connaissent alors de grands changements. À travers le présent dossier, pénètre au cœur de la civilisation mésopotamienne. Découvre en chemin d'autres civilisations tout aussi fascinantes : celles de l'Indus et de Chine, en Asie, et celle d'Égypte, en Afrique.

2.1

L'Antiquité en Mésopotamie.

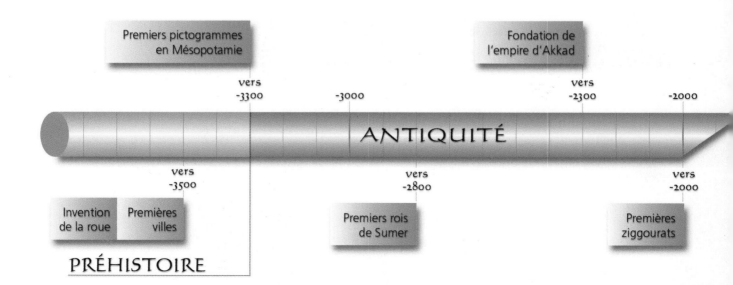

Premiers pictogrammes en Mésopotamie — vers -3300

Fondation de l'empire d'Akkad — vers -2300

-3000

-2000

ANTIQUITÉ

Invention de la roue / Premières villes — vers -3500

Premiers rois de Sumer — vers -2800

Premières ziggourats — vers -2000

PRÉHISTOIRE

REMUE-MÉNINGES

Trouve une façon d'expliquer ton loisir préféré à quelqu'un qui ne connaît ni ta langue ni ton écriture.

● Pourquoi l'écriture est-elle importante si on vit en société ?

À partir du 4e millénaire avant Jésus-Christ, la civilisation mésopotamienne apparaît. Elle se distingue notamment par l'invention d'un système d'écriture.

● Comment l'écriture a-t-elle favorisé l'épanouissement de la civilisation mésopotamienne ?

2.2

Rue de Hong-Kong, Chine actuelle.

● Énumère des inconvénients de ne pas savoir lire une langue étrangère.

2.3

Tablette à écriture pictographique, Sumer, Irak actuel, fin du 4e millénaire av. J.-C.

● En plus de l'argile, quels autres supports les Anciens utilisaient-ils pour écrire ?

Code
d'Hammourabi

vers
-1750

Domination
assyrienne

vers
-900

Chute de
Babylone

vers
-539

0

ANTIQUITÉ

-1000

vers
-600

Domination
de Babylone

2.4 LE MONDE VERS 2000 AV. J.-C. : PREMIÈRES VILLES ET PREMIERS SYSTÈMES D'ÉCRITURE

● Remarque la variété des formes d'écriture des différentes civilisations.

OCÉAN PACIFIQUE

AMÉRIQUE DU NORD

Mississippi

OCÉAN ATLANTIQUE

Golfe du Mexique

Mésoamérique

■ La Venta

Amazone

La Mésoamérique des Olmèques
Époque : 15ᵉ au 5ᵉ siècle av. J.-C.
Écriture : hiéroglyphes

AMÉRIQUE DU SUD

Légende
Civilisation
■ Ville

0 750 1500 km

OCÉAN ARCTIQUE

N
O E
S

La Mésopotamie
Époque : 40e au 6e siècle av. J.-C.
Écriture : pictogrammes et écriture cunéiforme

La Chine des Shang
Époque : 18e au 11e siècle av. J.-C.
Écriture : pictogrammes et caractères

E U R O P E

Danube

A S I E

Huang he

Yin

Tigre
Euphrate
Babylone
Memphis
Ur
Thèbes
Nil

Indus
Harappa
Mohenjo-Daro

Chang jiang

A F R I Q U E

La vallée de l'Indus
Époque : 26e au 18e siècle av. J.-C.
Écriture : pictogrammes indéchiffrés

L'Égypte des pharaons
Époque : 30e au 4e siècle av. J.-C.
Écriture : hiéroglyphes

OCÉANIE

OCÉAN
INDIEN

1 LA MÉSOPOTAMIE, UNE PLAINE FERTILE ET POPULEUSE

Rappelle-toi : les plus anciennes traces d'habitations fixes, d'agriculture et d'élevage se trouvent au Proche-Orient, dans le sud-ouest de l'Asie. Au fil des millénaires, la population de la région s'accroît et les villages agricoles deviennent de plus en plus nombreux. Malgré des conditions naturelles assez difficiles, les habitants savent tirer profit des ressources et de la situation géographique de leur territoire. Ainsi, c'est au Proche-Orient, plus précisément en Mésopotamie, que des archéologues européens du 19e siècle découvrent les traces des premières villes, construites il y a plus de 5000 ans ! Ces vestiges racontent l'histoire d'une brillante civilisation, une histoire qui s'étend du 4e au 1er millénaire avant Jésus-Christ.

1 TON SUJET D'ENQUÊTE

Explique en quoi l'eau fut déterminante pour le développement des grandes civilisations.

Commence ton enquête

▶ Note dans quelles régions du monde apparaissent des civilisations.

▶ Établis une liste de fleuves près desquels se développent des civilisations.

▶ Énumère des utilités de l'eau.

Poursuis ton enquête

Cherche une illustration d'une ville ancienne construite à proximité d'un cours d'eau. Vérifie si elle existe encore.

Le pays entre les deux fleuves

Ce nom, Mésopotamie, vient des mots grecs *mesos* « milieu » et *potamos* « fleuve » : « la terre, le pays entre les fleuves ». En effet, le territoire de la région est dominé par la plaine comprise entre l'Euphrate et le Tigre, deux longs fleuves qui se jettent dans le golfe Arabo-Persique. Observe la carte. Des frontières naturelles bien marquées délimitent la Mésopotamie : au nord et à l'ouest, les montagnes ; au sud-ouest, les **marais** ; au sud et à l'est, le désert. Dans son entier, la Mésopotamie correspond donc au vaste territoire formé par les vallées du Tigre et de l'Euphrate.

marais   Nappe peu profonde d'eau stagnante, c'est-à-dire immobile. Le marais abrite une multitude de poissons et d'oiseaux ainsi que des plantes aquatiques comme le roseau.

oriental   Situé à l'est d'un lieu.

affluent   Cours d'eau qui se jette dans un autre.

palmier dattier   Palmier élancé qui produit la datte.

Tu te rappelles le Croissant fertile [← carte 1.10] ? La Mésopotamie en occupe la partie **orientale**. Des fleuves imposants sont au cœur de la vie mésopotamienne. L'Euphrate, le Tigre et leurs **affluents** constituent des voies de transport indispensables au commerce. Ils fournissent l'eau nécessaire à l'agriculture et à la survie des populations. De plus, leurs rives sont riches en limon, un engrais naturel déposé par les eaux. Le **palmier dattier** y pousse en abondance. Le sol de la Mésopotamie renferme de grandes quantités d'argile, matière nécessaire à la fabrication de briques et de poteries. Les Mésopotamiens récupèrent également, à la surface du sol, du pétrole qui leur sert surtout à cimenter les murs des édifices.

Cependant, le territoire mésopotamien n'offre pas que des avantages à ses habitants. La plaine de la Mésopotamie se trouve dépourvue d'arbres utiles à la construction, comme le chêne ou le pin. Son sous-sol contient peu de pierre et de métaux. Le climat de la région pose aussi certains problèmes. Au printemps, les fortes **crues** de l'Euphrate et du Tigre, dues à la fonte des neiges dans les montagnes voisines et aux pluies abondantes, provoquent des inondations. Alors que l'été, c'est la sécheresse qui sévit.

crue Élévation du niveau dans un cours d'eau ou un lac.

2.5 LE RELIEF DE LA MÉSOPOTAMIE

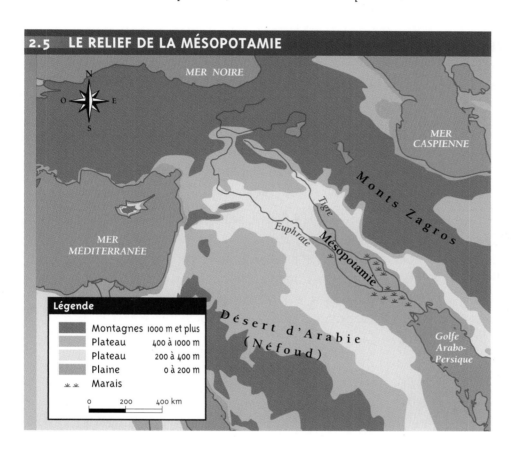

FAITS D'HIER

LE PÉTROLE MÉSOPOTAMIEN, TOUJOURS PRÉCIEUX

Le pétrole, appelé aussi bitume, **affleure** naturellement en quelques endroits de la Mésopotamie. Déjà à l'époque, les gens lui trouvent une foule d'usages. Il sert de colle, de produit pour **calfater** les bateaux, de mortier pour fixer les briques et de combustible pour s'éclairer. Il entre aussi dans la fabrication de médicaments et d'armes incendiaires. Pas étonnant alors qu'on se batte en ce temps-là pour le contrôle d'un gisement de pétrole !

L'Irak, territoire de l'ancienne Mésopotamie, possède aujourd'hui la deuxième réserve de pétrole au monde. Une richesse toujours enviée par de nombreux pays !

affleurer Apparaître, sortir à la surface du sol.

calfater Rendre la coque d'un bateau étanche.

AILLEURS

DES FLEUVES CIVILISATEURS

D'autres civilisations naissent au cœur de grandes vallées fluviales d'Afrique et d'Asie. Elles s'implantent sur les rives du Nil, en Égypte; sur celles de l'Indus, au Pakistan; et sur les bords du Huanghe, en Chine [← carte 2.4]. Pourquoi ces endroits attirent-ils tant les populations? On peut dénombrer trois facteurs.

L'abondance de l'eau   Un grand fleuve arrose chacune de ces vallées. Tout comme l'Euphrate et le Tigre en Mésopotamie, le Nil, l'Indus et le Huang he apportent l'eau nécessaire à la vie des plantes, des animaux et des sociétés humaines. En Égypte et en Chine, des travaux d'irrigation permettent de contrôler le cours du fleuve et d'éviter des inondations catastrophiques.

La fertilité du sol   Le Nil, l'Indus et le Huang he descendent tous trois des montagnes. Ils coulent sur des milliers de kilomètres, charriant dans leurs eaux de la boue et du limon. Au moment des crues, ces matières fertiles se déposent sur les rives pour créer un sol favorable à l'agriculture. La crue du Nil apporte tant de bienfaits aux Égyptiens qu'une divinité lui est associée: Hâpy.

Le grand nombre de voies de communication   Le fleuve, ses affluents et les canaux sillonnent un territoire suffisamment étendu pour abriter et nourrir une population croissante. Toutes ces voies d'eau forment un formidable réseau de transport pour les marchandises et les populations de la région. Observe une fois de plus la carte. Comme chaque fleuve débouche sur la mer, les commerçants peuvent ainsi faire des affaires avec leurs voisins éloignés. Les bateaux de la vallée de l'Indus fréquentent les ports de la Mésopotamie alors que les marchands égyptiens parcourent les côtes de la mer Méditerranée.

2.6

Le fleuve Indus, une voie de communication essentielle pour les populations qui habitent le long de ce cours d'eau. Pakistan actuel.

La campagne mésopotamienne

Pour vivre dans la plaine mésopotamienne, il faut cultiver le sol. Aussi est-il nécessaire de maîtriser les eaux capricieuses de l'Euphrate et du Tigre pour prévenir les crues dévastatrices ou encore la sécheresse. Comment les paysans s'y prennent-ils ? En aménageant un système d'irrigation. Le long du fleuve, ils creusent des canaux pour dévier une partie des eaux et des digues pour prévenir les inondations. Déjà, au 4ᵉ millénaire avant Jésus-Christ, les Mésopotamiens disposent d'un réseau de canaux développé, de réservoirs pour accumuler l'eau, de **vannes** pour en régler la circulation et de **chadoufs** pour l'arrosage. Ce système leur permet non seulement d'augmenter l'étendue des terres cultivées, mais également d'améliorer les conditions de navigation.

Au 4ᵉ millénaire avant Jésus-Christ, deux peuples habitent la Mésopotamie : les Sumériens, peut-être venus de la côte d'Iran, à l'est, et les Sémites, originaires d'Arabie, au sud. La majorité d'entre eux pratiquent l'agriculture. Aussi vivent-ils dans des villages situés dans la zone fertile, en bordure des cours d'eau et des canaux d'irrigation. Ils habitent de petites maisons de briques crues ou encore de **pisé**. Plus spacieux et pourvus d'un étage, certains édifices dominent parfois le village : il s'agit de la demeure du chef ou

2.7
Section d'un réseau d'irrigation.

vanne   Panneau vertical mobile disposé dans une canalisation pour en régler le débit.

chadouf   Appareil à bascule servant à tirer, d'un cours d'eau ou d'un canal, l'eau nécessaire pour arroser une petite surface cultivée comme un jardin.

pisé   Matériau de construction fait d'argile, de paille, d'eau et de cailloux comprimés dans un coffrage de bois.

2.8
Construction d'une maison de pisé.

> **CONSIGNE**
>
> ▶ **Communication des résultats**
> - Dresse un plan de présentation.
> - Détermine un support adéquat.
> - Utilise un vocabulaire approprié.

opinion

Pourquoi l'eau pourrait-elle devenir une source de conflit entre pays voisins ?

encore d'un bâtiment communautaire destiné aux fêtes et réunions. Des bâtiments faits de grands roseaux, plante qui pousse en abondance dans les marais voisins, servent d'abri aux animaux domestiques. Les archéologues ont également retrouvé des traces de remparts et de fossés autour des villages mésopotamiens.

Les canaux d'irrigation ne sillonnent pas toute la Mésopotamie. Des marais s'étendent dans la partie sud de la région, en bordure des champs irrigués. Voilà un milieu bien hostile : constamment menacé par la crue des grands fleuves, très humide et infesté de moustiques ! Malgré tout, des populations de chasseurs et de pêcheurs vivent dans cette zone marécageuse, riche en poissons et en oiseaux aquatiques. Ils élèvent leurs maisons sur des îlots artificiels, constitués d'un empilage de **nattes** tressées et recouvertes de boue. Que ce soit leurs habitations, leurs petites étables pour loger les buffles ou encore leurs pirogues pour naviguer, les habitants des marais confectionnent tout avec de grands roseaux liés en **bottes**.

Aujourd'hui, en Irak, beaucoup de gens vivent encore au cœur des marais dans des habitations de roseau.

natte Tissu fait de brins de plantes (paille, jonc, roseau) entrelacés.

botte Assemblage de plantes de même nature dont les tiges sont attachées ensemble.

Les premières villes

De simples maisons de terre ou des huttes de roseaux pour toutes constructions : les **agglomérations** du Proche-Orient changent peu au fil des millénaires. En effet, la plupart des villages agricoles de la plaine mésopotamienne conservent la même apparence. Cependant, petit à petit, certains villages prennent de l'importance. Vers la fin du 4e millénaire avant Jésus-Christ, ils deviennent de véritables villes.

La ville mésopotamienne

À quoi ressemble donc une ville de Mésopotamie ? Les écrits et les plans de l'époque ainsi que les fouilles archéologiques fournissent de nombreux indices. Cependant, on connaît mal le nombre d'habitants. Les spécialistes estiment la population d'une ville à quelques dizaines de milliers de personnes. Qui habite à la ville ? Les dirigeants, les prêtres du temple, les riches propriétaires de terres, les commerçants et les artisans.

La ville se dresse en bordure d'un cours d'eau, au milieu des champs et des **palmeraies**. Un canal d'irrigation la traverse. Long de quelques kilomètres, un imposant rempart de briques entoure chaque ville. Ce système de défense protège la cité contre les inondations et les attaques ennemies. Des portes permettent aux citadins et aux visiteurs de circuler et de se rencontrer. Les environs des portes sont donc l'endroit parfait pour organiser un marché et faire quelques affaires.

2.9
Fragment d'un plan tracé sur une tablette d'argile, ville de Nippur, sud de la Mésopotamie, Irak actuel, vers 1500 av. J.-C.

2 TON SUJET D'ENQUÊTE

Décris l'organisation de la ville mésopotamienne.

Commence ton enquête

▶ Note à quelle date apparaissent les premières villes.

▶ Établis une liste des matériaux de construction mésopotamiens.

▶ Décris jusqu'où s'étend le pouvoir de la ville mésopotamienne.

▶ Identifie les principales composantes architecturales d'une ville mésopotamienne.

Poursuis ton enquête

Organise une exposition d'images illustrant le mode de vie actuel au Proche-Orient.

AUJOURD'HUI

Décris l'importance de l'eau dans le développement des centres urbains d'aujourd'hui.

agglomération
Concentration d'habitations, village ou ville.

palmeraie Plantation de palmiers.

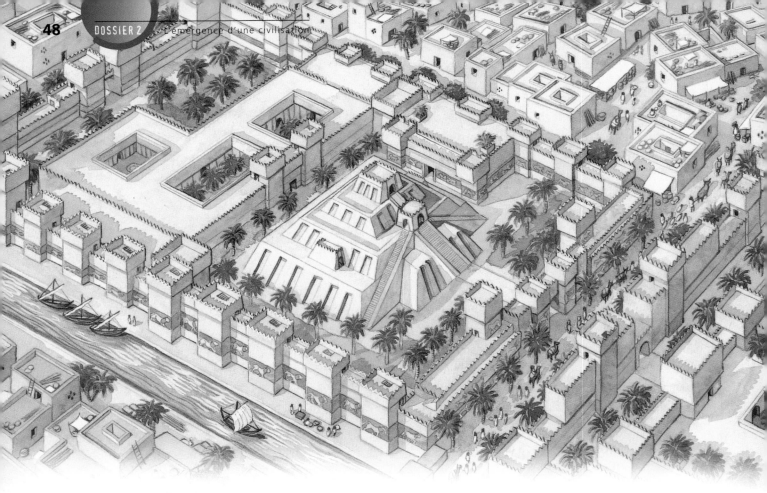

2.10
Reconstitution d'une ville de Mésopotamie.

émaillé Recouvert d'émail, une substance vitreuse que l'on colore à l'aide de composés métalliques.

CONSIGNE

> **Traitement des informations**
> • Établis un cadre d'organisation des informations.
> • Classe, critique et compare les données recueillies.
> • Retiens les informations pertinentes en fonction du sujet.

L'aménagement de la ville

La ville domine un territoire qui s'étend au-delà de son rempart : elle contrôle les villages et les champs des environs. C'est le centre politique, religieux et commercial de la région. Jette un coup d'œil sur l'illustration 2.10. Au cœur de la ville se dresse le palais des dirigeants : une construction monumentale, ornée de briques cuites **émaillées** des mêmes couleurs que le rempart. Dans une région où le bois est rare, la brique cuite au four constitue un matériau luxueux. Le grand temple consacré au dieu de la ville se trouve à proximité du palais. La haute tour à étages, appelée *ziggourat*, appartient au temple. Dans le canal, tu aperçois quelques embarcations amarrées et un bateau qui vogue. Les quartiers d'habitation s'étendent le long de rues et ruelles souvent tracées de façon irrégulière. On y trouve des maisons de tailles variées, des boutiques et des ateliers d'artisans.

Passe à l'action

Enquête écolo
Fais une enquête auprès des gens de ton entourage en vue de dresser une liste de moyens à mettre de l'avant afin d'économiser l'eau dans la vie de tous les jours.

AILLEURS

HARAPPA, UNE CITÉ DANS LA VALLÉE DE L'INDUS

Au 3ᵉ millénaire avant Jésus-Christ, Harappa est un centre **urbain** dynamique situé sur les rives d'un affluent de l'Indus [← carte 2.4]. C'est le premier des sites de la civilisation de l'Indus fouillé par les archéologues au 19ᵉ siècle, à l'occasion de la construction d'un chemin de fer.

urbain Qui concerne la ville, les villes.

Une large muraille entoure cette ville d'environ 50 000 habitants. Comme la plupart des villes de l'Indus, Harappa se divise en deux secteurs. La haute ville, construite sur une terrasse artificielle de briques crues, regroupe une forteresse, des greniers et des bâtiments publics destinés aux assemblées des dirigeants ou aux cérémonies religieuses. Plus étendue, la basse ville comprend les quartiers d'habitation, les ateliers des artisans et le port. Elle est quadrillée de façon régulière par des rues se croisant à angle droit. Fait exceptionnel pour l'époque, presque toutes les maisons sont dotées de toilettes et se trouvent reliées à un réseau d'égouts !

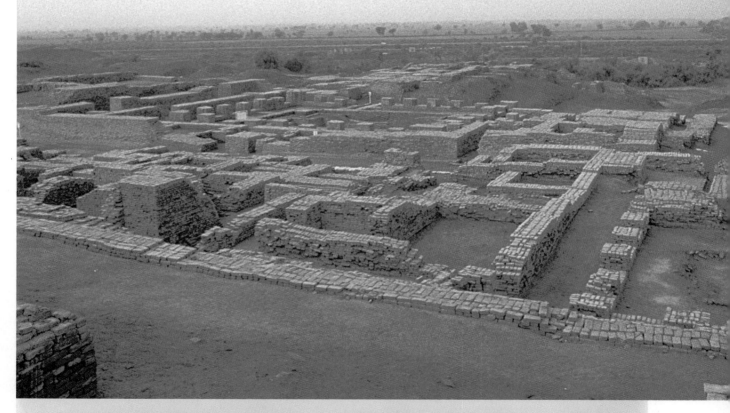

2.11
Site archéologique de Harappa, Pakistan actuel.

❷ UN CARREFOUR D'ÉCHANGES CONVOITÉ

3 TON SUJET D'ENQUÊTE

Explique comment les Mésopotamiens améliorent leur production alimentaire.

Commence ton enquête

▸ Note quand apparaît la roue.

▸ Énumère les nouveaux outils agricoles des Mésopotamiens.

▸ Explique l'utilité des cadastres.

▸ Énumère les produits de l'agriculture et de l'élevage mésopotamiens.

Poursuis ton enquête

Identifie les composantes d'un système d'irrigation et indique leur fonction.

Les Mésopotamiens savent tirer profit des atouts de leur territoire. Une fois irriguée artificiellement, la plaine de la Mésopotamie offre un environnement idéal pour pratiquer l'agriculture et l'élevage. La situation géographique de la région, au carrefour de l'Asie, de l'Europe et de l'Afrique, permet d'intensifier les échanges avec les peuples voisins. Ces échanges contribuent au développement de l'artisanat. En effet, des artisans produiront tous les objets nécessaires aux gens de la campagne et de la ville.

L'agriculture, l'élevage, le commerce et l'artisanat contribuent à la prospérité de la civilisation mésopotamienne. Assiste à cet essor économique et découvre comment il mène au développement de l'écriture.

Cultiver en grand

Les Mésopotamiens vivent principalement du travail de la terre. Au fil des siècles, l'efficacité de leurs moyens techniques et la fertilité des sols leur permettent d'augmenter l'étendue de leurs champs. De quels moyens techniques s'agit-il au juste ? De l'irrigation artificielle, qui autorise parfois deux récoltes par an, mais également d'instruments anciens et nouveaux qui facilitent la tâche des paysans.

De nouveaux outils

Tu connais déjà la faucille utilisée pour couper les épis de céréales ainsi que la houe avec laquelle on retourne le sol. Avec le développement de la

2.12

Les paysans du Proche-Orient utilisent encore aujourd'hui l'araire tiré par un âne.

FAITS D'HIER — LA PROPRIÉTÉ DE LA TERRE

Tous les paysans de Mésopotamie ne sont pas propriétaires des champs qu'ils cultivent. Certains louent leur parcelle. Plusieurs travaillent sur les terres du palais ou du temple, ou encore sur celles de grands propriétaires qui habitent en ville. Ces ouvriers agricoles reçoivent un salaire ou une **ration**.

Petits et grands propriétaires terriens doivent payer des taxes en fonction de l'étendue de leurs terres. Plus les champs sont grands, plus les taxes sont élevées. Pour fixer le montant des taxes, on dresse des cartes ou cadastres qui indiquent la taille et l'emplacement de chaque champ. Cette pratique sert aussi à établir le prix du loyer des terres.

L'écriture permet à l'**arpenteur** de noter ses tracés et ses mesures sur une tablette d'argile.

ration Quantité de nourriture et de boissons qui revient au paysan pour son travail.

arpenteur Spécialiste des calculs et des surfaces de terrains.

2.13
Tablette d'argile, appelée « cadastre de Dunghi », Irak actuel, 3ᵉ millénaire av. J.-C.

métallurgie, ces outils **aratoires** sont de plus en plus souvent munis d'une lame en métal. L'agriculteur remue aussi son champ avec une pelle munie d'un manche. Il s'en sert pour creuser de petits canaux d'irrigation et pour arroser en lançant de l'eau sur ses cultures. Au milieu du 4ᵉ millénaire avant Jésus-Christ apparaît un outil ingénieux qui réduit la somme de travail effectué à la houe et à la pelle. C'est l'araire : ce qui se fait de mieux pour ouvrir le sol avant les semailles ! À l'origine, les hommes devaient tirer eux-mêmes cet instrument de bois. Au millénaire suivant, le paysan attelle son araire à son bœuf ou son âne.

aratoire Qui a rapport au travail de la terre.

L'agriculture

Les céréales viennent au premier rang de la production agricole de la Mésopotamie. Les paysans sèment du blé, du millet et surtout de l'orge. La culture du sésame leur fournit des graines comestibles ainsi qu'une huile très appréciée. Le palmier dattier occupe une place de choix dans l'agriculture de la région. Avec la farine d'orge, les dattes forment la base de l'alimentation mésopotamienne. On consomme la datte fraîche ou séchée ; on la transforme aussi en farine, en vin, en vinaigre et en sirop. Le grand palmier dattier possède un autre avantage. Il procure de l'ombre aux jardins

bête de trait Animal destiné à tirer une charrue ou un véhicule.

bête de somme Bête de charge servant à porter des marchandises.

pâturage Lieu couvert d'herbe où les animaux viennent brouter.

potagers et les protège des vents secs et chauds. Ces jardins renferment des légumes que tu connais probablement, tels que le concombre, l'oignon, la laitue et le navet. Les paysans cultivent aussi des légumineuses comme les pois chiches et les lentilles.

L'élevage

À la manière de leurs ancêtres, les paysans mésopotamiens élèvent des animaux, surtout des chèvres et des moutons pour leur viande, leur laine, leur peau et leur lait. Ils ont aussi des oies, des canards ainsi que quelques **bêtes de trait** et **de somme** comme l'âne et le bœuf. Ces fermiers ne possèdent qu'un petit nombre d'animaux car, dans les régions irriguées pour l'agriculture, les **pâturages** se font rares.

L'élevage constitue néanmoins, après la culture, la deuxième activité économique de Mésopotamie. Comment est-ce possible? Grâce aux bergers professionnels. Accompagnés de leurs chiens, ces gardiens veillent sur d'importants troupeaux de moutons et de chèvres. Ceux-ci appartiennent au palais, au temple ou à de riches propriétaires privés. Les bergers se déplacent avec les bêtes et les emmènent paître dans les steppes herbeuses, loin des villes et des champs cultivés. Dès le 3ᵉ millénaire avant Jésus-Christ, les Mésopotamiens élèvent aussi des chevaux, animaux de luxe réservés aux gens aisés et à l'armée.

2.14
Bas-relief du palais de Sennachérib, Ninive, Irak actuel, 7ᵉ siècle av. J.-C. On y aperçoit des bœufs tirant une charette et un dromadaire portant une charge.

Commercer pour prospérer

Grâce aux échanges commerciaux, les besoins des populations se trouvent satisfaits. La plaine fertile de la Mésopotamie manque de bois, de pierre et de métaux. Or, ces produits se trouvent en abondance dans les montagnes voisines où l'agriculture est difficile. Ainsi, les ressources de chaque région se complètent. Les Mésopotamiens se procurent les marchandises dont ils ont besoin de deux façons : par le commerce et par la guerre ! En effet, les dirigeants mésopotamiens n'hésitent pas à lancer des expéditions militaires pour s'emparer des terres cultivables ou des **matières premières** d'une ville ou d'une région ennemie.

matière première
Produit d'origine naturelle qui n'a pas encore été transformé. L'orge avec lequel on fabrique de la farine et de la bière est une matière première.

CONSIGNE

> **Organisation des informations**
- Conçois un plan d'organisation.
- Regroupe tes données en tableau, en liste ou en citations de textes.
- Identifie tes documents iconographiques et leur provenance.

4 TON SUJET D'ENQUÊTE

Décris comment le commerce satisfait les besoins des Mésopotamiens.

Commence ton enquête

▶ Établis une liste des produits du commerce local.

▶ Énumère des produits échangés dans le cadre du grand commerce.

▶ Décris comment s'effectue le transport des marchandises.

2.15

Reconstitution d'un port de Mésopotamie.

● Observe l'utilisation des différentes embarcations.

échoppe Petite boutique couverte d'un auvent et adossée contre un mur.

troc Échange direct d'un bien contre un autre.

embaumer Remplir un cadavre de substances destinées à en assurer la conservation.

2.16
Joyaux de coiffure de la reine Pu-Abi, tombe royale d'Ur, Irak actuel, vers 2500 av. J.-C.

Le commerce local

Au quotidien, les échanges commerciaux s'effectuent à la ville, dans une atmosphère animée et pacifique. Le commerce local répond aux besoins des habitants de la ville et de la campagne environnante. Les petits marchands, les artisans et les paysans installent leurs **échoppes** sur la place du marché ou encore aux portes de la cité. Les Mésopotamiens s'y procurent des articles manufacturés comme des tissus, des poteries ou des meubles. Ils y trouvent aussi des grains, de l'huile, des légumes, des fruits, des animaux d'élevage ou du poisson frais. Une visite au marché donne aussi l'occasion de déguster une soupe ou un beignet sucré frit dans l'huile de sésame ! Le **troc** se pratique encore mais, à partir du 3e millénaire avant Jésus-Christ, les Mésopotamiens n'utilisent plus que l'orge, le cuivre ou l'argent pour payer leurs achats. Ils échangent un poids donné de céréales ou de métal contre telle ou telle marchandise.

Le grand commerce

Les échanges avec les régions lointaines s'organisent dans le quartier des affaires où se situent le port, les entrepôts et les habitations des riches commerçants. Ce grand commerce répond surtout aux besoins du palais et des temples. La construction et la décoration de ces édifices prestigieux exigent d'importantes quantités de pierre, de bois de cèdre et de métaux précieux. Les prêtres utilisent aussi de nombreux aromates, comme l'encens d'Arabie, pour les cérémonies religieuses. Le cuivre des montagnes du nord de la Mésopotamie permet entre autres de fabriquer des statues de divinités ainsi que des armes et des casques pour les troupes de la cité. Les gens aisés recherchent quant à eux des produits de luxe qui ne se trouvent pas non plus dans la région : les pierres précieuses d'Afghanistan et d'Inde, l'ivoire d'Égypte, l'huile d'olive et le vin de Méditerranée, etc.

Qu'ont donc à offrir les Mésopotamiens en échange de ces matières premières et de ces produits de luxe ? Principalement, les surplus de leur production agricole (céréales, dattes, etc.). Les produits de leur artisanat sont aussi recherchés à l'étranger, surtout les tissus de laine et de lin colorés. Enfin, les Mésopotamiens exportent leur pétrole, très prisé par les Égyptiens qui l'utilisent pour **embaumer** leurs morts.

AILLEURS

GUERRE ET PAIX POUR LE COMMERCE

Vers l'an 1300 avant Jésus-Christ, les puissances voisines de la Mésopotamie, les empires hittite et égyptien, cherchent toutes deux à exercer leur domination sur le commerce international au Proche-Orient. Pendant près d'un siècle, Hittites et Égyptiens s'affrontent pour le contrôle de la Syrie. Rien d'étonnant à cela, car les grandes routes commerciales qui relient la Mésopotamie aux côtes de la Méditerranée traversent cette région.

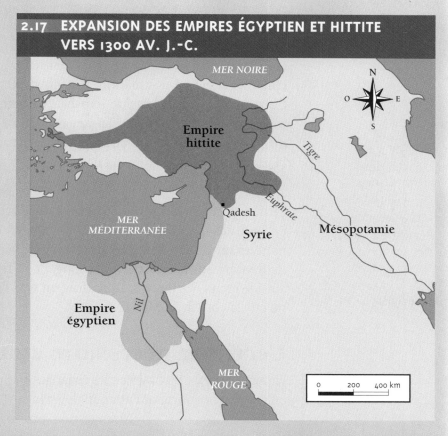

2.17 EXPANSION DES EMPIRES ÉGYPTIEN ET HITTITE VERS 1300 AV. J.-C.

MER NOIRE

Empire hittite

Tigre

MER MÉDITERRANÉE

Qadesh

Euphrate

Syrie

Mésopotamie

Nil

Empire égyptien

MER ROUGE

0   200   400 km

Pour mettre fin aux conflits entre leurs deux empires, le pharaon d'Égypte et le roi des Hittites concluent un traité de paix. Le traité de Qadesh, l'un des plus anciens de l'histoire qui prévoit la paix entre deux pays et leur coopération en cas de guerre avec une autre puissance. L'inscription de ce texte dans l'argile du pays hittite et dans la pierre d'Égypte a conservé la mémoire de ce rapprochement pendant des millénaires.

2.18
Reconstitution d'une représentation de la bataille de Qadesh, Village pharaonique, Le Caire, Égypte actuelle.

amphore Vase à deux anses, au col rétréci, avec ou sans pied, servant à conserver et à transporter les aliments.

caravanier Conducteur des bêtes de somme qui assurent le transport des marchandises, des marchands et des voyageurs.

Les marchandises parcourent parfois de longues distances. Dans ce pays « entre les fleuves », les cours d'eau et les canaux forment les principales voies de communication. Le transport s'effectue souvent en simple couffe, une petite barque ronde que l'on dirige à l'aide d'une perche. On y entasse des poissons, des **amphores** de vin, quelques animaux ou encore des paniers de dattes et de grains. De grands radeaux convoient les chargements plus lourds, ceux de bois ou de pierre par exemple. Les bateliers profitent du courant des fleuves pour naviguer vers les villes du sud de la Mésopotamie. Une fois arrivés à destination, il leur est difficile de remonter le courant. Certains vendent le bois de leur bateau et rentrent par la route. D'autres repartent par voie d'eau en faisant tirer leur embarcation par des hommes qui marchent sur la rive. Pour naviguer en mer vers la vallée de l'Indus ou l'Égypte, les Mésopotamiens utilisent de grands bateaux à rames ou, plus rarement, à voile.

Le transport s'organise aussi par voie de terre. De longues caravanes d'ânes portent des marchandises telles que métaux et tissus. Durant le 1er millénaire avant Jésus-Christ, les **caravaniers** disposent aussi de dromadaires. Ils fréquentent les chemins qui longent le Tigre et l'Euphrate : remontant ainsi le cours des fleuves, ils se dirigent vers l'ouest pour se rendre en Syrie ou sur la côte de la Méditerranée.

CONSIGNE

> **Collecte des informations**
> - Copie entre guillemets l'extrait de texte.
> - Résume le propos.
> - Observe attentivement l'iconographie.
> - Note la provenance de tes données.

L'écriture nécessaire au commerce

Comme tu peux le constater, les échanges commerciaux et la vie économique en général se compliquent au fil des siècles. Les administrateurs du palais, les grands propriétaires ou les commerçants s'interrogent constamment. Quel est le surplus d'orge cette année ? Combien de rations faut-il verser aux travailleurs agricoles ? Les propriétaires de cette palmeraie ont-ils payé leurs taxes ? Combien de pièces de tissu envoyer à ce client de Syrie ? Pour répondre à ces questions, il devient nécessaire de compter, de noter certaines informations et de communiquer à distance. Selon les archéologues, les populations du Proche-Orient utilisaient de petits jetons en argile pour exprimer des unités de calcul depuis le 7e millénaire avant Jésus-Christ. Ces gens auraient donc appris à compter bien avant de savoir écrire !

Au 4e millénaire avant Jésus-Christ, l'accroissement de la production agricole et le développement du commerce et des centres urbains en Mésopotamie exigent un système de comptabilité et de communication plus perfectionné. L'écriture est sur le point d'apparaître. Pour conserver une

5

TON SUJET D'ENQUÊTE

Explique des raisons qui ont mené à l'apparition de l'écriture.

Commence ton enquête

▶ Note à quelle date apparaissent les premiers pictogrammes en Mésopotamie.

▶ Établis une liste des différentes formes d'écritures.

▶ Explique qui sont les scribes.

▶ Énumère des raisons de transmettre et de conserver par écrit des informations.

▶ Décris des utilisations de l'écriture dans les anciennes civilisations.

Poursuis ton enquête

Recherche d'autres illustrations d'écritures anciennes et explique à quelles civilisations elles appartiennent.

trace des échanges, on inscrira des signes dans l'argile fraîche à l'aide d'une tige de roseau appelée calame. Le tableau suivant te montre l'évolution de cette forme ancienne de communication à distance.

2.19 LES PREMIERS DÉVELOPPEMENTS DE L'ÉCRITURE EN MÉSOPOTAMIE AU 4ᵉ MILLÉNAIRE AV. J.-C.

Objets servant à la communication	Description	Fonction
Bulle d'argile et jetons	• Boule d'argile creuse portant une signature. • Jetons d'argile de formes et de tailles variées placés à l'intérieur de la bulle.	• La bulle et les jetons permettent de connaître le propriétaire, la nature des marchandises (céréales, bêtes, etc.) et leur quantité. • Pour s'assurer que la bonne marchandise a été livrée, on brise la bulle afin d'examiner les jetons.
Bulle d'argile	• Boule d'argile creuse portant une signature et contenant des jetons d'argile. • Un résumé du contenu apparaît sur une des faces de la bulle.	• La bulle seule permet de connaître le propriétaire, la nature des marchandises (céréales, bêtes, etc.) et leur quantité. • Grâce au résumé noté sur la bulle, on n'a plus besoin de la casser.
Tablette d'argile	• Tablette d'argile gravée de chiffres et de symboles.	• Comme les jetons perdent leur utilité, on aplatit la bulle pour former une petite tablette. • Le message se trouve d'un côté, la signature de l'autre.

• Quelles fonctions ont les bulles, les jetons ou les tablettes dans le commerce mésopotamien ?

CITOYEN, CITOYENNE

Des conventions sociales

À quelques exceptions près, la majorité des humains vivent actuellement regroupés en communautés sédentaires. Pour qu'il soit plaisant de vivre tous ensemble sur un même territoire limité, il a fallu s'entendre sur une forme commune d'organisation. Cette organisation repose d'abord sur des conventions sociales. Mais qu'est-ce qu'une convention sociale ? Il s'agit d'un accord entre des individus qui souhaitent harmoniser leur vie communautaire. Les unités de mesure de calcul du temps et de l'espace, les langues écrites et parlées, la politesse et les bonnes manières sont quelques exemples de conventions sociales. Comme tu le verras dans ce dossier, les premières civilisations avaient déjà des conventions sociales. Toutefois, celles-ci ne suffisant pas, les communautés humaines ont dû édicter des règles et des lois pour encadrer leur vie en société.

LA NAISSANCE DE L'ÉCRITURE

L'écriture n'est pas l'invention d'une seule civilisation. Différents systèmes d'écriture apparaissent aux quatre coins du monde, en Asie, en Amérique et en Afrique. Pourquoi les sociétés humaines se mettent-elles à transmettre et à conserver des informations par écrit? Généralement pour des raisons économiques: faciliter les échanges commerciaux, compter les marchandises, mesurer les champs ou calculer les impôts. Les premiers écrits gardent la mémoire des rois, enregistrent le mouvement des astres, dressent des calendriers ou adressent une prière à une divinité.

Cela dit, les archéologues et les historiens n'arrivent pas toujours à éclairer les circonstances entourant les débuts d'un système d'écriture. Il leur manque des indices. Ainsi, les plus anciennes traces d'écriture chinoise datent du 2e millénaire avant Jésus-Christ. Elles consistent en signes gravés sur des milliers d'os de mouton et de carapaces de tortue. Quant au contenu de ces écrits, il s'agit de questions posées aux dieux par un **devin**: Quand le roi doit-il aller à la chasse ou à la guerre? Quand faut-il semer le millet? Etc. Or, on sait que les Chinois de l'époque écrivaient également sur des languettes de bambous. Malheureusement, le bambou ne s'est pas conservé. On ne peut donc pas préciser l'époque de l'apparition de l'écriture en Chine ni l'usage que les Chinois en ont d'abord fait.

2.20

Os divinatoire, Chine actuelle, 14e et 13e siècles av. J.-C.

● Explique l'utilité d'un os divinatoire.

L'aventure de l'écriture débute simplement. On dessine de façon stylisée les êtres ou les objets que l'on désire représenter: un épi d'orge, un poisson, un homme. Ces signes clairs et faciles à reconnaître, ce sont des **pictogrammes**.

épi d'orge	poisson	homme
pictogramme sumérien (Mésopotamie)	pictogramme chinois	hiéroglyphe égyptien

2.21
Pictogrammes.

haut	bas	bouche + eau: boire

2.22
Idéogrammes chinois.

2.23
Idéogramme sumérien.

Seuls ou combinés, les signes peuvent représenter une idée ou une action. Ainsi, les Égyptiens utilisent l'image d'un lion pour exprimer le courage. On parle alors d'idéogrammes.

Pour des raisons pratiques, les signes deviennent plus abstraits et plus rapides à écrire. En effet, il est difficile de tracer un dessin bien net dans l'argile humide.

devin Personne qui prétend connaître ce qui est caché et prédire l'avenir par l'interprétation de certains phénomènes comme les craquelures dans un os d'animal, les rêves ou la position des planètes.

pictogramme Signe représentant une chose ou un être.

Les Mésopotamiens adoptent un calame au bout triangulaire. Ils tracent le caractère par simple pression, en imprimant sur le support une série de marques en forme de coin ou de clou. Voilà pourquoi on qualifie aujourd'hui cette écriture de cunéiforme. Observe l'évolution des pictogrammes de l'illustration 2.24.

Au fil du temps, les systèmes d'écriture se raffinent. On ne reconnaît plus les anciens pictogrammes. Écrire demande de longues années d'apprentissage. Très peu de gens savent lire et écrire. Les dirigeants, les prêtres et les riches commerçants font appel à des scribes. Ces professionnels de l'écriture savent aussi compter, résoudre des problèmes mathématiques et écrire de la poésie ou de longs récits. Ils veillent sur d'importantes bibliothèques. Leur connaissance du prix des marchandises, de l'histoire, des lois, des sciences et de la religion leur confère beaucoup de prestige. Les scribes comptent bien peu de femmes dans leurs rangs.

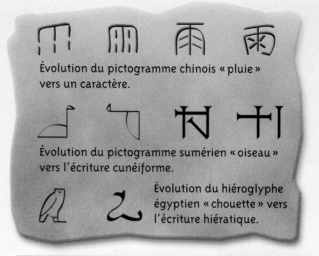

Évolution du pictogramme chinois « pluie » vers un caractère.

Évolution du pictogramme sumérien « oiseau » vers l'écriture cunéiforme.

Évolution du hiéroglyphe égyptien « chouette » vers l'écriture hiératique.

2.24
Évolution de pictogrammes.

Parmi les systèmes d'écriture anciens, seule l'écriture chinoise est encore en usage de nos jours. À partir de la fin du 2ᵉ millénaire avant Jésus-Christ, les écritures alphabétiques se répandent autour de la Méditerranée, puis vers l'Asie. En fait, notre alphabet descend de l'**alphabet** phénicien, qui s'est développé dans la région du Liban actuel.

2.25
Tablette d'argile dite « Plimpton 322 », Irak actuel, 2ᵉ millénaire av. J.-C. Cette tablette présente un problème complexe de géométrie. Seuls deux signes sont utilisés.

alphabet (des lettres alpha et bêta, premières lettres de l'alphabet grec) Système de signes graphiques permettant par leurs différentes combinaisons de transcrire les sons d'une langue.

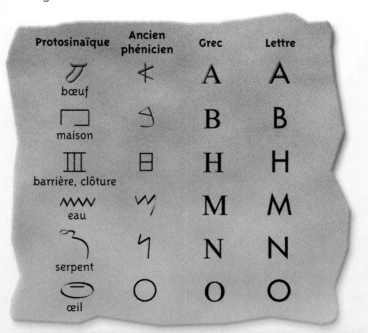

Protosinaïque	Ancien phénicien	Grec	Lettre
bœuf		A	A
maison		B	B
barrière, clôture		H	H
eau		M	M
serpent		N	N
œil		O	O

2.26
Évolution de l'écriture vers notre alphabet.

2.27
Sceau-cylindre en lapis lazuli, Ur, Irak actuel, 2600 av. J.-C.
L'expéditeur du message déroule ce petit cylindre sur
l'argile humide pour y imprimer le motif personnel
de sa signature.

opinion

Ta société
peut-elle
fonctionner sans
écriture ?

6 TON SUJET D'ENQUÊTE

Identifie des facteurs qui favorisent l'implantation
de l'artisan en milieu urbain.

Commence ton enquête

▶ Établis une liste des différents types d'artisanats
mésopotamiens.

▶ Énumère des avantages pour les artisans mésopotamiens de se regrouper dans les villes.

▶ Établis une liste d'innovations technologiques
associées à l'artisanat mésopotamien.

Poursuis ton enquête

Compare la production du bronze en Chine et en
Mésopotamie et cherche des exemples de ces
œuvres anciennes.

La spécialisation de l'artisanat

Le développement de l'agriculture et du commerce entraîne l'essor des activités artisanales
en Mésopotamie. L'artisanat progresse d'abord
à la campagne. À l'origine, l'artisan est lui-
même un agriculteur. Lorsqu'il ne cultive pas
son champ, il pratique un métier lié à l'agriculture ou à l'élevage. Ainsi, des hommes
s'adonnent à la fabrication et à la réparation
d'outils aratoires, alors que les femmes filent et
tissent le lin et la laine. Peu à peu, les surplus
agricoles obtenus grâce à l'amélioration des
techniques permettent aux artisans de se
consacrer pleinement à leur métier.

À partir du 3e millénaire avant Jésus-Christ, l'artisanat s'implante en milieu
urbain. Les plus importants consommateurs de biens manufacturés et de
produits de luxe se trouvent à la ville. Il s'agit du palais et des temples, qui

abritent même leurs propres ateliers où travaillent de nombreux artisans. Rappelle-toi aussi que la ville se situe au cœur des échanges commerciaux en Mésopotamie. Or, de nombreux matériaux nécessaires au travail des artisans sont des produits d'**importation**; ils sont donc déchargés en ville, sur les quais du port. Ainsi, les artisans pratiquent leur métier et vivent ensemble dans certains quartiers de la ville : ici, la rue des **orfèvres**; là, la rue des **vanniers**. Certains, comme les travailleurs du cuir et les potiers, se regroupent parfois aux abords d'un cours d'eau, dans un village à proximité de la cité.

importation Action d'acheter et de faire entrer dans un pays des marchandises venant de l'étranger.

orfèvre Artisan qui fabrique des objets en métaux précieux, en or et en argent par exemple.

vannier Artisan qui tresse des fibres végétales comme le roseau pour en faire des nattes et des paniers.

La métallurgie

Il se pratique diverses formes d'artisanat en Mésopotamie. Les artisans travaillent l'argile, la laine, le lin, le roseau, les métaux, la pierre, le bois, le cuir ou exercent un métier lié à l'alimentation comme la boulangerie. Au 3e millénaire avant Jésus-Christ, grâce aux importations de cuivre et d'étain, les métallurgistes mésopotamiens acquièrent un important savoir-faire. Fondus ensemble, ces deux métaux forment un alliage : le bronze, qui est un matériau beaucoup plus dur que le cuivre seul. Ainsi fabriqués, les outils (ciseaux, haches, herminettes, etc.) et les armes ne se déforment plus à l'usage. Tout un progrès! Certes, le bronze casse assez facilement, mais les pièces brisées ou usées sont refondues pour créer de nouveaux objets.

2.28

Dans l'atelier du bronzier, les quantités de métal utilisées et le poids des objets fabriqués sont étroitement surveillés.

AILLEURS

EN CHINE, LA POTERIE IMITE LE BRONZE

Au 2ᵉ millénaire avant Jésus-Christ, les artisans chinois connaissent aussi le secret du bronze. Étroitement surveillés par le roi, leurs ateliers sont situés à la ville, tout près du palais. Les bronziers chinois moulent principalement des armes et les vases somptueux qui serviront, au cours de cérémonies religieuses, aux offrandes de nourriture. Ils ornent avec finesse ces contenants de figures géométriques et de motifs d'animaux.

Symboles de richesse, les objets de bronze sont si appréciés que les potiers en imitent fidèlement les formes et les ornements dans la fabrication de leurs vases. Ces copies en poterie se retrouvent souvent dans les tombes des gens fortunés. Les potiers façonnent également dans l'argile des contenants d'une grande simplicité pour la vaisselle de tous les jours.

2.29

Vase rituel en bronze, Chine actuelle, 13ᵉ-11ᵉ siècle av. J.-C. La frise de dragons, présentés de profil sur le col du vase, est un motif courant sur les bronzes de cette époque.

La poterie

Le potier exerce sans doute le métier le plus répandu en Mésopotamie. En effet, l'argile se trouve partout. Le travail de cet artisan bénéficie de nouveaux moyens techniques : le four et le tour. Le four, mis au point par les métallurgistes, atteint des températures beaucoup plus élevées qu'autrefois. Le potier obtient ainsi une vaisselle et des contenants plus résistants et d'aspect plus uniforme. Il fabrique aussi des petits contenants de luxe au fini émaillé et coloré. Bien qu'il utilise toujours la technique du montage au colombin [⬅ illustration 1.30], le potier travaille maintenant à l'aide d'un tour. Grâce à cet appareil tout simple qu'il fait tourner avec son pied, il façonne ses pièces plus rapidement.

Le textile

Les artisans mésopotamiens sont aussi renommés pour la qualité de leurs tissus et de leurs vêtements. Le filage et le tissage demeurent longtemps des métiers réservés aux femmes. Elles travaillent à la maison ou dans les ateliers de la ville. Des textes nous apprennent qu'au 3ᵉ millénaire avant Jésus-Christ, dans le sud de la Mésopotamie, de grandes **filatures** employaient une importante main-d'œuvre féminine. Aux millénaires suivants, on rencontre aussi des hommes tisserands et des **brodeurs** d'une grande habileté.

filature Manufacture où est fabriqué le fil à tisser.

brodeur Artisan qui, à l'aide d'une aiguille et de fil, orne les tissus de façon à former des motifs en relief.

2.30
Filage et tissage en Mésopotamie.

Laine et lin abondent sur le territoire mésopotamien. La laine de mouton produit des étoffes fines destinées à la confection des vêtements, alors que la laine de chèvre donne des tissus plus grossiers utilisés pour fabriquer des sacs. Le lin est surtout employé pour tisser des rideaux et des toiles. Les artisans mésopotamiens tissent le fil sur des métiers horizontaux. Ils connaissent bien l'art de la teinture. À l'aide de plantes variées, ils peuvent obtenir des tissus bleus, rouges, jaunes, orangés et noirs. Les plus belles étoffes servent à l'exportation ou à vêtir les gens les plus fortunés. Ceux-ci portent des vêtements colorés, ornés de franges, de pompons et de riches broderies de fils de laine et de métal. Cependant, la plupart des Mésopotamiens portent des habits très simples, en peau ou en laine de mouton : un pagne ou une robe courte pour l'homme, une robe longue pour la femme.

Passe à l'action

Jeu sur le thème du décodage des pictogrammes

Avec des camarades, forme une petite équipe pour élaborer des pictogrammes dont vous serez les seuls à posséder la clé. Présentez ensuite vos pictogrammes aux autres élèves et invitez-les à décoder leur signification.

CONSIGNE

Place à la créativité

- Essaie plusieurs façons de faire.
- Mets de l'avant des idées nouvelles.
- Envisage de nouvelles formes d'expression.

❸ VIVRE À L'OMBRE DES DIEUX

CONSIGNE

➤ **Méthode historique**
- Cherche la même information dans différentes sources.
- Distingue les faits historiques des opinions.
- Fais appel à tes connaissances antérieures.

Depuis l'apparition des premiers villages au Proche-Orient, l'organisation des sociétés a subi de profonds changements. La vie à la ville, l'organisation des travaux d'irrigation, le grand commerce, la spécialisation du travail et les guerres bouleversent les relations entre les individus. En Mésopotamie, vers la fin du 4ᵉ millénaire avant Jésus-Christ, l'existence d'une hiérarchie sociale ne fait plus aucun doute. Véritable représentant des dieux, le roi, avec sa famille, dirige et défend la population installée sur le territoire qu'il gouverne.

Libres ou esclaves

La société mésopotamienne se divise en deux grandes catégories d'individus : les hommes libres, qui forment la majorité, et les esclaves. Comment quelqu'un peut-il se trouver réduit à l'esclavage ? Du fait de sa capture par une armée ennemie en temps de guerre, parce que ses père et mère étaient déjà **asservis** au moment de sa naissance ou encore en raison d'un contrat. En effet, en période de famine, il arrive qu'un père de famille vende ses enfants, sa femme ou lui-même comme esclaves. D'autres offrent leur force de travail pour un temps limité afin de rembourser une dette. Les esclaves s'achètent au marché comme n'importe quelle autre marchandise.

Les esclaves servent au palais, mais également au temple ou dans quelque famille aisée. On les astreint généralement aux travaux les plus exigeants, comme la construction des canaux d'irrigation, le **halage** des bateaux ou le moulage de briques d'argile. Certains esclaves travaillent comme domestiques ou encore comme artisans. Même s'il perd sa liberté, un esclave n'a pas des conditions de vie aussi mauvaises que tu l'imagines. Il peut se marier, économiser et parfois même racheter sa liberté.

7

TON SUJET D'ENQUÊTE

Caractérise l'organisation sociale des Mésopotamiens.

Commence ton enquête
▶ Note quand débute le pouvoir royal à Sumer ainsi que dans l'empire d'Akkad.

▶ Établis une liste des pouvoirs des rois de cette époque.

▶ Décris en quoi consiste le code d'Hammourabi.

▶ Définis le statut des esclaves dans la société mésopotamienne.

▶ Énumère les caractéristiques de la famille mésopotamienne.

Poursuis ton enquête
Raconte à l'aide d'autres sources l'histoire d'un empire mésopotamien.

asservi Réduit à la servitude, à l'esclavage.

halage Action de remorquer un bateau au moyen d'un cordage tiré du rivage.

Les habitants

La majorité des habitants libres appartiennent au groupe social des *mushkênu* : les petites gens. Ce groupe de condition modeste réunit de petits propriétaires terriens, des paysans qui louent leur champ, des marchands

2.31
Des esclaves au travail.

et des ouvriers de toutes sortes ainsi que des artisans. Le mot sumérien *mushkênu* signifie « celui qui s'incline, se soumet ». On lui donne aussi le sens de « pauvre et démuni ». Savais-tu qu'il est à l'origine de notre mot *mesquin* : « médiocre ; qui manque de générosité » ? Sans doute un des mots de la langue française aux racines les plus anciennes !

Les gens les mieux nantis occupent les échelons supérieurs de la hiérarchie sociale mésopotamienne. Leur fortune provient le plus souvent des terres agricoles qu'ils possèdent. Parmi ces **notables**, on trouve aussi de riches marchands, de puissants commerçants et des artisans réputés. Naturellement, les familles royales et les dirigeants religieux font partie de ce groupe.

La famille

La vie privée des Mésopotamiens s'organise autour de la famille. Celle-ci regroupe un homme et une femme mariés, leurs enfants et parfois même une seconde épouse. Cette **famille nucléaire** appartient à un groupe de parenté plus large qui s'occupe collectivement des terres à cultiver. Dans

notable Personne qui jouit d'une situation sociale élevée et exerce une fonction importante dans un village, une ville ou une région.

famille nucléaire Unité familiale de base, composée des parents et des enfants.

LA JUSTICE MÉSOPOTAMIENNE

Des milliers de tablettes d'argile témoignent des règles que les anciens Mésopotamiens se donnent pour vivre en société. Les archéologues ont trouvé des contrats, des **testaments**, des recueils de conseils pour réussir sa vie ainsi que des codes de justice énoncés par l'autorité royale. Celui d'Hammourabi, roi de Babylone au 18e siècle avant Jésus-Christ, constitue le code méso-potamien le plus complet qui nous soit parvenu.

testament Document écrit par lequel une personne exprime ses dernières volontés et dispose des biens qu'elle laissera à sa mort.

talion Châtiment qui consiste à infliger au coupable le traitement qu'il a fait subir à sa victime : *Œil pour œil, dent pour dent.*

Ce texte contient près de trois cents articles qui touchent à des aspects importants de la vie en société tels que l'exploitation des terres royales, le tra-vail, le commerce, les relations familiales et le crime. La justice mésopotamienne reconnaît les droits de chaque individu et assure le respect de ces droits. Cependant, elle tient compte de la condition sociale de chacun. Ainsi, le médecin qui guérit un notable recevra cinq fois plus d'argent que s'il avait soulagé un esclave. Selon le principe du **talion**, le code d'Hammourabi impose en certains cas de redoutables punitions. Si une maison s'effondre et tue quel-qu'un, par exemple, l'ar-chitecte responsable de la construction sera mis à mort.

AUJOURD'HUI

Énumère différents avantages pour un citoyen d'avoir accès à des lois écrites.

 2.32

Stèle du code d'Hammourabi, pierre en basalte, Irak actuel, 18e siècle av. J.-C. On y voit le roi Hammourabi (à gauche) devant le dieu soleil Shamash, qui lui remet les insignes de la royauté. Afin que personne n'ignore son code, Hammourabi fait installer des copies de cette stèle dans son royaume.

ce cercle familial, les femmes constituent en quelque sorte une classe inférieure. À tous les âges de sa vie, la femme mésopotamienne dépend de la volonté d'un homme : son père, son frère, son mari, son fils ou son beau-père. L'homme est le maître incontesté de son épouse, de ses enfants et de ses esclaves. Sa femme s'occupe du foyer et doit mettre au monde de nombreux enfants. D'ailleurs, l'époux peut demander le divorce si sa femme ne lui donne pas de fils. Chez les notables, les femmes jouissent d'une situation plus élevée : elles apprennent à lire et à écrire, deviennent parfois prêtresses, femmes d'affaires ou, exceptionnellement, scribes.

2.33

Plaquette d'argile, Telló, Irak actuel, 1900 av. J.-C. La mère s'occupe de tous ses enfants tant qu'elle les allaite, soit jusqu'à l'âge de trois ans. Les garçons sont ensuite éduqués par leur père.

Premiers rois, premières administrations

La civilisation mésopotamienne se développe d'abord dans les villes du sud, près du golfe Arabo-Persique. Cette région se nomme le pays de Sumer. Chaque ville y fonctionne comme un petit État qui établit son autorité sur les agglomérations et le territoire environnants. Avec la constitution de ces États urbains, la vie politique en Mésopotamie se complique. Certains spécialistes pensent que le couronnement des tout premiers rois s'explique par les guerres incessantes : quelqu'un devait diriger les troupes de la cité. Des aînés désignaient le roi parmi une assemblée de notables.

Le pouvoir royal

Au 3e millénaire avant Jésus-Christ, on compte une quinzaine de cités-États. Les guerres surviennent si fréquemment entre ces cités que les **souverains** finissent par exercer leur pouvoir de façon permanente. Chaque roi règne sur une cité-État. À sa mort, son fils lui succède. Il arrive aussi que le trône

souverain Personne qui exerce seule l'autorité politique : roi, monarque, empereur.

soit pris par la force. Pour les Mésopotamiens, un dieu protège chaque cité et le roi représente ce dieu sur terre. Ainsi, le souverain ordonne sans discussion possible. Il exerce des charges religieuses, mais il agit d'abord comme chef militaire. Il exerce aussi la fonction de juge. Les décisions royales s'imposent à tous comme des lois : elles sont transcrites et recueillies dans des codes, comme celui d'Hammourabi. Le roi veille également à la prospérité économique de son peuple. Il commande les grands travaux de construction : le palais, le temple, les remparts, les travaux d'irrigation, etc.

FAITS D'HIER

GILGAMESH, LE ROI QUI NE VOULAIT PAS MOURIR

Gilgamesh règne sur la cité d'Uruk, dans le pays de Sumer, vers l'an 2600 avant Jésus-Christ. On connaît peu de choses de lui, sinon qu'il a fait ériger les remparts de sa ville. Le reste appartient à la légende. Le texte original de cette légende, l'une des plus anciennes de l'humanité, fut gravé dans l'argile à la fin du 3ᵉ millénaire avant Jésus-Christ.

Gilgamesh est une sorte de surhomme ou de demi-dieu. Riche et puissant, il opprime sa population. Les habitants d'Uruk s'en plaignent aux divinités. Celles-ci envoient Enkidu, un homme sauvage, pour combattre le roi. D'égale force, Gilgamesh et Enkidu finissent par devenir amis. Ils s'engagent alors dans des aventures extraordinaires où ils affrontent des monstres et des dieux. Jusqu'au jour où Enkidu perd la vie. Gilgamesh, qui croyait son ami immortel, réalise qu'il mourra lui aussi. Désespéré, il se lance alors dans l'impossible quête de l'immortalité. Il reviendra à Uruk assagi et convaincu qu'il vaut mieux profiter des joies de l'existence et des beautés de son royaume.

2.34
Bas-relief en pierre représentant un roi mésopotamien, Khorsabad, Irak actuel, 8ᵉ siècle av. J.-C.

CITOYEN, CITOYENNE

Des règles et des lois établies

L'exemple du code d'Hammourabi démontre que, très tôt dans l'histoire, les dirigeants des premières grandes communautés humaines ont senti le besoin d'édicter des lois. Ces lois écrites régissaient des aspects de la vie aussi variés que l'exploitation des terres, les relations familiales, le commerce et la criminalité. L'avantage de ces premières lois écrites, c'est qu'elles pouvaient être diffusées et connues de tous. Encore aujourd'hui, le fonctionnement de ta société repose sur des règles et des lois écrites qui s'appliquent à tous et qui doivent être connues de tous.

Questions citoyennes

1. Énumère des conventions ou des règles que tu connais.

2. Explique pourquoi les règles et les conventions sont nécessaires en société.

3. Explique la raison d'être d'une conséquence liée à la désobéissance à une règle.

4. Quelle nouvelle règle aimerais-tu faire adopter dans ton école et pourquoi ?

Action citoyenne

Participe à la vie démocratique :

- En équipe, analyse avec tes camarades le code de vie de ton école.
- Décidez d'un aspect du code de vie que vous désirez améliorer.
- Élaborez le texte de la nouvelle règle de conduite.
- Présentez aux élèves les propositions de chaque équipe.
- Organisez un vote pour déterminer celle qui fait consensus.
- Présentez la proposition au Conseil d'établissement de l'école.

Opinion citoyenne

Au Canada, au début du 20e siècle, la loi établissait à 21 ans l'âge requis pour voter. Depuis, la loi a été modifiée et les Canadiens peuvent maintenant voter dès l'âge de 18 ans. Le débat sur cette question n'est pas terminé : certaines personnes voudraient accorder le droit de vote à 16 ans.

- Selon toi, 16 ans serait-il un âge approprié pour exercer son droit de vote ?

CONSIGNE

> **Retour critique**
- Évalue la qualité de ta production.
- Relève des aspects à améliorer.
- Imagine des solutions.

L'administration de la cité

Même s'il détient tous les pouvoirs, le roi ne peut accomplir seul toutes les tâches nécessaires pour que son royaume soit bien gouverné. Le pouvoir du roi repose sur une administration imposante dirigée par ses proches. Cette administration emploie des hommes libres et parfois même des esclaves. Ces fonctionnaires assurent la bonne marche de toutes les affaires menées au palais, sur les terres royales, dans l'armée et à la ville. Leurs fonctions sont très variées. Par exemple, ils perçoivent les taxes, s'occupent du personnel du palais, achètent des marchandises ou encore commandent des troupes armées.

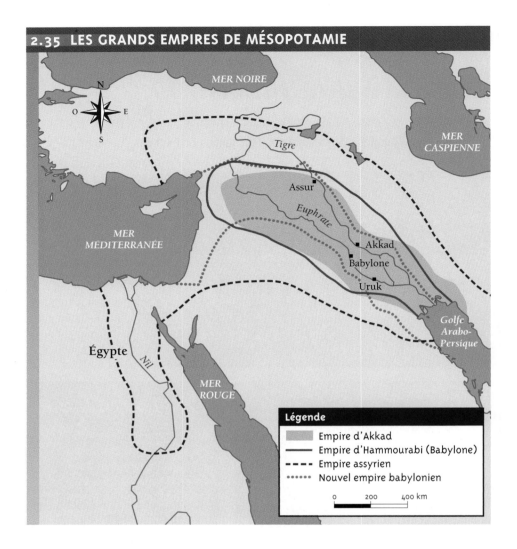

2.35 LES GRANDS EMPIRES DE MÉSOPOTAMIE

Légende
- Empire d'Akkad
- Empire d'Hammourabi (Babylone)
- Empire assyrien
- Nouvel empire babylonien

La conquête de l'empire

Certains rois ne se contentent pas de conquérir les terres de la ville voisine. Ils rêvent d'exercer leur pouvoir sur toute la plaine mésopotamienne. Au 24e siècle avant Jésus-Christ, Sargon, roi d'Akkad, fonde le premier empire de Mésopotamie. Il place toutes les villes du pays de Sumer sous son autorité. Akkad, ville située en bordure du Tigre, au nord de Sumer, devient la capitale de ce vaste territoire. Cependant, vers l'an 2200 avant Jésus-Christ, l'empire akkadien tombe devant l'invasion d'un peuple venu des montagnes de l'est. Les villes de Sumer reprennent alors leur indépendance.

Au fil des siècles, la Mésopotamie est tantôt divisée, tantôt unifiée. Ainsi, au 18e siècle avant Jésus-Christ, Hammourabi de Babylone accumule les victoires contre les royaumes ennemis. Il crée un empire babylonien dont la puissance décline après sa mort. Beaucoup plus tard, du 11e au 7e siècle avant Jésus-Christ, c'est un peuple du nord, les Assyriens, qui domine la Mésopotamie. Peu à peu, les souverains assyriens étendent leur influence du golfe Arabo-Persique jusqu'à l'Égypte ! La grande Assyrie s'effondre pourtant, déchirée par la **guerre civile** et des conflits avec les peuples étrangers.

guerre civile Conflit entre les habitants d'un même pays.

AILLEURS

SOUVERAINS DE PÈRE EN FILS

Lorsque les membres d'une même famille se succèdent à la tête d'un pays, ils forment ce qu'on appelle une dynastie. Tout comme la Mésopotamie, la Chine est gouvernée par des dynasties plus ou moins durables. La première dynastie chinoise est celle des Shang. Elle règne dans la plaine du Huang he du 17e au 11e siècle avant Jésus-Christ. Le roi chinois est le « fils du ciel », c'est-à-dire le représentant sur terre des esprits de ses ancêtres de sang royal. Lui seul peut communiquer avec ces anciens souverains, pour obtenir des conseils ou des faveurs ou encore pour apaiser leur colère. Les rois défunts jouent donc un grand rôle dans l'existence des vivants. Voilà pourquoi on attache beaucoup d'importance au culte des rois défunts.

Observe l'illustration. Ce roi Shang se fait enterrer avec son char, ses chevaux et ses possessions les plus précieuses, mais on lui sacrifie également des êtres humains : femmes, serviteurs et prisonniers de guerre. Il semble que de tels sacrifices soient parfois pratiqués au pays de Sumer.

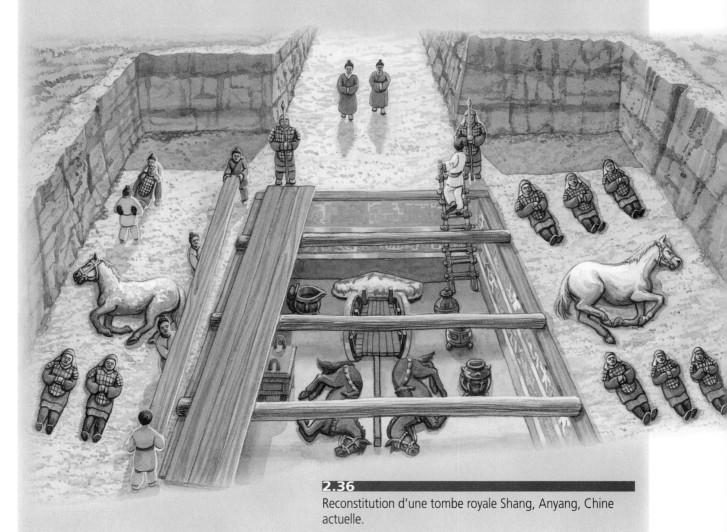

2.36
Reconstitution d'une tombe royale Shang, Anyang, Chine actuelle.

polythéiste (du grec *polus* « nombreux » et *theos* « dieu ») Qui admet l'existence de plusieurs dieux.

tutélaire Protecteur.

La brillante cité de Babylone connaît à nouveau des heures de gloire au 6ᵉ siècle avant Jésus-Christ, sous le règne de Nabuchodonosor II. L'histoire de la civilisation mésopotamienne s'achève en 539 avant Jésus-Christ avec la prise de Babylone par le roi de Perse, un vaste empire qui rayonne alors de la vallée de l'Indus jusqu'à la mer Méditerranée.

Des dieux à visage humain

Une grande partie des vestiges de la civilisation mésopotamienne se rattachent à la vie religieuse. Les ziggourats, les temples, les tombes, les sculptures, les vases, les peintures et les tablettes nous racontent les croyances et les pratiques religieuses des Mésopotamiens. Depuis l'époque de la Grande Déesse adorée au Néolithique, les divinités se sont multipliées. Ainsi, la religion mésopotamienne est **polythéiste**.

Sans cesse menacée par la guerre, la sécheresse ou les crues dévastatrices, cette société de paysans et de propriétaires terriens vit dans l'incertitude. Aussi les Mésopotamiens s'en remettent-ils à des dieux immortels qui, selon leurs croyances, maîtrisent les forces naturelles comme l'eau ou le soleil. Ces dieux ont un visage humain et mènent une existence semblable à celle des mortels : ils boivent, mangent, se marient, se battent, etc. Chaque cité possède un dieu **tutélaire**, ce qui n'empêche pas les Mésopotamiens de vénérer aussi les autres divinités.

Les Mésopotamiens vénèrent leurs dieux dans des temples. À la ville, le temple principal constitue la demeure de la divinité protectrice de la cité, représentée par une somptueuse statue. Des prêtres et des prêtresses veillent

---

8 TON SUJET D'ENQUÊTE

Explique en quoi consiste la religion des Mésopotamiens.

Commence ton enquête

▸ Note quand apparaissent les premières ziggourats.

▸ Caractérise les divinités et les rituels en Mésopotamie.

▸ Énumère quelques divinités tutélaires et indique la ville qui correspond à chacune.

▸ Définis *polythéisme*.

Poursuis ton enquête

Cherche dans une source de référence une autre représentation de ziggourat et raconte son histoire.

2.37 LES PRINCIPALES DIVINITÉS MÉSOPOTAMIENNES

Divinité	Fonction	Cité
An	Dieu suprême, ancêtre de tous les dieux.	Uruk
Enlil	Dieu des airs, chef des dieux.	Nippur
Enki	Dieu des eaux, promoteur des arts et des métiers.	Éridu
Ishtar	Maîtresse du ciel, déesse de l'amour et de la guerre.	Kish
Shamash	Dieu du Soleil et de la justice.	Larsa

FAITS D'HIER

UNE TOUR POUR SE RAPPROCHER DES DIEUX

S'il existe plus d'un temple dans une ville, on n'y trouve qu'une seule ziggourat. Il s'agit d'une immense tour de trois à sept étages qui s'élève parfois jusqu'à 100 mètres de hauteur. Construite de briques d'argile crues recouvertes de briques cuites, la ziggourat domine le centre de la ville. Un petit sanctuaire au dieu de la cité se dresse au dernier étage. Certains textes rapportent que les prêtres aménageaient, sur les terrasses de ces constructions, des jardins d'où ils pouvaient observer le mouvement des astres.

Un trône monumental pour le dieu tutélaire ?
Chose certaine, il ne s'agit pas d'un tombeau comme les pyramides d'Égypte.

2.38

Reconstitution de la ziggourat d'Ur, Irak actuel.

à l'entretien du temple et à la bonne marche des activités qui s'y tiennent. Ils veillent aussi à l'exploitation des terres et des ateliers qui relèvent du temple. Une de leurs tâches consiste à combler les besoins de la divinité. On lui offre de la nourriture, on la baigne et on l'habille de superbes vêtements et de bijoux. Des musiciens s'emploient même à la distraire ! Seuls le roi et les prêtres sont admis dans le **sanctuaire** où se trouve la statue de la divinité.

sanctuaire Lieu le plus sacré d'un temple, interdit à la population.

La population peut admirer cette statue lorsqu'elle est promenée dans la ville à l'occasion d'une fête. Généralement, les petites gens assistent aux cérémonies religieuses dans la cour du temple. En cas de maladie ou de difficulté, les Mésopotamiens prient et offrent du vin, de la bière, du lait ou des sa-crifices d'animaux pour apaiser leurs dieux.

CONSIGNE

Place à la créativité
- Essaie plusieurs façons de faire.
- Mets de l'avant des idées nouvelles.
- Envisage de nouvelles formes d'expression.

Passe à l'action

Devis : une ziggourat moderne

Pour honorer ses ancêtres, un pays du Proche-Orient fait un appel aux architectes du monde entier afin qu'ils proposent le plan d'une ziggourat. Forme une équipe avec des camarades et présentez votre vision d'une ziggourat moderniste.

FAIRE L'HISTOIRE

Déchiffrer les écritures anciennes

manuscrit Texte, ouvrage écrit ou copié à la main.

généalogie Science qui a pour objet l'origine et l'histoire des familles.

papyrus Plante des bords du Nil, en Égypte, qui sert à fabriquer des feuilles pour écrire.

égyptologue Spécialiste de l'Égypte ancienne.

La science du déchiffrage et de l'interprétation des écritures anciennes est connue sous le terme de paléographie, des mots grecs *palaios* « ancien » et *graphein* « écrire ». Certains paléographes se passionnent pour les écritures très anciennes comme le cunéiforme de Mésopotamie ou les hiéroglyphes d'Égypte. D'autres tentent de déchiffrer des **manuscrits** du 11e siècle ou encore des lettres du 18e siècle. Spécialistes ou amateurs, les paléographes s'intéressent aussi à l'archéologie, à l'histoire ou à la **généalogie**.

Le paléographe doit bien connaître l'histoire qui se rapporte au texte qu'il étudie. Il s'interroge principalement sur l'aspect extérieur de son document. Sur quel support est-il inscrit : de l'argile, du **papyrus**, de la pierre ou du papier ? Quelle est son origine ? En quelle langue est-il rédigé ? Est-il daté ? Est-il authentique ? Ressemble-t-il à d'autres documents semblables de la même époque ? A-t-il subi des modifications ? Les spécialistes parlent de ce questionnement comme de la critique externe d'un document.

Attention ! Toutes les écritures découvertes n'ont pas été déchiffrées. L'écriture employée dans la vallée de l'Indus au 3e millénaire avant Jésus-Christ, par exemple, reste un mystère. Pourquoi ? Parce qu'il n'y a pas assez d'indices. Les textes retrouvés sont trop courts pour permettre de comprendre la grammaire de cette langue. De plus, les chercheurs ne disposent d'aucune traduction dans une langue connue, ce qui leur donnerait la clef des pictogrammes de l'Indus.

2.39
Sceau de Mohenjo-Daro, vallée de l'Indus, 3e et 2e millénaire av. J.-C.

Une précieuse découverte vient parfois changer le cours des recherches. Ce fut le cas pour le déchiffrage des hiéroglyphes égyptiens. En 1799, un officier de l'armée française trouve à Rosette, dans le nord de l'Égypte, une pierre gravée d'un texte écrit en trois écritures : les hiéroglyphes, le démotique (une écriture égyptienne simplifiée) et le grec. Un jeune **égyptologue** français, Jean-François Champollion (1790-1832), parviendra en 1822 à percer le mystère des hiéroglyphes grâce à la pierre de Rosette. Connaissant le grec et familiarisé avec les hiéroglyphes, Champollion déchiffre d'abord le nom du pharaon Ptolémée V, puis décode toute une série de noms propres. Il applique sa découverte

HISTOIRE EN ACTION

- Explique l'importance du métier de paléographe et de la traduction de certaines écritures anciennes.
- Établis la biographie de Jean-François Champollion.

2.40

Stèle de basalte appelée pierre de Rosette, Égypte actuelle, 2e siècle av. J.-C.

- Quelles langues anciennes apparaissent sur cette pierre ?

pillage Action de dépouiller un lieu (une ville, un site) de ses biens et richesses en usant de violence et en causant des destructions.

à d'autres textes égyptiens : ça fonctionne ! Muette depuis le 4e siècle après Jésus-Christ, l'écriture en hiéroglyphes nous parle de nouveau !

Au 19e siècle toujours, grâce au travail de Henry Rawlinson, une traduction exceptionnelle livrait également la clef du déchiffrage de l'écriture cunéiforme. Il s'agit d'un long texte gravé, au 6e siècle avant Jésus-Christ, en sumérien, en akkadien et en vieux perse à même une falaise du rocher de Béhistoun, dans l'ouest de l'Iran.

À partir de la fin du 18e siècle, les savants et les artistes européens s'intéressent aux civilisations anciennes des rives de la Méditerranée et du Proche-Orient. Les découvertes paléographiques ne font qu'augmenter cet enthousiasme pour l'archéologie. Les pays qui, comme la France et la Grande-Bretagne, participent à des conflits armés dans ces régions profitent de l'occasion. On entreprend des fouilles qui prennent parfois des allures de **pillage**. Les trésors trouvés sont expédiés dans les grands musées d'Europe. De plus, les dirigeants de pays comme l'Égypte n'hésitent pas à offrir des monuments anciens en cadeau pour s'assurer la protection des puissances européennes. Ainsi, en 1831, l'Égypte offre à la France un obélisque gravé de hiéroglyphes datant de 3000 ans.

2.41

Obélisque de la Concorde, Paris, France. Cet obélisque en granit rose, de 230 tonnes et de 23 mètres de haut, appartenait au temple du pharaon Ramsès II, situé à Louksor en Égypte. Le roi de France le fait installer sur la place de la Concorde, au cœur de la ville de Paris.

EN CONCLUSION

TON RÉSUMÉ

Rédige un court résumé de ce que tu viens de découvrir concernant l'émergence d'une civilisation. Pour établir ton plan de rédaction, consulte la ligne du temps afin de noter les événements marquants, les cartes afin de repérer les éléments géographiques importants et la table des matières pour te rappeler les grandes thématiques traitées dans ce dossier.

MOTS ET CONCEPTS CLÉS

bronze
cadastre
civilisation
code de lois
communication
convention sociale
échange
écriture
empire
justice
lois
monarque
pictogramme
ville
ziggourat

! Aide-mémoire

Une civilisation se distingue par :

- ses réalisations matérielles, comme ses constructions ou ses œuvres d'art ;
- ses outils et ses techniques d'agriculture ;
- ses valeurs, ses croyances et ses savoirs ;
- son organisation sociale.

TON PORTFOLIO

- Note les points forts de ta participation lors du débat citoyen sur le droit de vote et indique les aspects à améliorer.
- Note la définition du concept de civilisation.

TES TRAVAUX PRÉPARATOIRES

Le prochain dossier d'*Histoire en action* traite de la civilisation grecque antique. Afin de bien t'y préparer, effectue les recherches suivantes :

▶ Détermine à quelle date débute et se termine la période de la civilisation grecque antique.

▶ Note la définition des mots et concepts suivants : acropole, agora, citoyen, colonisation, démocratie, empire, historien, institution, métropole, oligarchie, philosophie, panthéon.

▶ Repère sur une carte du monde actuel la Grèce, l'Irak, Israël, l'Égypte, le Liban, la Syrie, la Turquie, l'Afghanistan, la mer Égée, la mer Rouge, la mer Noire et la mer Caspienne.

▶ Informe-toi au sujet de la loi électorale et du droit de vote.

▶ Cherche des exemples de pays où la démocratie est inexistante.

DOSSIER 3

UNE PREMIÈRE EXPÉRIENCE DE DÉMOCRATIE

TABLE DES MATIÈRES

Athènes, une cité grecque démocratique — p. 78

1. La mer, la montagne et les Hellènes — p. 82
Une terre avare près de la mer — p. 82
La cité grecque — p. 85

2. Vivre de la terre et de la mer — p. 91
De l'orge, de la vigne et de l'olivier — p. 91
Fabriquer le beau — p. 94
Un commerce maritime indispensable — p. 98

3. La société démocratique des Athéniens — p. 100
Être ou ne pas être citoyen — p. 100
Les institutions de la démocratie — p. 104
Des dieux au cœur de la vie terrestre — p. 106

Interroger et reconstituer le passé — p. 114

En conclusion — p. 116

PROJET

Organise, en collaboration avec ta direction d'école, tes enseignants et les autres élèves, une campagne de publicité favorisant la participation à la vie démocratique de ton école. Mets sur pied une équipe qui fera un sondage afin de connaître l'opinion des élèves sur une amélioration à la vie collective. Forme ensuite un comité d'étude de faisabilité des propositions des élèves et finalement présente au Conseil d'établissement de ton école l'amélioration proposée.

ATHÈNES, UNE CITÉ GRECQUE DÉMOCRATIQUE

À partir de la fin du 3e millénaire avant Jésus-Christ, de brillantes civilisations se succèdent dans le sud-est de l'Europe, plus précisément dans les îles et sur les côtes de la mer Méditerranée. Tu connais peut-être le nom de cette région de montagnes et de ciels bleus que baigne une mer turquoise : la Grèce !

Au milieu du 2e millénaire avant Jésus-Christ, la culture des Grecs s'impose. Ces populations venues de régions plus au nord parlent la même langue et ont la même religion. Vers le 9e siècle avant Jésus-Christ, elles développent une écriture à partir de l'alphabet inventé par les Phéniciens. Des œuvres littéraires peuplées de héros et de dieux commencent à circuler et les premiers temples apparaissent. Peu à peu, un nouvel ordre politique se dessine : des cités-États aux royaumes. Cette civilisation se répand sur toutes les rives de la Méditerranée jusqu'à la mer Noire.

Au 5e siècle avant Jésus-Christ, la cité d'Athènes domine le monde grec. Le présent dossier t'invite à pénétrer dans l'univers de la Grèce antique et plus particulièrement dans celui des Athéniens. Découvre un monde maritime unique et assiste aux premiers pas de la démocratie. En chemin, fais connaissance avec les redoutables ennemis d'Athènes : l'Empire perse et la cité grecque de Sparte.

3.1

L'Antiquité grecque.

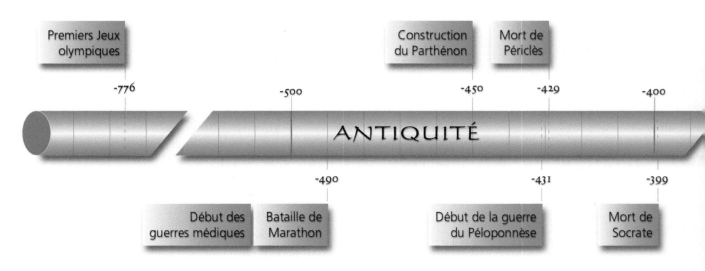

Vous organisez un voyage. Pour choisir la destination, deux façons s'offrent à vous : soit un élève décide de la destination seul, soit tous les élèves font différentes propositions et passent au vote.

- Explique pourquoi tu préfères l'une des deux façons de décider.
- Trouve des inconvénients de vivre dans une société non démocratique.

La démocratie n'a pas toujours existé, c'est à Athènes, en Grèce, que la démocratie fait ses premiers pas.

- Explique en quoi consistait cette première forme de démocratie.

3.2

Vote à main levée au Parlement européen.

- Explique l'importance d'exercer son droit de vote.

3.3

Au 5ᵉ siècle avant Jésus-Christ, la plupart des fonctions politiques sont attribuées par un tirage au sort qui exprime la volonté de la divinité tutélaire.

Alexandre, roi de Macédoine

-338   -300   -100

ANTIQUITÉ

-146

La Grèce, province romaine

3.4 LE MONDE VERS 450 AV. J.-C. : LA VIE POLITIQUE

● Compare ces différents régimes politiques.

AMÉRIQUE DU NORD

OCÉAN PACIFIQUE

OCÉAN ATLANTIQUE

Golfe du Mexique

Mésoamérique

Monte Albán

Civilisation zapotèque
Régime centralisé, probablement une monarchie ou une théocratie

Amazone

Chavín

AMÉRIQUE DU SUD

Civilisation Chavín
Théocratie

0   750   1500 km

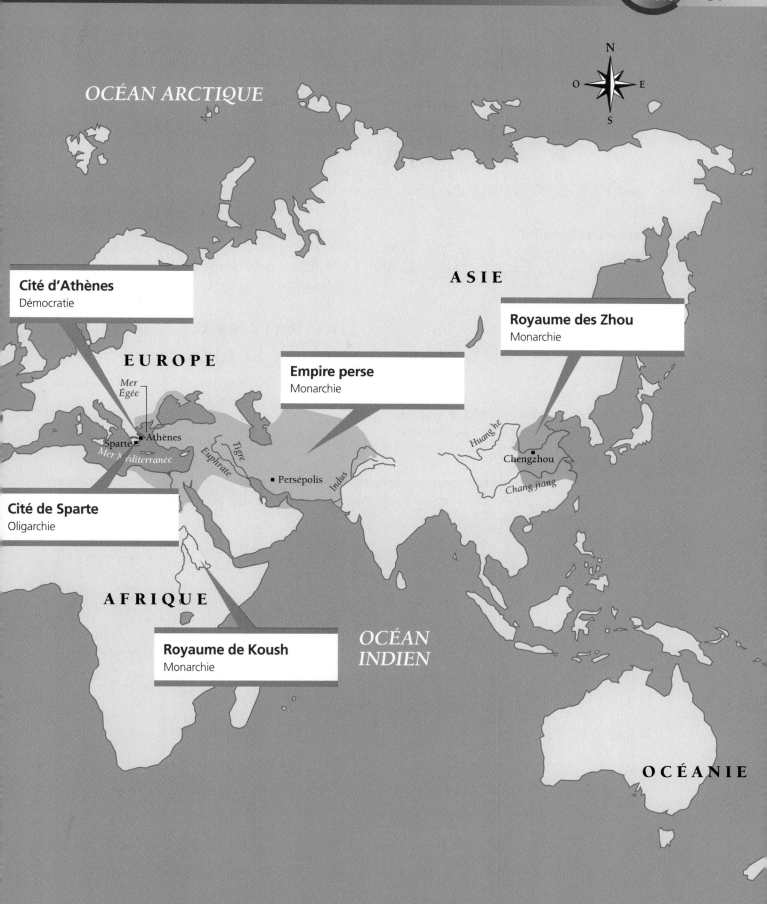

OCÉAN ARCTIQUE

ASIE

Cité d'Athènes
Démocratie

Royaume des Zhou
Monarchie

EUROPE

Empire perse
Monarchie

Mer
Égée

Huang he

Sparte ■
■ Athènes

Mer Méditerranée

Tigre

Euphrate

Chengzhou

Chang jiang

■ Persépolis

Indus

Cité de Sparte
Oligarchie

AFRIQUE

OCÉAN
INDIEN

Royaume de Koush
Monarchie

OCÉANIE

1 LA MER, LA MONTAGNE ET LES HELLÈNES

1 TON SUJET D'ENQUÊTE

Décris comment les Grecs tirent avantage de leur territoire.

Commence ton enquête

▶ Note la durée de la civilisation grecque.

▶ Caractérise le relief et le climat du territoire grec.

▶ Établis une liste des mers qui bordent la Grèce.

▶ Énumère les ressources naturelles du territoire grec.

Poursuis ton enquête

Cherche d'autres images du relief grec et indique sur une carte de quelles régions elles proviennent.

Tu connais déjà la côte orientale de la Méditerranée. Depuis longtemps, les grands empires du Proche-Orient et d'Égypte s'y disputent les routes de commerce. À partir du 8e siècle avant Jésus-Christ, la civilisation grecque rayonne sur le pourtour et sur les îles de cette grande **mer intérieure**. C'est dans ce paysage d'eaux et de montagnes que les Hellènes, nom que se donnaient les Grecs, se regroupent et prospèrent.

Une terre avare près de la mer

Le cœur du monde grec se déploie tout autour de la mer Égée, la partie nord-est de la Méditerranée. Observe la carte suivante. La Grèce, c'est aussi une multitude d'îles qui relient les côtes de la Grèce

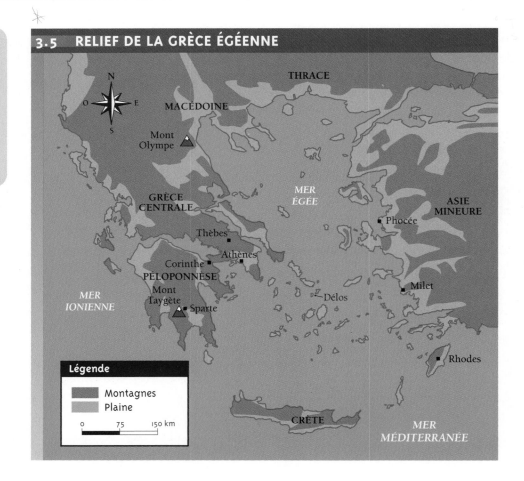

3.5   **RELIEF DE LA GRÈCE ÉGÉENNE**

THRACE

MACÉDOINE

Mont Olympe

GRÈCE CENTRALE

MER ÉGÉE

ASIE MINEURE

Thèbes

Phocée

Corinthe

Athènes

PÉLOPONNÈSE

Mont Taygète

Délos

Milet

Sparte

MER IONIENNE

Rhodes

Légende

Montagnes
Plaine

0   75   150 km

CRÈTE

MER MÉDITERRANÉE

mer intérieure   Grande étendue d'eau salée encerclée par des terres.

FAITS D'HIER   À LA CLAIRE FONTAINE

Le climat très sec de la Grèce pose le problème de l'approvisionnement en eau, surtout à la ville. Essaie d'imaginer, au début du 5e siècle avant Jésus-Christ, les 150 000 habitants d'Athènes sans eau courante. La plupart des maisons ne possèdent pas de puits individuel et la citerne d'eau de pluie ne suffit pas à combler les besoins. Où donc trouver l'eau ? Aux fontaines publiques. L'eau est amenée de la montagne par une canalisation souterraine. Elle jaillit par la bouche de la fontaine, puis s'accumule dans un réservoir. Les Athéniens viennent s'y servir librement.

3.6
Les femmes et les esclaves puisent l'eau à la fontaine publique.

centrale et du Péloponnèse à celles de l'Asie mineure : ces îles constituent un véritable trait d'union entre l'Europe et l'Asie ! Peu importe où ils s'établissent dans le pays, les Hellènes ne sont jamais très éloignés de la mer. Cette situation favorise le transport et le commerce maritimes. Si la mer permet de réunir tous ces petits territoires, les montagnes rendent les communications terrestres plus difficiles. Elles occupent plus de 80 % du territoire. Conséquence ? Les plaines fertiles sont rares et de faible étendue. Examine attentivement le relief et les formes découpées de la Grèce.

La Grèce jouit d'un climat méditerranéen. L'été se révèle long et sec, voire brûlant. Résultat : peu de cours d'eau coulent tout au long de l'année. De plus, aucun fleuve navigable ne traverse le territoire. Pour s'approvisionner en eau potable, les habitants doivent creuser des puits ou collecter l'eau de pluie dans des citernes. La Grèce connaît des hivers doux. Cependant, les forts vents qui soufflent d'octobre à mars gênent les déplacements par mer et isolent les différentes communautés hellènes. Des pluies brutales et

CONSIGNE
Collecte des informations
• Copie entre guillemets l'extrait de texte.
• Résume le propos.
• Observe attentivement l'iconographie.
• Note la provenance de tes données.

3.7

Site de Mycènes, près de Corinthe, Grèce actuelle.

● Repère sur une carte Mycènes et Corinthe.

irrégulières tombent en automne et au printemps. Ces eaux s'accumulent parfois au fond des vallées entourées de montagnes et forment des marécages. Pour y pratiquer l'agriculture et prévenir le **paludisme**, les paysans doivent assécher ces terres.

Les ressources naturelles du territoire grec sont assez limitées. Le sous-sol renferme principalement de l'argile, de la pierre, de l'argent et quelques gisements de fer. On n'y trouve ni le cuivre ni l'étain nécessaires pour produire des objets en bronze. En revanche, la montagne présente certains avantages. La partie inférieure des **versants** offre des sols cultivables. À plus haute altitude s'étendent des pâturages où poussent de petits arbres comme l'olivier et le figuier. Des forêts de feuillus et de conifères ajoutent encore à cette diversité. Les Hellènes trouvent en montagne des plantes aromatiques comme le thym et la sauge. Ils y chassent le sanglier, le cerf, le lièvre et le bouquetin. Par ailleurs, la mer leur fournit une abondance de poissons et de fruits de mer. Bref, lorsque la sécheresse ruine une partie des récoltes, la population peut toujours se tourner vers les ressources de la mer et de la montagne.

paludisme Maladie mortelle transmise par les moustiques dans certaines régions chaudes et humides, et qui se manifeste par des poussées de fièvre.

versant Chacune des deux pentes d'une montagne ou d'une vallée.

La cité grecque

Les chercheurs évaluent la population hellène au 5ᵉ siècle avant Jésus-Christ à deux millions de personnes environ. La cité d'Athènes connaît de grandes variations de population. Ainsi, au lendemain des guerres médiques [← Ligne du temps 3.1], au début du siècle, Athènes compte à peine 150 000 habitants. Durant les cinquante années suivantes, sa population double pour atteindre près de 300 000 personnes. À la fin du siècle, la guerre du Péloponnèse entraîne la mort de nombreux citoyens et la fuite de plusieurs esclaves : Athènes perd la moitié de sa population ! Il existe aussi des cités de taille plus modeste, qui ne comptent que quelques milliers d'habitants.

Des cités-États

Vers le 8ᵉ siècle avant Jésus-Christ, le territoire grec s'organise en cités autonomes et parfois même ennemies. Ce terme de cité doit en réalité s'entendre au sens de cité-État. Qu'est-ce donc qu'une cité-État ? Une ville souvent fortifiée qui domine les villages et la campagne des environs. Prends garde de ne pas confondre cité et ville. Le terme de ville s'applique au centre urbain de la cité, alors que le terme de cité recouvre la ville et la campagne voisine. Mais la cité-État grecque, c'est d'abord une population vivant sous les mêmes lois et vénérant les mêmes dieux.

La ville se situe à proximité de la mer ou d'une rivière, souvent à quelques centaines de mètres au-dessus du niveau de la mer ; parfois même jusqu'à 500 mètres. Pour te donner une idée, le mont Royal, à Montréal, atteint 232 mètres. À quelques kilomètres de distance, le port s'étend au pied de la ville. Des remparts munis de portes défendent cet ensemble des attaques extérieures. Sparte est l'une des rares villes grecques sans fortifications, peut-être en raison de l'importance de sa force armée ou de la proximité de cités alliées.

2

TON SUJET D'ENQUÊTE

Illustre l'aménagement urbain d'Athènes.

Commence ton enquête

▷ Énumère des facteurs qui font fluctuer la population de la cité d'Athènes.

▷ Définis ce qu'est une cité-État.

▷ Dessine le plan d'Athènes en y indiquant les principaux édifices.

▷ Énumère des lieux publics d'Athènes et décris leur utilité.

Poursuis ton enquête

Cherche un plan ou des vestiges d'une cité ancienne d'une autre civilisation que la Grèce antique et raconte son histoire.

3.8 LA RÉGION DE L'ATTIQUE, TERRITOIRE DE LA CITÉ-ÉTAT D'ATHÈNES

Marathon

Mont Pentélique ▲

Éleusis

Salamine ■

MER ÉGÉE

Mont Laurion ▲

Légende

— Limite de la cité d'Athènes

Ville d'Athènes

0   10   20 km

L'aménagement de la ville

archives Lieu où sont rassemblés, conservés et classés les documents relatifs à l'administration et à l'histoire de la cité.

théâtre Espace extérieur aménagé en gradins pour présenter des spectacles.

gymnase Ensemble d'installations sportives comprenant la palestre (sorte de terrain de jeu), le stade, des salles pour le bain et le massage, des vestiaires, etc.

La ville grecque se caractérise par deux lieux publics : l'acropole et l'agora. De quoi s'agit-il au juste ? L'acropole forme le cœur religieux de la cité. Établi sur une colline, ce site fortifié abrite les temples les plus importants. L'Acropole d'Athènes compte de splendides monuments dont on peut encore admirer les ruines aujourd'hui [➜ photo 3.21]. L'agora consiste en une grande place publique bordée de boutiques, d'ateliers, de temples et de bâtiments administratifs comme les tribunaux ou les **archives**. Située au carrefour des principales voies de communication, cette place animée constitue le véritable centre social, politique et économique de la cité. Les Hellènes s'y réunissent pour discuter, effectuer des échanges commerciaux, suivre le déroulement de concours ou assister à des cérémonies. Dans certaines villes, ils y tiennent aussi leurs assemblées politiques. À Athènes, ces réunions se déroulent plutôt sur une petite colline au sud-ouest de l'Agora, la Pnyx. Jette un coup d'œil sur la reconstitution du centre d'Athènes, ci-dessous, ainsi que sur le plan de la ville et de son port [➜ carte 3.10].

La ville comprend également de nombreuses maisons privées, regroupées en quartiers aux rues étroites, ainsi que d'autres édifices accessibles à tous comme des **théâtres** ou des **gymnases**.

3.9
Reconstitution du centre de la ville d'Athènes au 5e siècle av. J.-C.

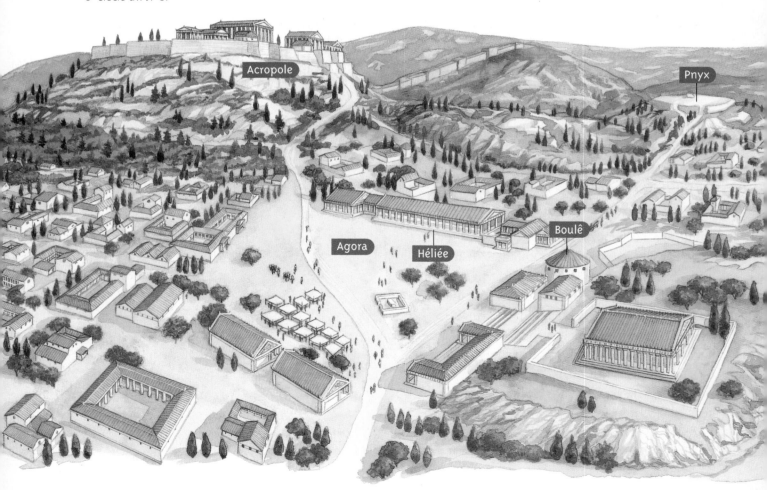

3.10   LA VILLE D'ATHÈNES ET SON PORT, LE PIRÉE, AU 5ᵉ SIÈCLE AV. J.-C.

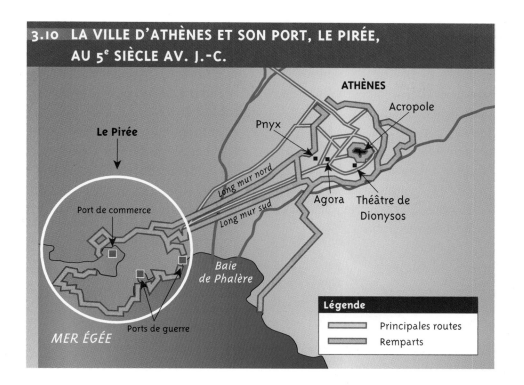

FAITS D'HIER   **THÉSÉE, HÉROS UNIFICATEUR**

Les cités grecques comme Sparte et Athènes se forment souvent par la réunion de plusieurs villages. Ainsi, Athènes naît du groupement des agglomérations de l'Attique, une région de la Grèce centrale. La légende veut que le roi Thésée soit à l'origine de cette union.

Connais-tu les aventures extraordinaires de ce héros grec ? L'une des plus célèbres est celle de Thésée et du Minotaure, un monstre fabuleux de l'île de Crète, au corps d'homme et à la tête de taureau. Pour éviter la guerre, les Athéniens devaient livrer chaque année sept garçons et sept filles au puissant roi de Crète. Ce dernier les donnait à manger au Minotaure, tenu enfermé dans le Labyrinthe. Thésée, qui s'était porté volontaire, parvint au prix de mille ruses à vaincre le monstre.

3.11
Thésée terrasse le Minotaure, amphore peinte, 6ᵉ siècle av. J.-C.

- Raconte l'aventure d'un autre héros de la Grèce antique.

Autour de la ville

vignoble Plantation de vignes.

chaux Enduit blanc fait à base de pierre calcaire calcinée.

Le territoire de la cité va aussi loin que peut s'étendre la campagne aux environs de la ville. Du haut de l'Acropole d'Athènes, par exemple, le visiteur peut apercevoir de petites routes qui mènent à des villages groupés près d'un puits, des champs d'orge, des **vignobles**, des oliveraies et quelques minces cours d'eau. Vers le nord se dresse la montagne, vers le sud s'étale la mer. À la ville comme à la campagne, les Grecs vivent dans des maisons simples, faites de bois, de briques crues ou de petites pierres liées avec du mortier. Les murs sont blanchis à la **chaux**. Les décors raffinés et les matériaux nobles, le marbre taillé par exemple, sont destinés aux temples et aux autres édifices publics.

AILLEURS

LES PALAIS DE L'ENNEMI PERSE

Au début du 5e siècle avant Jésus-Christ, l'Empire perse s'étend de la vallée de l'Indus jusqu'à la Méditerranée, comprenant le pourtour de la mer Noire au nord et l'Égypte au sud. Chez ce menaçant voisin, le centre de la vie politique ne se trouve pas sur la place publique, mais dans les palais grandioses que le roi fait construire. Les plus importants sont ceux de Suse et de Persépolis, dans la région des monts Zagros qui fait aujourd'hui partie de l'Iran.

Symbole de la puissance du roi, le palais exhibe les matériaux les plus précieux du vaste territoire perse : des murs en briques cuites, des poutres de cèdre, des colonnes en pierre ainsi que des décors d'or et d'argent, de pierres et de bois précieux.

3.12

Ruines du palais de Persépolis, 5e siècle av. J.-C., Iran actuel.

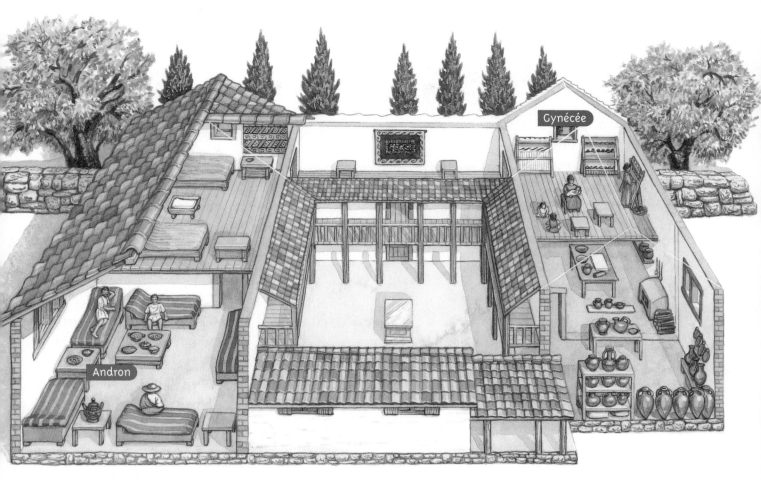

Gynécée

Andron

3.13

Reconstitution d'une habitation grecque du 4e siècle av. J.-C.

Les habitations

Seule la taille de l'habitation peut révéler la fortune du propriétaire. La plupart des maisons se composent de deux ou trois pièces seulement et n'ont pas d'étage. Elles sont construites d'après un plan rectangulaire et présentent un toit en pente recouvert de tuiles. Dans les îles de la mer Égée, les Grecs préfèrent le toit plat, en terrasse. Les constructions plus récentes révèlent un plan plus spacieux où les pièces s'organisent autour d'une cour. La maison grecque constitue un lieu de repos, mais aussi de travail : selon l'occupation des habitants, on y trouve une boutique, un atelier, un pressoir à huile qui sert à extraire le liquide des fruits ou des grains, et même des animaux de ferme.

Passe à l'action

Histoire inventée

En t'inspirant de l'illustration, raconte une journée dans la vie d'une famille grecque de l'époque.

3 TON SUJET D'ENQUÊTE

Explique en quoi consiste la colonisation grecque.

Commence ton enquête

▶ Note à l'aide de la carte les endroits où se développent les colonies grecques.

▶ Nomme des caractéristiques culturelles du monde grec.

▶ Énumère des raisons de cette colonisation.

Poursuis ton enquête

Établis une liste des pays actuels où les Grecs se sont installés à l'époque.

métropole Cité-État à l'origine d'une ou de plusieurs colonies.

débouché Lieu où on écoule, on vend, on exporte un produit.

La colonisation

Du 8ᵉ au 5ᵉ siècle avant Jésus-Christ, les cités hellènes se multiplient tout autour de la Méditerranée et de la mer Noire. C'est que des groupes d'habitants quittent le territoire de leur cité pour aller s'établir ailleurs. Ainsi, les Phocéens créent Massalia, aujourd'hui Marseille, dans le sud de la France actuelle, et les Corinthiens fondent Syracuse, au sud de l'Italie actuelle. Cette forme d'expansion d'un territoire porte le nom de colonisation. Pourquoi donc les Grecs recherchent-ils ainsi de nouveaux territoires ? Les historiens nous livrent plusieurs raisons : la surpopulation dans les **métropoles**, le manque de terres cultivables, le mécontentement de certains individus à l'endroit des autorités politiques ou de leur propre famille, ou peut-être la recherche de nouveaux **débouchés** commerciaux. À elle seule, la cité d'Athènes deviendra un véritable empire. La civilisation grecque, avec sa langue, sa religion, son architecture, son organisation sociale et politique, gagne tout le sud de l'Europe, une partie du Proche-Orient et même le nord de l'Afrique. Constate l'étendue du monde grec sur la carte 3.14.

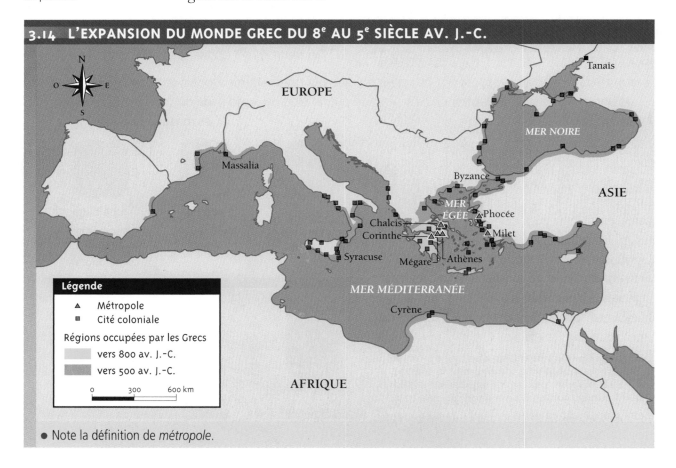

3.14 L'EXPANSION DU MONDE GREC DU 8ᵉ AU 5ᵉ SIÈCLE AV. J.-C.

N · O · E · S

EUROPE

Tanaïs

MER NOIRE

ASIE

Massalia

Byzance

MER ÉGÉE

Phocée

Chalcis

Milet

Corinthe

Syracuse

Mégare

Athènes

MER MÉDITERRANÉE

Cyrène

AFRIQUE

Légende

▲ Métropole

■ Cité coloniale

Régions occupées par les Grecs

vers 800 av. J.-C.

vers 500 av. J.-C.

0   300   600 km

● Note la définition de *métropole*.

❷ VIVRE DE LA TERRE ET DE LA MER

Au prix d'un effort constant, les Grecs s'adaptent aux conditions difficiles de leur territoire. Ils pratiquent l'agriculture et l'élevage, mais leur production ne suffit pas à nourrir toute la population. De même, certaines activités artisanales comme la métallurgie nécessitent des matières premières que la Grèce de la mer Égée ne possède pas. Comme les Mésopotamiens, les Grecs recherchent ces ressources complémentaires. Leur présence avantageuse dans le **bassin** méditerranéen favorise les échanges commerciaux avec les régions voisines qui disposent des richesses désirées.

Eh oui! Au 5ᵉ siècle avant Jésus-Christ, l'agriculture, l'élevage, l'artisanat et le commerce forment toujours l'essentiel des activités économiques des populations sédentaires. Ce sera le cas pendant encore deux millénaires. Les lignes qui suivent t'aideront à mieux comprendre les particularités de la vie économique en Grèce et à Athènes à cette époque.

4 TON SUJET D'ENQUÊTE

Explique comment les Grecs ont adapté l'agriculture et l'élevage à leur environnement.

Commence ton enquête

▶ Note les avantages de la culture en terrasses.

▶ Décris les outils agricoles utilisés par les paysans grecs.

▶ Établis une liste des produits de l'agriculture et de l'élevage grecs.

▶ Décris les utilisations que font les Grecs de l'huile d'olive.

▶ Énumère les différentes occupations des paysans grecs.

Poursuis ton enquête

Cherche une autre civilisation qui pratique aussi la culture en terrasses et énumère les produits de cette culture.

De l'orge, de la vigne et de l'olivier

L'agriculture constitue la base de l'économie grecque. Le relief et le climat du pays imposent beaucoup de travail aux paysans. Ainsi, il leur faut assécher les terres. Pour ce faire, ils creusent des fossés ou des galeries souterraines et installent des réservoirs qui recueillent l'excédent d'eau. Par ailleurs, pour cultiver les terres montagneuses, il leur faut aménager les pentes en terrasses. Comment s'y prennent-ils? Ils **épierrent** le sol, puis nivellent des portions du terrain ainsi déblayé. Avec les pierres recueillies, ils dressent des murs qui retiennent la terre. De cette façon, les pluies violentes ne risquent pas d'emporter la terre vers le bas de la montagne. La culture en terrasses présente deux avantages: une meilleure irrigation du sol et une augmentation de la surface cultivable.

La culture des champs

À Athènes, la plupart des paysans sont de petits propriétaires qui cultivent eux-mêmes leurs champs. Ils se font parfois aider de quelques esclaves. Certains fermiers louent un **lopin** de terre qui appartient aux grandes fermes des temples ou à un propriétaire plus fortuné. Il arrive aussi que ces domaines soient confiés aux soins d'un régisseur qui dirige les travaux

CONSIGNE

> **Méthode historique**
> • Cherche la même information dans différentes sources.
> • Distingue les faits historiques des opinions.
> • Fais appel à tes connaissances antérieures.

bassin Vaste dépression naturelle inondée ou dont la mer s'est retirée.

épierrer Débarrasser un terrain des pierres qui gênent la culture.

lopin Petit morceau de terrain, petit champ.

3.15
Terrasses, île de Patmos,
Grèce actuelle.

d'une dizaine d'esclaves. À Sparte, les tâches agricoles sont entièrement exécutées par une main-d'œuvre **servile**.

Les paysans grecs s'adonnent principalement à la culture des céréales, de la vigne et de l'olivier. Ils consacrent les terres les plus fertiles et les mieux irriguées au blé et surtout à l'orge. Dans la cité d'Athènes, l'orge représente 90 % de la production céréalière. Elle entre dans l'alimentation quotidienne sous la forme de galettes de gruau d'orge grillées. Pour conserver la fertilité de leurs terres, les paysans pratiquent l'assolement biennal. Cette méthode consiste à semer une partie du champ avec une céréale et à laisser l'autre partie en jachère, c'est-à-dire en repos. L'année suivante, la partie en repos reçoit les semences et l'autre est mise en jachère. Quant aux terres caillouteuses de la montagne, elles conviennent aux cultures qui demandent moins d'irrigation : l'olivier, les arbres fruitiers comme le figuier et la vigne destinée à la production de vin. Les paysans cultivent aussi, près de leurs habitations, des lentilles et quelques légumes comme l'oignon, l'ail, le chou et le concombre.

Le travail du paysan grec

En Grèce, la plupart des travaux des champs s'effectuent à bras. En effet, l'attelage de bœufs ou d'ânes qui tirerait l'araire représente pour le paysan une dépense importante. Souvent même, la faible superficie des champs ou la présence de murs de terrasse en interdisent l'usage. Ainsi, les paysans grecs travaillent la terre avec des pioches, des pelles et des houes. La terre caillouteuse se remue à l'aide d'une *dikella*, un type de houe à deux dents mis au point par les **vignerons**.

servile   Propre aux esclaves.

vigneron   Personne qui cultive la vigne, fait le vin.

UNE HUILE À L'ÉPREUVE DU TEMPS

La culture de l'olivier apparaît il y a près de 5000 ans sur la côte orientale de la Méditerranée. Elle se répand en Égypte, mais c'est en Grèce qu'elle connaît le plus de succès. Grâce aux Grecs, la culture de l'olivier s'implantera dans le sud de l'Italie et de la France. Tu as sans doute déjà goûté le petit fruit charnu de cet arbre, de couleur verdâtre ou noirâtre. Les anciens Grecs utilisent son huile pour la cuisine, les soins du corps et l'éclairage.

Comment s'obtient cette huile ? En Grèce, la saison des olives débute en décembre. Plus les fruits sont mûrs, plus ils donneront d'huile. La cueillette se fait à la main ou à l'aide de grands bâtons qui permettent de faire tomber les fruits des plus hautes branches. Les paysans broient les olives à la meule de pierre. Ils versent ensuite l'épaisse pâte ainsi obtenue dans des poches en poil de chèvre. Après avoir empilé ces sacs, ils les pressent pour en extraire un liquide composé d'huile et de beaucoup d'eau. Ne reste plus qu'à laisser reposer ce liquide pour ensuite recueillir l'huile flottant à la surface.

3.16
Reconstitution d'un pressoir à huile d'olive.

3.17
Paysan remuant le sol à l'aide d'une dikella.

Le paysan grec vit principalement d'agriculture, mais il pratique aussi la pêche et un peu d'élevage. Son troupeau est de petite taille. Les Grecs ne consommant que peu de viande, les moutons sont surtout élevés pour la laine. Les chèvres fournissent le lait pour le fromage et du poil dont on se sert comme fil. Ce sont les enfants, des vieillards ou des esclaves qui gardent les bêtes dans la montagne. La ferme abrite souvent quelques porcs, des oies et des pigeons. Les bovins demeurent rares. Quant au cheval, c'est une monture de luxe que seuls les propriétaires terriens les plus aisés peuvent s'offrir.

5 TON SUJET D'ENQUÊTE

Décris les particularités de la production artisanale grecque.

Commence ton enquête

▌ Énumère les produits de l'artisanat grec.
▌ Décris les particularités de ces produits.
▌ Caractérise l'architecture grecque.

Poursuis ton enquête

Recherche la représentation d'une œuvre artisanale grecque de cette époque et raconte son histoire.

Fabriquer le beau

Les artisans hellènes travaillent l'argile, la pierre, les métaux ainsi que le cuir et les textiles avec une grande maîtrise. Les objets qu'ils produisent répondent aux besoins de la vie quotidienne et des échanges. Ils fabriquent aussi des objets de luxe ou mettent leur savoir-faire au service de la cité pour rendre gloire aux divinités. D'innombrables vases, sculptures et vestiges d'ouvrages architecturaux témoignent du talent des artisans de la Grèce antique. Aujourd'hui, tu peux encore contempler ces œuvres d'art à travers tout le bassin méditerranéen ou, plus facilement, dans les musées, les livres et Internet. L'harmonie de leurs formes et la finesse de leurs motifs ont supporté l'épreuve du temps !

Les textiles

domestique Qui concerne la vie à la maison, en famille.

Le travail des textiles est avant tout une activité **domestique**. Les femmes grecques fabriquent la plupart des tissus employés aux divers besoins de

CONSIGNE

▶ **Traitement des informations**

• Établis un cadre d'organisation des informations.
• Classe, critique et compare les données recueillies.
• Retiens les informations pertinentes en fonction du sujet.

3.18
Vêtements de la femme et de l'homme grecs.

• Décris et identifie la pétase, la fibule, le chiton, le péplos et l'himation.

la maisonnée : vêtements, couvertures, coussins, tapis, etc. Dans leur propre maison, à l'abri des regards, les femmes filent et tissent la laine ou le lin sur de grands métiers à tisser verticaux. Les vêtements qu'elles confectionnent sont d'une grande simplicité. Hommes et femmes portent une tunique faite d'un rectangle de tissu attaché sur les épaules et retenu à la taille par une ceinture. Observe les habits d'un couple d'Athéniens aisés [← illustration 3.18].

apprenti   Personne qui apprend un métier auprès d'un maître.

esquisse   Première forme d'un dessin qui sert de guide à l'artiste.

La poterie

La plupart des artisans hellènes œuvrent dans des ateliers qui remplissent des commandes. Au 5e siècle avant Jésus-Christ, Athènes abrite les ateliers de poterie les plus importants du monde grec. Des centaines de potiers se regroupent dans un quartier du nord-ouest de la ville : le Céramique, du mot grec *keramon* qui signifie « argile ». C'est un endroit bien choisi puisqu'on y trouve en abondance l'eau et l'argile qui constituent les matières premières du potier. Un atelier peut occuper une dizaine de personnes : un potier, un peintre, leurs **apprentis** ainsi que quelques esclaves qui pétrissent la pâte d'argile, transportent les pièces et alimentent le feu du four.

Comment les artisans grecs fabriquent-ils ces fameux vases au décor peint ? Une fois l'argile pétrie pour en retirer les bulles d'air, le potier façonne le récipient sur son tour, puis le fait sécher à l'air libre. Le peintre trace alors son **esquisse** sur le vase sec avec un morceau de charbon de bois. Il dessine ensuite les figures au pinceau, employant pour couleur de l'argile délayée. Certains artistes signent leurs plus beaux vases, ceux destinés à des clients fortunés. Par la suite, l'apprenti peintre complète les motifs et le fond uni. Le potier surveille attentivement la chaleur du four. En effet, seule une cuisson parfaite permet d'obtenir un vase aux couleurs réussies et d'apparence brillante.

3.19
Vase peint à figures rouges, Italie actuelle, 5e siècle av. J.-C.

Les ateliers de poterie produisent des vases servant au transport et à la conservation des liquides, de la vaisselle et des récipients pour la cuisine, des lampes pour l'éclairage ainsi que des tuiles pour recouvrir les toits.

marteler Battre, frapper une pièce de métal chauffée à coups de marteau.

Les métaux

À cette époque, les forgerons d'Athènes ont fort à faire. Dans leurs petits ateliers, ils doivent **marteler** et fondre l'équipement nécessaire aux hommes qui doivent défendre la cité contre la Perse et les autres cités hellènes. Ces artisans travaillent le bronze et le fer. Ils fondent le bronze pour mouler des vases, des statues de divinités, les pièces des armures ainsi que de menus objets comme des miroirs, des attaches pour les vêtements ou des figurines. Quant au fer, un métal plus dur, ils le façonnent pour en faire des armes tranchantes ou des outils agricoles.

Le travail du métal ne se limite pas aux forges. Le sous-sol d'Athènes contient d'importantes ressources d'argent : les mines du mont Laurion [← carte 3.8]. La cité loue les mines à de riches entrepreneurs athéniens. Ce métal précieux sert à frapper la monnaie et à confectionner des bijoux. La vie dans ces mines n'est pas de tout repos. Des milliers d'esclaves, parfois enchaînés, piochent courbés dans des galeries d'à peine un mètre de haut et creusées à cinquante mètres sous terre.

3.20

Hoplite, ou soldat à pied, avec son équipement.

Passe à l'action

Œuvre authentique

Cherche la représentation d'un objet caractéristique de cet artisanat et fais-en une reproduction. Une fois ton œuvre terminée, présente-la aux autres élèves dans le cadre d'une exposition d'art antique.

CONSIGNE

> **Place à la créativité**

• Essaie plusieurs façons de faire.

• Mets de l'avant des idées nouvelles.

• Envisage de nouvelles formes d'expression.

La pierre

Le sous-sol grec fournit aussi la pierre de construction. Les carrières comme celle de marbre blanc du mont Pentélique [← carte 3.8] approvisionnent les nombreux chantiers de bâtiments publics (temples, gymnases, théâtres, etc.). Au 5e siècle avant Jésus-Christ, les dirigeants d'Athènes entreprennent de grands travaux pour fortifier et embellir la ville. Ils choisissent les architectes sur la base des maquettes que ces derniers leur soumettent. Un chantier peut employer une centaine de personnes, qu'il s'agisse d'hommes libres ou d'esclaves. Le tailleur de pierre y joue sans doute le rôle le plus important, mais on y trouve aussi des maçons, des sculpteurs sur bois, des charpentiers, des peintres et de nombreux **manœuvres**.

manœuvre Ouvrier exécutant des tâches qui n'exigent pas d'apprentissage particulier.

FAITS D'HIER   UNE ARCHITECTURE INDÉMODABLE

La Grèce est le berceau d'une grande tradition en architecture. Le temple antique, avec son fronton et ses colonnes, en constitue sans doute le modèle le plus durable. Dans ces monuments aux formes harmonieuses, l'architecture s'allie étroitement à la sculpture. Sous le ciseau du sculpteur, les blocs de marbre se transforment en scènes saisissantes et les colonnes deviennent parfois d'élégantes statues. Le croiras-tu ? À l'époque, ces sculptures et ces temples étaient peints de couleurs vives comme le rouge et le bleu.

Tout au long de l'histoire, tu constateras que les architectes copieront les formes du temple grec antique.

3.21

Le Parthénon, sur l'Acropole d'Athènes, consacré à Athéna. À l'intérieur se trouvait une statue de la déesse haute de 12 mètres, en or et en ivoire, créée par le célèbre sculpteur Phidias.

● Raconte l'histoire du Parthénon.

6
TON SUJET D'ENQUÊTE

Décris les produits de consommation disponibles en Grèce.

Commence ton enquête

▶ Note la provenance des produits importés en Grèce.

▶ Décris comment la ville d'Athènes et son port, Le Pirée, sont protégés.

▶ Indique comment s'effectue le transport des marchandises.

▶ Énumère les services offerts aux citoyens au marché local d'Athènes.

Poursuis ton enquête

Compare les systèmes de communication terrestres de la Perse et de la Grèce.

CONSIGNE

> ### Traitement des informations

- Établis un cadre d'organisation des informations.
- Classe, critique et compare les données recueillies.
- Retiens les informations pertinentes en fonction du sujet.

changeur Personne qui change une monnaie contre une autre monnaie en retirant un bénéfice de l'opération.

armateur Personne qui équipe un navire dans le but de faire du commerce.

Un commerce maritime indispensable

Comme tu as pu le constater, les Hellènes ne vivent pas en terre d'abondance. Les ressources manquent pour nourrir la population croissante. Et certaines matières premières essentielles à l'artisanat et à la construction font aussi défaut. Comment les Hellènes se procurent-ils ces produits? Grâce au commerce maritime avec les colonies et les pays voisins. Rien d'étonnant à cela, car les montagnes et la mer font obstacle au développement d'un réseau routier.

Le commerce maritime

Au 5e siècle avant Jésus-Christ, le port d'Athènes, Le Pirée, devient le principal port de toute la Grèce. Il abrite de puissants navires de guerre, des bateaux de commerce à voiles et à rames, des chantiers navals, une place de commerce et des quartiers d'habitation. L'endroit grouille de marins, de marchands, d'étrangers, de **changeurs** et d'**armateurs**. Ces derniers chargent leurs larges navires de marbre, de vases peints, d'ivoires sculptés, d'articles de métal, d'huile et de vin. Chaque navire peut contenir jusqu'à 10 000 amphores! De retour à Athènes, ces commerçants déchargent des marchandises provenant des quatre coins de la Méditerranée.

3.22 **ESCLAVES ET PRODUITS D'IMPORTATION DISPONIBLES DANS LE PORT DU PIRÉE AU 5e SIÈCLE AV. J.-C.**	
Produits et esclaves	**Provenance (pays actuels)**
Métaux • cuivre et étain • or	• Grande-Bretagne, Espagne, France, Chypre • Espagne, France, Turquie
Denrées alimentaires • céréales • poissons salés • dattes et noix	• Italie, côtes de la mer Noire, Égypte • Côtes de la Turquie • Turquie
Bois de construction	• Côte nord de la mer Égée, côtes de la mer Noire
Produits de luxe • ivoire • épices • encens • tapis et coussins	• Libye • Égypte • Syrie • Tunisie
Esclaves	• Proche-Orient, Europe de l'Est, etc.

3.23
Reconstitution d'une scène de marché à l'Agora d'Athènes, au 5ᵉ siècle av. J.-C.

Lorsqu'ils parcourent les mers, les commerçants grecs redoutent les attaques des pirates. Aussi les navires de commerce se déplacent-ils souvent en **convoi** le long des côtes, escortés par des vaisseaux de guerre.

Le commerce local

Il n'y a pas que le grand commerce maritime, en Grèce. Dans la ville d'Athènes comme dans toutes les villes grecques, le marché de l'Agora et les rues avoisinantes bourdonnent d'activité. À dos d'âne ou de **mulet**, les paysans viennent y vendre leurs surplus d'huile et de vin, des fruits, des légumes, des œufs ou encore du fromage. Bouchers, poissonniers, barbiers et artisans de tous métiers proposent leurs produits et services. On y trouve aussi les marchandises étrangères débarquées dans le port : épices, parfums, tissus importés, etc. Ce sont les hommes qui font les courses. Ils en profitent pour se rencontrer et discuter entre amis.

convoi Ensemble de plusieurs navires sous la protection d'une escorte.

mulet Animal mâle qui provient du croisement de l'âne et de la jument ou de l'ânesse et du cheval.

FAITS D'HIER   **LA ROUTE ROYALE DE L'INFORMATION**

À la différence de la Grèce avec ses routes rares et mauvaises, l'Empire perse du roi Darius Iᵉʳ dispose d'un excellent réseau routier, entretenu et protégé par des soldats. Le roi profite ainsi d'un système de communication rapide et efficace pour s'informer des affaires du pays. En effet, des messagers à cheval se relaient tout au long du trajet. Cavaliers et montures peuvent se reposer aux postes placés sur les routes par intervalles.

Le déplacement des troupes militaires ainsi que les échanges commerciaux sont également facilités. La route royale, la principale voie de communication de l'Empire, relie Suse, au sud de l'Iran, à Sardes, dans l'actuelle Turquie : 2500 kilomètres à travers la plaine de Mésopotamie et les montagnes.

● Note les avantages d'un réseau routier développé.

❸ LA SOCIÉTÉ DÉMOCRATIQUE DES ATHÉNIENS

régime politique
Organisation, système
politique.

asservi Réduit à l'esclavage.

❼ TON SUJET D'ENQUÊTE

Décris l'organisation sociale grecque.

Commence ton enquête

▸ Compare les droits des citoyens et des non-citoyens.

▸ Décris la cellule familiale grecque.

▸ Note les droits du père de famille grec.

▸ Cherche quelle place tient l'éducation dans la vie des enfants grecs.

▸ Décris la situation des esclaves en Grèce antique.

Poursuis ton enquête

Décris comment sont éduqués les enfants de Sparte.

CONSIGNE

▸ **Collecte des informations**

• Copie entre guillemets l'extrait de texte.

• Résume le propos.

• Observe attentivement l'iconographie.

• Note la provenance de tes données.

La Grèce antique se compose de centaines de cités-États. Chaque cité vit selon ses propres règles. Elles ont toutefois un point en commun. Leur organisation sociale et leur **régime politique** reposent sur l'inégalité : d'un côté, la population libre ; de l'autre, les esclaves. Tu verras que la liberté et la richesse des uns reposent bien souvent sur l'esclavage des autres. Cette inégalité frappe aussi les femmes et les étrangers.

À la fin du 6e siècle avant Jésus-Christ, c'est dans cette société inégalitaire que les dirigeants d'Athènes vont mener la première expérience de démocratie de l'histoire de la Grèce. Étonnant, n'est-ce pas ? Au 5e siècle avant Jésus-Christ, la cité et son « gouvernement du peuple » deviendront un modèle pour l'ensemble du monde grec. Et cela, sous la protection de la déesse Athéna.

Être ou ne pas être citoyen

Les habitants d'Athènes ne sont donc pas tous citoyens d'Athènes ? Eh non ! En fait, ils forment une minorité dans la cité ! Aux termes de la loi athénienne, la société se divise en trois groupes : citoyens, métèques et esclaves. Inutile de préciser que les droits et devoirs de chacun diffèrent selon la place occupée dans la hiérarchie sociale. Qui est donc, d'après la loi, ce citoyen qui appartient pleinement à la cité ? C'est un homme libre, né d'un père citoyen et d'une mère elle-même fille de citoyen athénien. Il a atteint l'âge de dix-huit ans et a complété son service militaire, une formation de deux ans qui fait de lui un soldat. Jusqu'à l'âge de cinquante ans, il devra être disponible pour défendre la cité ; ce devoir s'accompagne de l'obligation de fournir son armement. Lui seul peut avoir la propriété d'une terre. Il participe aussi à la vie politique et religieuse de la cité.

Le citoyen est le chef de son *oikos*, une petite communauté à la base de la société grecque. L'*oikos* se compose du père, de la mère et de leurs enfants. Il comprend aussi ceux qui travaillent pour la famille, qu'ils soient libres ou **asservis** : des travailleurs agricoles, des domestiques, des artisans, etc. Le terme d'*oikos* recouvre aussi tous les biens matériels de la maisonnée, comme les terres, les bâtiments ou les troupeaux.

AILLEURS

UNE ÉDUCATION MUSCLÉE

Lacédémonien Citoyen de Sparte, Spartiate.

Les citoyens de Sparte, les Spartiates, ont la réputation d'être de redoutables guerriers. Dès la naissance, ils donnent à leurs enfants une éducation censée faire d'eux de robustes citoyens au service de la cité. Comment fabrique-t-on ces citoyens disciplinés? Tout d'abord, un comité d'aînés décide si le nouveau-né est assez vigoureux: s'il est trop chétif, il sera précipité du haut d'une falaise du mont Taygète!

Dès l'âge de sept ans, les enfants quittent leur famille et sont pris en charge par la cité. Ils apprennent à lire et à écrire, mais s'adonnent surtout à la gymnastique. Dans son ouvrage intitulé *La République des Lacédémoniens*, l'historien grec Xénophon vante les mérites de cette éducation: exercices physiques pour garçons et filles, vêtement léger par tous les temps, port de chaussures interdit, punition par le fouet, régime alimentaire strict, etc. Une jeunesse vécue à la spartiate, ce n'était pas une partie de plaisir!

opinion

Un modèle d'éducation rigoureux et sévère serait-il préférable pour les adolescents d'aujourd'hui?

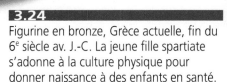
3.24
Figurine en bronze, Grèce actuelle, fin du 6e siècle av. J.-C. La jeune fille spartiate s'adonne à la culture physique pour donner naissance à des enfants en santé.

Comme les femmes mésopotamiennes, les femmes de la Grèce antique vivent constamment sous l'autorité d'un homme. Elles n'ont aucun droit politique. Pas question qu'elles participent à une assemblée ou qu'elles votent! L'épouse grecque exécute les travaux domestiques, comme la cuisine et la fabrication des vêtements, ou voit à leur bonne marche. La femme aisée quitte rarement le foyer, sinon pour assister aux cérémonies religieuses. Même dans sa propre maison, elle est isolée dans son appartement, le gynécée, pour éviter les contacts avec les hommes du dehors, amis ou clients de son époux.

Les enfants des familles grecques ne sont pas nombreux, mais une bonne épouse doit mettre au monde au moins un fils. Le père a droit de vie ou de mort sur ses enfants. Il peut abandonner un enfant qu'il n'a pas les moyens d'élever ou encore un enfant faible, handicapé ou de sexe féminin. La mère veille à l'éducation de ses petits jusqu'à ce qu'ils atteignent l'âge de sept ans. Par la suite, les jeunes garçons se rendent chez des maîtres particuliers pour apprendre à lire, à écrire et à compter. Ils apprennent aussi la musique et la gymnastique. Quant aux filles, elles demeurent auprès de leur mère pour l'aider dans ses tâches ménagères.

3.25

Reconstitution d'une peinture sur vase du 5e siècle av. J.-C. L'homme muni d'un bâton est un « pédagogue ». Il s'agit d'un esclave chargé d'accompagner l'enfant d'une famille bien nantie chez son maître.

Et les non-citoyens d'Athènes, qui sont-ils? Les métèques et les esclaves. Les métèques sont des étrangers, c'est-à-dire des individus nés dans une autre cité grecque, venus à Athènes de leur plein gré et y vivant en hommes libres. Tout comme les citoyens, ils participent aux cérémonies religieuses, servent dans l'armée, se trouvent protégés par les lois de la cité et doivent payer des impôts. Ils ont accès aux lieux publics et peuvent même épouser un citoyen ou une citoyenne. Cependant, ils ne jouissent d'aucun droit politique et ne peuvent avoir la propriété d'une terre. Comme les métèques se consacrent au commerce et à l'artisanat, ils contribuent largement à la prospérité d'Athènes.

Les esclaves se situent au bas de la hiérarchie sociale dans toutes les cités grecques. À Athènes, ils forment près du tiers de la population. Ils sont la propriété de citoyens ou de métèques qui les ont achetés au marché comme n'importe quelle autre marchandise. « Instrument vivant », selon le philosophe Aristote, l'esclave exécute généralement les travaux manuels les plus difficiles : labourage, transport, travail minier, etc. Les esclaves vivent parfois une existence très rude. Cependant, certains servent comme domestiques ou comme artisans dans des conditions beaucoup plus enviables.

Une séance de la *Boulê*

Forme une équipe de citoyens et préparez ensemble une règle de conduite que vous aimeriez voir inscrite au code de vie de votre école. Chaque membre de l'équipe apporte un argument en faveur du projet commun. *Note :* Le port de l'himation est de rigueur lors des présentations.

CITOYEN, CITOYENNE

Reconnaître une société démocratique

La démocratie repose sur un principe simple : le droit pour tous les citoyens de participer aux décisions de la société dans laquelle ils vivent. Les Athéniens furent les premiers à mettre en place un système démocratique. Dans cette société, seul un petit nombre de citoyens pouvaient prendre part aux décisions de la cité. Avec le temps, plusieurs sociétés ont fait évoluer ce système. Le principe fondamental de l'égalité de tous les citoyens a été reconnu. Des chartes et des lois ont été adoptées pour garantir l'égalité de tous, peu importe le sexe, l'origine ethnique ou la religion.

Dans ton école par exemple, il existe une structure démocratique de prise des décisions à laquelle tu peux participer. Tu peux notamment le faire en exerçant ton droit de vote, en exprimant librement tes opinions ou en participant à l'application des décisions.

FAITS D'HIER · LE CITOYEN NE MANQUE PAS D'ESPACE

L'espace civique qui s'ouvre aux Grecs, c'est la conscience de faire partie d'une communauté et de pouvoir y jouer un rôle actif. Ce rôle se définit par la réalisation de ses devoirs politiques et religieux à l'intérieur de la cité. Pour les Hellènes, le territoire se répartit entre l'espace public et l'espace privé. L'homme libre, à titre de membre de la cité, jouit d'un accès à tous les lieux publics : lieux d'assemblée, agoras, gymnases, théâtres, etc. Le citoyen dispose également d'un espace privé bien à lui : sa terre et son logement.

3.26
Le théâtre de Dionysos d'Athènes, un lieu public très populaire. Au milieu du 5e siècle av. J.-C., la cité paie le droit d'entrée des citoyens les plus pauvres pour qu'ils assistent aux représentations.

Démontre les avantages de la démocratie athénienne.

Commence ton enquête

▶ Énumère des caractéristiques de la démocratie.

▶ Explique comment s'exerce le pouvoir en Perse, sous Darius.

▶ Décris comment Périclès favorise la démocratie.

▶ Énumère les fonctions d'un philosophe grec.

▶ Décris l'impact des victoires grecques contre les Perses.

Poursuis ton enquête

Établis la biographie d'un philosophe grec de cette époque.

oligarchie (du grec *oligos* « petit, peu nombreux » et *arkhê* « commandement ») Gouvernement d'un petit nombre.

aristocrate Membre de l'aristocratie, c'est-à-dire du petit nombre d'individus les plus influents d'une société, par leur origine ou par leur richesse.

Les institutions de la démocratie

Dans les cités de la Grèce antique, le pouvoir a d'abord appartenu à un petit groupe d'individus, membres de riches familles de propriétaires terriens. C'est ce qu'on appelle une **oligarchie**. Les choses changeront quelque peu au 6ᵉ siècle avant Jésus-Christ. Des conflits armés et des problèmes économiques conduisent les soldats, les petits agriculteurs, les artisans et les marchands à contester le pouvoir de ces **aristocrates**. À ces occasions, il arrive qu'un seul homme prenne le pouvoir pour un temps, et ce, avec l'appui du peuple mécontent. Cette forme de gouvernement porte le nom de tyrannie. Aujourd'hui, le terme de tyran n'est pas très flatteur. Il désigne un dirigeant qui opprime son peuple et abuse de son pouvoir. Ce n'est pas le cas dans la Grèce antique : un tyran peut adopter des mesures favorables aux plus pauvres, tel l'effacement de leurs dettes.

FAITS D'HIER — LE SIÈCLE DE PÉRICLÈS

orateur Personne qui compose et prononce des discours.

À Athènes, la plupart des fonctions politiques sont attribuées par tirage au sort. Seuls les stratèges, ces chefs militaires, sont élus. Pour remporter l'élection, le candidat doit savoir convaincre l'assemblée des citoyens par son discours. **Orateur** intelligent et politicien expérimenté, le stratège Périclès se fait élire quatorze fois entre 454 et 429 avant Jésus-Christ.

Ce dirigeant politique prend des mesures pour favoriser la démocratie et accroître la puissance d'Athènes. Il fait verser une somme d'argent aux magistrats et aux juges pour encourager les citoyens les plus pauvres à occuper ces fonctions. Il organise les grands travaux d'architecture pour embellir et fortifier la ville. Périclès renforce aussi la flotte de la cité qui déjà domine la mer Égée. Cependant, sa décision d'engager la guerre du Péloponnèse contre Sparte en 431 avant Jésus-Christ entraînera la chute d'Athènes à la fin du siècle.

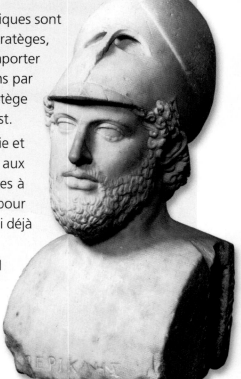

3.27

Buste en marbre de Périclès. L'influence de ce stratège athénien est si considérable au 5ᵉ siècle av. J.-C. que l'on désigne cette époque comme « le siècle de Périclès ».

La démocratie athénienne

À Athènes, à la toute fin du 6e siècle avant Jésus-Christ, un nouveau régime politique voit le jour : la **démocratie**. Désormais, tous les citoyens de la cité peuvent participer au gouvernement d'Athènes. Comment ce changement survient-il ? Clisthène, un dirigeant politique, fait adopter de nouvelles lois qui limitent le pouvoir des familles riches. Il établit alors un régime politique démocratique où tous les citoyens sont égaux. Il crée différentes institutions qui se partagent le pouvoir. Consulte le tableau 3.28 pour mieux comprendre comment fonctionne cette première expérience de démocratie.

L'*ekklésia* constitue la principale institution de la démocratie athénienne. En principe, tous les citoyens de la cité font partie de l'Assemblée et peuvent exprimer directement leur opinion. Mais la démocratie athénienne comporte certaines limites. Par exemple, les femmes, les métèques et les esclaves sont exclus des réunions. Ainsi, près des trois quarts de la population de la cité ne participent pas à la vie politique !

démocratie (du grec *dêmos* « peuple » et *kratos* « commander ») Régime politique dans lequel le pouvoir appartient au peuple. Dans la Grèce antique, le *dêmos* représente l'ensemble des citoyens.

ostracisme Vote par lequel l'*ekklésia* peut condamner un citoyen jugé dangereux pour le maintien de la démocratie à un exil de dix ans.

AUJOURD'HUI

Énumère des façons de participer à la vie démocratique de ta société.

3.28 LES PRINCIPALES INSTITUTIONS DE LA DÉMOCRATIE ATHÉNIENNE AU 5ᵉ SIÈCLE AV. J.-C.

Institution	Recrutement et nombre	Lieu de réunion	Fonctions
L'*ekklésia* ou Assemblée du peuple	• Tous les citoyens peuvent participer aux réunions de l'Assemblée.	• Sur la Pnyx	• Vote les lois, la guerre et l'**ostracisme**. • Décide de l'octroi ou du retrait de la citoyenneté.
La *Boulê* ou Conseil des Cinq-Cents	• 500 citoyens de plus de 30 ans tirés au sort	• À l'Agora	• Prépare les lois. • Surveille les magistrats et l'application des lois.
Les magistrats • les stratèges • les archontes	• 10 citoyens élus par l'Assemblée • 10 citoyens tirés au sort	• À l'Agora	• Commandent l'armée et la marine. • Organisent toutes les fêtes de la cité. • Participent à la justice.
L'Héliée, grand tribunal populaire	• 6000 citoyens tirés au sort	• À l'Agora	• Juge presque toutes les causes.

Chaque année, quarante mille citoyens peuvent se rendre aux quarante réunions de l'Assemblée qui se tiennent sur la Pnyx, au cœur de la ville d'Athènes. Cependant, plusieurs petits paysans sont trop occupés par les travaux des champs ou vivent trop loin de la ville. Conclusion : dix mille Athéniens seulement, parmi les plus fortunés de la cité, se rendent de façon régulière aux réunions de l'Assemblée pour discuter et voter.

AILLEURS

DARIUS LE GRAND, ROI DES PERSES

Très peu de cités grecques connaissent la démocratie. Sparte, par exemple, adopte un régime politique oligarchique dirigé par deux rois militaires et un conseil d'aînés. Les peuples voisins de la Grèce ne participent pas non plus à la vie politique de leur pays. En Perse, un roi gouverne l'Empire. Darius Ier est sans contredit le plus grand roi que la Perse ait connu.

mausolée Monument funéraire de grandes dimensions, à l'architecture somptueuse.

Roi de Perse de 522 à 486 avant Jésus-Christ, Darius détient tous les pouvoirs. Il s'entoure néanmoins d'un conseil de notables. L'Empire perse se divise en provinces. Le roi nomme à la tête de chacune un gouverneur, issu d'une famille de notables, qui maintient la sécurité dans sa région et perçoit les impôts. Pour s'assurer la loyauté de ces gouverneurs, il désigne aussi un secrétaire et un chef militaire. Tous trois s'espionnent et rendent des comptes au roi.

3.29

Façade du **mausolée** de Darius au site de Naqsh-e Rostam, Iran actuel.

● Cherche si d'autres rois perses y furent inhumés.

LES GRECS TRIOMPHENT DES PERSES

En ce début de siècle, l'empire des **Barbares** perses représente l'en-nemi numéro un de la Grèce. À cette époque, certaines cités grecques de la côte est de la mer Égée sont soumises aux Perses. Celles-ci se révoltent, appuyées par d'autres cités grecques. La guerre éclate. Les Perses s'attaquent alors au reste du monde grec et vou-draient s'emparer d'Athènes. Au sujet de ces conflits, les historiens parlent de guerres médiques, car les Grecs donnaient aussi aux Perses le nom de Mèdes.

barbare Dans la Grèce antique, désigne un étranger, un individu qui qui ne parle pas grec, qui n'appartient pas au monde grec.

trière Navire de guerre à trois rangs de rameurs.

Les Grecs, et particulièrement les Athéniens, ne se laissent pas intimider. En 490 avant Jésus-Christ, la grande armée du roi Darius affronte les hoplites d'Athènes dans la plaine de Marathon [← carte 3.8]. Malgré leur infériorité numérique, les soldats athéniens réussissent à chasser les Perses. La légende raconte qu'un messager nommé Philippidès courut pendant quatre heures jusqu'à Athènes pour y annoncer la victoire. Il serait mort d'épuisement à son arri-vée. C'est d'ailleurs en souvenir de cette course que depuis 1896 se tient l'épreuve du marathon aux Jeux olympiques.

En 480 avant Jésus-Christ, une seconde guerre éclate entre les Perses et les Grecs. Cette fois, les Spar-tiates combattent avec les Athéniens. Le nouveau roi perse, Xerxès, envahit la Grèce et pille la ville d'Athènes. Les Athéniens, réfugiés sur l'île de Sala-mine [← carte 3.8], se lancent dans une redou-table bataille navale. Les **trières** athéniennes dé-truisent la flotte perse, qui doit s'enfuir.

3.30
Archers perses, briques cuites du palais de Darius, Suse, Iran actuel, 6ᵉ siècle av. J.-C.

Des succès de la démocratie

Au début du 5ᵉ siècle avant Jésus-Christ, Athènes remporte de grandes victoires contre les Perses et en retire beaucoup de prestige. Une centaine de cités se joignent à elle afin de mieux résister à l'ennemi. Chacune de ces cités apporte sa contribution, sous forme d'argent ou de navires de guerre. Les sommes sont conservées dans un temple sur l'île de Délos, dans la mer Égée [← carte 3.5]. Cette alliance se donne ainsi le nom de ligue de Délos. Athènes prend la tête de la ligue et la transformera bientôt en Empire athénien. Les dirigeants de la cité n'hésitent pas à puiser dans le trésor de Délos pour le seul bénéfice d'Athènes afin de rebâtir et de fortifier la ville détruite par la guerre.

À l'intérieur de la cité, les succès contre l'ennemi perse renforcent la démocratie. En effet, les soldats athéniens tirent une grande fierté de ces victoires. Or, tous les citoyens qui participent à la guerre ne sont pas des aristocrates aisés. Les marins qui rament sur les trières comptent parmi les citoyens les plus pauvres de la cité. Autrefois, et malgré leur participation à la défense d'Athènes, ils n'auraient pas eu le droit à la parole en matière politique. Avec le régime démocratique, ils jouissent des mêmes droits politiques que les citoyens plus riches.

3.31

La trière athénienne, un reflet de la cité.

À la fin du 5ᵉ siècle avant Jésus-Christ, Athènes est devenue un foyer de vie artistique et intellectuelle exceptionnelle. Cependant, elle est frappée par une épidémie meurtrière et sa défaite aux mains des Spartiates lors de la guerre du Péloponnèse. Au siècle suivant, le déclin politique de cette cité s'installe. Les Macédoniens envahissent les colonies athéniennes puis s'emparent d'Athènes. En 338 avant Jésus-Christ, âgé d'à peine 20 ans, Alexandre devient roi de Macédoine et se lance à la conquête de l'Empire perse. En douze ans, il conquiert un immense empire qui s'étend de la mer Égée au fleuve Indus. Éduqué à Athènes, Alexandre le Grand fera pénétrer la civilisation grecque jusqu'au cœur de l'Asie.

CITOYEN, CITOYENNE

Participer à la démocratie

Pour participer aux décisions de leur gouvernement, tous les citoyens âgés de dix-huit ans et plus ont le droit de vote. Ils peuvent ainsi favoriser l'élection de représentants de leur choix. Les citoyens ont également le droit de s'exprimer et de faire valoir leurs opinions de diverses façons. Ils peuvent se faire entendre dans les médias (télévision, journaux, radio, Internet, etc.) ou dans le cadre de réunions et de manifestations publiques. Participer à l'exercice démocratique consiste aussi à se regrouper en association pour faire valoir ses idées et ses opinions. Certains citoyens s'impliquent aussi dans les prises de décision en se faisant élire comme représentants. Comme tu le constates, c'est la participation des citoyens au processus démocratique qui est à la base du fonctionnement de ta société.

Questions citoyennes

1. Démontre par des exemples que tous les citoyens sont égaux.
2. Indique une conséquence d'un manque d'intérêt pour la démocratie.
3. Énumère des endroits où tu peux exprimer tes opinions dans ta communauté.
4. Explique comment tu peux t'impliquer dans la vie démocratique de ton école.

Action citoyenne

Vive la démocratie !

Organise avec tes camarades une semaine thématique afin de promouvoir la participation des élèves au processus démocratique dans ton école.

- Invite un conférencier ou une conférencière.
- Entreprends un sondage sur la démocratie.
- Organise un concours d'affiches soulignant l'importance de voter.

Opinion citoyenne

La liberté d'opinion a été affirmée dans la Déclaration d'indépendance des États-Unis, en 1776, et dans la Déclaration des droits de l'Homme et du citoyen, en France, en 1789. Elle signifie que toute personne est libre d'affirmer son opinion même si elle diffère de l'opinion de la majorité.

- Doit-on limiter la liberté d'expression ?

TON SUJET D'ENQUÊTE

9

Explique ce qu'est la religion polythéiste grecque.

Commence ton enquête

▶ Établis une liste des principaux dieux du panthéon grec.

▶ Décris les fêtes et les rituels religieux de la Grèce antique.

Poursuis ton enquête

Cherche une représentation d'un dieu grec ou d'une déesse grecque datant de l'époque antique et décris son rôle.

Des dieux au cœur de la vie terrestre

La naissance de la philosophie et l'enthousiasme pour la vie politique pourraient laisser croire que la religion occupe peu de place dans la vie des Hellènes. Il n'en est rien. Ainsi, lorsque les Athéniens tirent au sort les citoyens qui se verront confier des fonctions politiques, ils ne laissent rien au hasard : pour eux, c'est Athéna, la déesse de la cité, qui choisit les candidats [◀ illustration 3.3]. Comme la religion des Mésopotamiens, celle des Grecs est polythéiste. Des dieux à visage humain veillent sur tous les aspects de l'existence : la famille, les activités quotidiennes, le travail, les

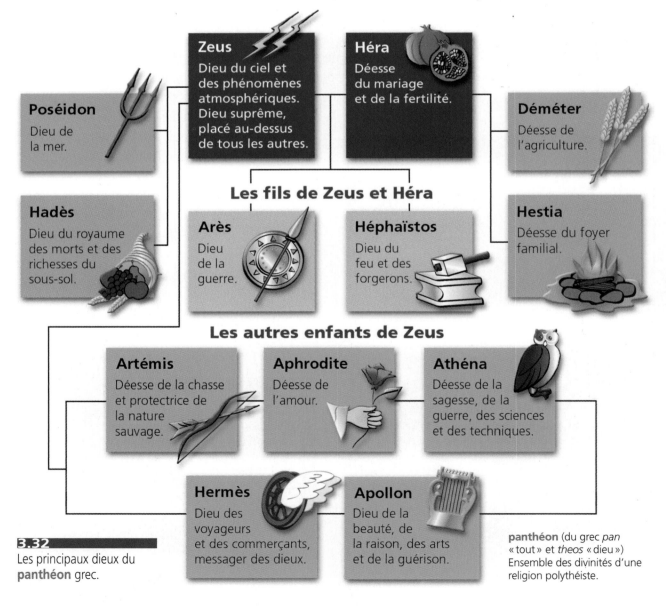

Zeus
Dieu du ciel et des phénomènes atmosphériques. Dieu suprême, placé au-dessus de tous les autres.

Héra
Déesse du mariage et de la fertilité.

Poséidon
Dieu de la mer.

Déméter
Déesse de l'agriculture.

Les fils de Zeus et Héra

Hadès
Dieu du royaume des morts et des richesses du sous-sol.

Arès
Dieu de la guerre.

Héphaïstos
Dieu du feu et des forgerons.

Hestia
Déesse du foyer familial.

Les autres enfants de Zeus

Artémis
Déesse de la chasse et protectrice de la nature sauvage.

Aphrodite
Déesse de l'amour.

Athéna
Déesse de la sagesse, de la guerre, des sciences et des techniques.

Hermès
Dieu des voyageurs et des commerçants, messager des dieux.

Apollon
Dieu de la beauté, de la raison, des arts et de la guérison.

3.32
Les principaux dieux du **panthéon** grec.

panthéon (du grec *pan* « tout » et *theos* « dieu ») Ensemble des divinités d'une religion polythéiste.

affaires de la cité, la vie politique, les arts, la nature, etc. Peut-être connais-tu déjà certaines de ces divinités qui se nourrissent exclusivement d'**ambroisie** ? Fais connaissance avec les plus importantes [← schéma 3.32].

Au quotidien, hommes et femmes pratiquent leur religion par des gestes très simples : une prière, une offrande suffisent. À la maison, aux champs ou devant un **autel**, la prière se dit à voix haute et s'adresse directement au dieu. Les offrandes sont très variées : des aliments, des cheveux, des fleurs, des statuettes d'argile et des objets précieux comme des vases raffinés ou des pièces d'argent. Les Grecs accomplissent ces gestes pour s'attirer une faveur, pour rendre grâce à la divinité ou simplement pour lui témoigner du respect.

Dans la religion grecque, il n'y a ni prêtres ni livre sacré. Le temple ne constitue pas un lieu de prière ou de célébration : c'est la demeure du dieu, là où l'on conserve les offrandes les plus précieuses. De simples citoyens s'occupent de son entretien. Seuls l'habillage et le nettoyage de la statue de la divinité constituent un rituel pratiqué à l'intérieur du bâtiment.

Les cérémonies religieuses sont laissées aux soins des magistrats. À Athènes, de nombreuses fêtes rythment la vie du citoyen. Célébrées tous les quatre ans en l'honneur d'Athéna, les Panathénées sont les plus grandioses. Elles durent six jours. Les Athéniens assistent et participent à toutes sortes d'activités : spectacles de musique et de danse, concours sportifs et courses de char. Le dernier jour, une longue **procession** de citoyens parcourt la ville, traverse l'Agora pour ensuite monter sur l'Acropole. On porte un long tissu brodé par les jeunes filles de la cité pour revêtir une statue de bois d'Athéna. C'est l'occasion d'offrir à la déesse de nombreux animaux en sacrifice. Ces animaux seront servis au grand banquet public qui clôture les Panathénées.

ambroisie Nectar, breuvage donnant l'immortalité.

autel Table de pierre où s'accomplissent les sacrifices à la divinité. Dans la Grèce antique, des autels sont élevés dans les maisons aussi bien que devant les temples.

procession Cortège, défilé religieux qui s'effectue en chantant et en priant.

3.33
Reconstitution d'une scène de sacrifice.

FAITS D'HIER

LA PENSÉE GRECQUE

cosmologie Étude de la formation de l'Univers et de son évolution.

À peine établis en terre grecque, les Hellènes expliquent déjà le monde qui les entoure par des légendes et des récits fabuleux mettant en scène des héros et des dieux. À partir du 6ᵉ siècle avant Jésus-Christ, des penseurs grecs proposent une toute nouvelle vision de ce monde.

Qui donc a le temps de réfléchir au fonctionnement de l'Univers, dans cette société agricole ? Certainement pas le paysan pauvre qui cultive seul son lopin de terre aux limites du territoire de la cité. Rappelle-toi que plusieurs hommes libres, citoyens ou métèques, ont des esclaves à leur service. Ces derniers accomplissent une grande part du travail manuel. Leurs maîtres profitent ainsi de leur temps libre pour réfléchir, se rencontrer et discuter à l'agora.

Ces hommes qui s'interrogent et tentent d'expliquer le monde s'appellent des philosophes. Ce mot vient du grec *philosophia* qui signifie « amour de la sagesse, de la connaissance ». Thalès, de la cité de Milet [← carte 3.5], est l'un des premiers à interroger la nature : pour lui, les causes des phénomènes naturels se trouvent dans la nature et ne dépendent pas de la volonté des dieux. Inspiré par les travaux de savants mésopotamiens et égyptiens, il se consacre à l'astronomie, aux mathématiques et particulièrement à la géométrie.

3.34
Mosaïque représentant l'Académie de Platon, Pompéi, Italie actuelle, 1ᵉʳ siècle ap. J.-C.

Les philosophes deviennent les scientifiques de l'époque. Ils sont curieux de tout. Leurs travaux se basent sur l'observation de la nature, les expériences scientifiques et le raisonnement logique. Les philosophes se préoccupent autant des actions humaines que des phénomènes naturels. Ils se passionnent pour l'histoire, la politique, la géographie, les mathématiques, la physique ou la médecine. Ils ne divisent pas les disciplines comme on le fait aujourd'hui. Ainsi, le philosophe Pythagore (6ᵉ siècle av. J.-C.) s'intéresse non seulement aux mathématiques, mais aussi à la musique, à la **cosmologie** et à la morale.

L'ENSEIGNEMENT DES PHILOSOPHES

Au 5e siècle avant Jésus-Christ, des professeurs itinérants organisent des écoles de philosophie. Ils s'adressent aux jeunes hommes qui souhaitent faire une carrière politique dans la cité. C'est une formation très coûteuse. On y apprend la philosophie, mais également l'art de bien parler et d'argumenter. En effet, un homme politique doit avoir une vaste culture et être capable de convaincre les autres par son discours. Il faut attendre le début du 4e siècle avant Jésus-Christ pour qu'une véritable école de philosophie soit fondée à Athènes, avec des salles de cours et une bibliothèque. Il s'agit de l'Académie du philosophe Platon (−427 à −347) qui restera ouverte jusqu'au 6e siècle après Jésus-Christ.

L'enseignement des philosophes se transmet par la parole dans le contexte de discussions ou de conférences. Certains penseurs grecs, comme Thalès de Milet et Pythagore, n'ont pas laissé de textes. Le plus célèbre d'entre eux est sans aucun doute Socrate (v. −470 à −399). Les idées de Socrate nous sont parvenues grâce aux écrits de ses élèves, Platon et Xénophon (v. −430 à v. −355). À travers différents ouvrages, Platon présente la pensée de Socrate sous forme de dialogues. Par un jeu de questions et de réponses, Socrate pousse ses **disciples** à développer leurs arguments. Et il les amène à rechercher ce que sont la beauté, la justice et le bien.

La République reste l'un des plus célèbres écrits de Platon. Dans ce long dialogue, le penseur grec traite du gouvernement de la cité. Il définit la justice et décrit ce que serait une cité juste. Platon propose, par exemple, d'éliminer la division sexuelle du travail : hommes et femmes accompliraient les mêmes tâches. Néanmoins, il croit que les femmes et les enfants devraient vivre ensemble de leur côté et les hommes du leur, plutôt que de vivre en famille ! Par ailleurs, Platon définit le dirigeant de sa cité modèle sous l'angle des qualités qu'il doit réunir et décrit l'éducation qu'il devrait recevoir. Selon lui, le pouvoir devrait appartenir aux philosophes qui détiennent la connaissance : ne sont-ils pas les membres les plus sages de la cité ?

disciple Élève, personne qui reçoit ou a reçu l'enseignement d'un maître.

3.35

Socrate, père de la philosophie occidentale. Statuette, Alexandrie, Égypte actuelle.

FAIRE L'HISTOIRE

Interroger et reconstituer le passé

C'est au Grec Hérodote (v. −484 à v. −425) que revient le titre de « père de l'histoire ». Son œuvre principale s'intitule *Historiè*, un mot grec qui signifie « enquête ». Hérodote y relate les guerres médiques sans prendre parti pour les Grecs ou pour les Perses. Il s'intéresse à la géographie, aux croyances, aux institutions et à la vie quotidienne des deux peuples en cause. La longue enquête d'Hérodote est un véritable récit historique. C'est que l'historien grec ne cherche plus la cause des événements dans l'intervention des dieux : pour Hérodote, les faits s'expliquent par des actions humaines, bien réelles. Il rapporte aussi des témoignages qui donnent des points de vue différents sur un même événement. En bon historien, Hérodote prend soin de citer ses sources orales et écrites.

HISTOIRE EN ACTION

À l'aide de documents variés, retrace et décris l'histoire de ta famille depuis la jeunesse de tes grands-parents.

Ce n'est pas tout de rapporter les événements ; les historiens ont très tôt senti le besoin de le faire avec rigueur. Ainsi, pour l'Athénien Thucydide (v. −460 à v. −395), l'historien ne doit pas se contenter d'observer les faits et de réunir des témoignages. Par souci de vérité, Thucydide fonde la méthode historique, basée sur le sens critique. Voici son opinion sur la question dans son ouvrage sur la guerre du Péloponnèse :

> Quant aux événements de la guerre, je n'ai pas jugé bon de les rapporter **sur la foi du** premier venu, ni d'après mon opinion ; je n'ai écrit que ce dont j'avais été témoin ou pour le reste ce que je savais par des informations aussi exactes que possible. Cette recherche n'allait pas sans peine, parce que ceux qui ont assisté aux événements ne les rapportaient pas de la même manière et parlaient selon les intérêts de leur parti ou selon leurs souvenirs variables. L'absence de merveilleux dans mes récits les rendra peut-être moins agréables à entendre. (Thucydide, *La guerre du Péloponnèse*, Livre I, chapitre 22.)

Au fil des siècles, les historiens cherchent constamment à perfectionner leur méthode. Cependant, leur objet d'étude reste à peu près le même. Ils écrivent principalement une histoire politique ou religieuse. Ils construisent leur récit autour de grands événements (guerres, mariages royaux, etc.) et de la vie de grands hommes comme les rois et les **saints**. Ainsi, les **chroniqueurs** du Moyen Âge recueillent les faits historiques entourant le règne d'un souverain. Le Français Jean Froissart, au 14e siècle, travaille au service des rois et des nobles d'Europe. Ses chroniques glorifient les personnes dont il retrace l'histoire. Cela n'empêche pas Froissart de se préoccuper de l'exactitude de ses informations. Il se méfie des chansons et des légendes. Aussi base-t-il ses explications sur les propos, recueillis au cours de nombreuses entrevues, des personnes concernées par les événements.

Au 18e siècle, de nouveaux thèmes commencent à préoccuper les historiens. Par exemple, l'écrivain français Voltaire publie un ouvrage intitulé *Le Siècle de Louis XIV*. Comme d'autres historiens avant lui, Voltaire célèbre le règne

sur la foi de En se basant sur le témoignage, sur les déclarations de quelqu'un.

saint Personne décédée dont la vie est proposée en exemple par l'Église et à laquelle est rendu un culte public. Cette personne est réputée pour ses vertus et ses miracles.

chroniqueur Auteurs de chroniques, c'est-à-dire de recueils de faits historiques rapportés selon l'ordre chronologique.

d'un roi. Encore une fois, les relations du royaume avec les autres pays et l'histoire militaire occupent une large place. En revanche, il s'intéresse aussi à d'autres aspects de l'histoire de France tels que le commerce, les arts et les sciences. La recherche de Voltaire s'appuie sur des ouvrages d'histoire, des témoignages et des documents officiels comme des lettres du roi et des papiers de ses ministres.

objectif Se dit d'un récit historique indépendant des intérêts, des goûts et des préjugés de la personne qui l'a écrit.

À la fin du 19e siècle, le développement des sciences renouvelle l'intérêt pour l'histoire scientifique. L'historien cherche à connaître de façon **objective** le passé humain. Il ne s'agit plus de vanter un souverain ou encore les bienfaits de la religion. L'historien redouble de rigueur et applique les méthodes de la critique historique. Il s'assure d'abord de l'authenticité de chacun de ses documents écrits, puis il étudie minutieusement les informations qu'ils contiennent.

Au 20e siècle, le métier d'historien change peu à peu. Les historiens ne s'intéressent plus seulement aux hommes et à la vie politique. Ils se passionnent maintenant pour ceux et celles que l'histoire a oubliés depuis des centaines d'années : les femmes, les enfants, les démunis et les gens ordinaires. Ils démontrent une grande curiosité pour la vie sociale en général : les métiers, la vie à la campagne, la maladie, le crime, les loisirs, etc.

3.36
Intérieur d'un centre d'archives.

L'historien ne recherche plus la connaissance complète du passé : il a compris que ce n'est pas possible. Il interroge plutôt les faits du passé pour trouver des explications à des problèmes du présent. L'historien ne se contente plus d'examiner les documents écrits des archives. Il fait appel à de nouvelles sources comme les œuvres d'art et les objets du quotidien conservés dans les musées, les photographies, les données statistiques des gouvernements, etc. L'ordinateur et Internet lui facilitent beaucoup la tâche. De plus, les historiens collaborent parfois avec d'autres professionnels du temps passé comme les archéologues ou les historiens de l'art.

EN CONCLUSION

TON **RÉSUMÉ**

Rédige un court résumé de ce que tu viens de découvrir concernant la Grèce antique. Pour établir ton plan de rédaction, consulte la ligne du temps afin de noter les événements marquants, les cartes afin de repérer les éléments géographiques importants et la table des matières pour te rappeler les grandes thématiques traitées dans ce dossier.

MOTS ET CONCEPTS CLÉS

acropole	espace public
agora	institution
armateur	métropole
Athènes	oligarchie
cité-État	Panthéon
citoyen	Perse
colonisation	philosophe
démocratie	régime politique
éducation	Sparte
empire	

! *Aide-mémoire*

GOUVERNEMENT DU PEUPLE

C'est au 6e siècle avant Jésus-Christ qu'avec d'autres politiciens grecs, Clisthène fait adopter des lois accordant plus de pouvoir aux citoyens athéniens. Ce nouveau régime politique, appelé démocratie, vise l'égalité entre les citoyens indépendamment de leur richesse.

PÈRE DE L'HISTOIRE

C'est à l'historien grec Hérodote que revient le titre de « père de l'histoire », grâce à son enquête sur les guerres médiques contenue dans un ouvrage intitulé *Historiè*.

TON **PORTFOLIO**

- Conserve ta création artistique la plus significative et explique pourquoi tu lui attribues de la valeur.

- Note les points forts de ta participation à l'activité citoyenne *Vive la démocratie !* Comment pourrais-tu améliorer ta participation au travail d'équipe ?

TES TRAVAUX PRÉPARATOIRES

Le prochain dossier d'*Histoire en action* traite de l'Empire romain. Afin de bien t'y préparer, effectue les recherches suivantes :

▶ Identifie des institutions publiques de ta communauté.

▶ Note les services rendus aux citoyens par ces institutions.

▶ Note la définition des mots et concepts suivants : aqueduc, arc de triomphe, autarcie, breton, droit, empire, gaulois, infrastructure, invasion, mandarin, monothéiste, patricien, plébéien, romanisation.

▶ Établis une liste des pays actuels qui constituaient l'Empire romain et repère sur une carte la Grande Muraille de Chine.

LA ROMANISATION

TABLE DES MATIÈRES

▶ **Un empire à son apogée**   p. 118

▶ **1. Des territoires et des peuples conquis**   p. 122
   L'extension des frontières du monde romain   p. 122
   Des villes à la romaine   p. 129

▶ **2. Assurer le bien-être de la population romaine**   p. 134
   Se nourrir et nourrir la capitale   p. 134
   L'intense va-et-vient des échanges   p. 137
   Tous les savoir-faire du monde   p. 141

▶ **3. Le régime impérial**   p. 143
   Une société inégalitaire   p. 143
   Sous le regard de l'empereur   p. 147
   Honorer les dieux et l'empereur   p. 151

▶ **Faire revivre les monuments**   p. 154

▶ **En conclusion**   p. 156

PROJET

Avec les autres élèves de ta classe, fais l'inventaire des institutions publiques de ta communauté. Établis pour chacune une fiche descriptive incluant l'adresse, le numéro de téléphone, le nom d'une personne-ressource. Une fois le répertoire des institutions publiques de ta communauté terminé, entre en communication avec le bureau de direction de chacune. Invite un de ses membres à préciser la vocation de son institution en participant à une conférence d'information à ton école.

UN EMPIRE
À SON APOGÉE

Rome ne s'est pas faite en un jour. Ce proverbe signifie qu'il faut savoir patienter, que les grands projets prennent du temps à se réaliser : en effet, l'Empire romain ne s'est pas constitué du jour au lendemain. Ainsi, les traces les plus anciennes de présence humaine sur l'emplacement de Rome remontent au 10e siècle avant Jésus-Christ. Comme l'histoire d'Athènes et de la Grèce antique, celle de Rome et de son empire commence sur les bords de la mer Méditerranée. Située au centre de l'Italie actuelle, la cité de Rome s'engage dès le 5e siècle avant Jésus-Christ dans une longue série de conquêtes militaires : d'abord le territoire italien, puis les régions que borde la Méditerranée. Sept siècles plus tard, Rome domine un vaste empire, qui s'étend de l'Angleterre à l'Afrique du Nord et de l'Espagne au Proche-Orient.

Le pouvoir se concentre alors dans les mains d'un seul homme, l'empereur. Ce dernier, par l'intermédiaire de nombreuses institutions politiques et militaires, impose sa marque sur tous les territoires annexés au fil du temps. Rome, la capitale impériale, constitue un formidable lieu d'échanges, où circulent des marchandises et des idées venues des quatre coins du monde connu. Elle devient un modèle pour toutes les villes de l'Empire. Ce dossier t'ouvre les portes du monde romain au moment où il parvient à son apogée, soit au 2e siècle après Jésus-Christ. Profites-en aussi pour découvrir deux autres empires de l'Antiquité, ceux qui se sont formés en Chine et en Inde.

4.1
L'Antiquité romaine.

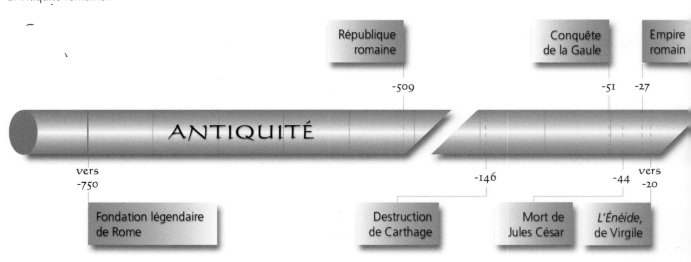

République romaine — -509

Conquête de la Gaule — -51

Empire romain — -27

ANTIQUITÉ

vers -750 — Fondation légendaire de Rome

-146 — Destruction de Carthage

-44 — Mort de Jules César

vers -20 — L'Énéide, de Virgile

REMUE-MÉNINGES

Établis avec tes camarades un tableau indiquant des secteurs de ta vie qui sont influencés par d'autres pays et décris comment cette influence se manifeste.

- Énumère quelques exemples d'influence étrangère dans ta vie.
- Donne des exemples d'influence québécoise à l'étranger.

Au 5e siècle après Jésus-Christ, Rome domine un vaste territoire.

- Selon toi, comment Rome impose-t-elle sa marque sur les territoires conquis ?

4.2
L'influence étrangère est aujourd'hui culturelle et économique.

4.3
Arc de triomphe, vers 25 ap. J.-C., Orange, France actuelle.

Premières persécutions des chrétiens

Partage de l'Empire romain

Prise et pillage de Rome

64

395 410

ANTIQUITÉ

80

vers 120

476

Inauguration du Colisée

Extension maximale de l'Empire romain

Construction du mur d'Hadrien

Chute de l'Empire romain d'Occident

4.4   LE MONDE VERS 150 AP. J.-C. : LES GRANDS EMPIRES ET LEUR DÉFENSE

● Nomme les pays actuels où ont été érigées ces fortifications.

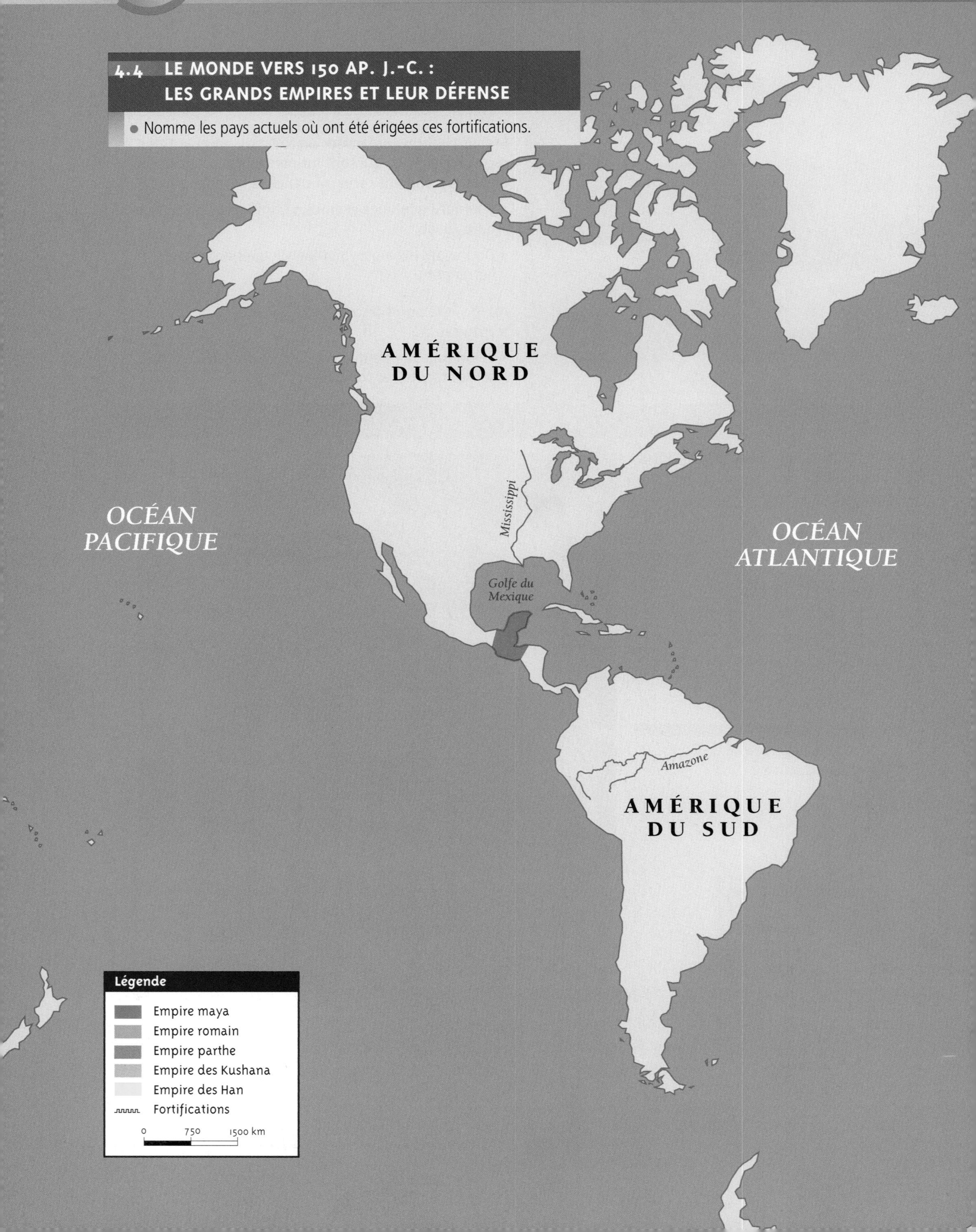

AMÉRIQUE DU NORD

AMÉRIQUE DU SUD

OCÉAN PACIFIQUE

OCÉAN ATLANTIQUE

Mississippi

Golfe du Mexique

Amazone

Légende

	Empire maya
	Empire romain
	Empire parthe
	Empire des Kushana
	Empire des Han
⌇⌇⌇	Fortifications

0   750   1500 km

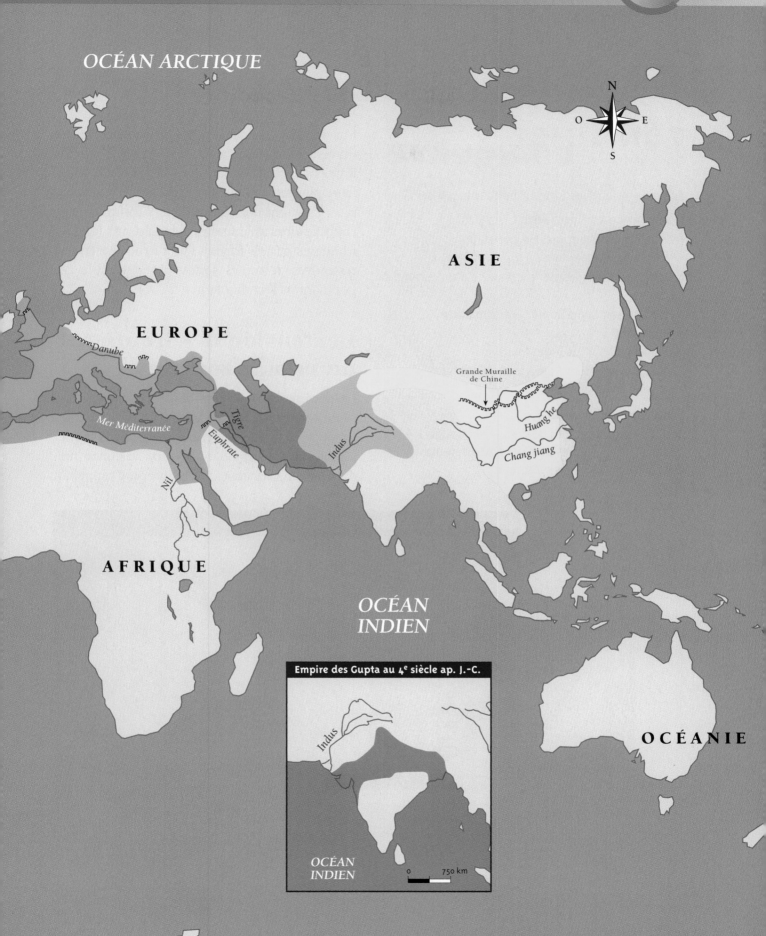

OCÉAN ARCTIQUE

N
O   E
S

ASIE

EUROPE

Danube

Grande Muraille
de Chine

Mer Méditerranée

Tigre

Euphrate

Indus

Huang he

Chang jiang

Nil

AFRIQUE

OCÉAN
INDIEN

Empire des Gupta au 4e siècle ap. J.-C.

Indus

OCÉANIE

OCÉAN
INDIEN

0   750 km

1 DES TERRITOIRES ET DES PEUPLES CONQUIS

1 TON SUJET D'ENQUÊTE

Explique en quoi consiste l'Empire romain.

Commence ton enquête

▶ Énumère les avantages de la situation géographique de Rome.

▶ Décris en quoi consiste le triomphe d'un général romain.

▶ Raconte comment Rome s'est constituée en empire.

▶ Décris le métier de légionnaire.

▶ Explique comment Rome assure la défense de son immense empire.

Poursuis ton enquête

Trouve d'autres images de vestiges antiques qui sont des exemples de moyens de défense et explique ce qu'elles représentent.

Imagine, c'est dans une petite plaine marécageuse du centre de l'Italie actuelle que naît la ville de Rome, au 8e siècle avant Jésus-Christ. Un millénaire plus tard, Rome sera la brillante capitale du plus vaste empire connu dans l'Antiquité. Elle contrôle alors un immense territoire aux longues frontières parfois fragiles : un territoire riche en ressources de toutes sortes, qui rassemble des populations fort différentes.

L'extension des frontières du monde romain

La **péninsule** de l'Italie constitue le cœur du monde romain. Bordée au nord par les hautes montagnes des Alpes, elle s'avance dans la mer Méditerranée. Région accidentée au climat méditerranéen, l'Italie a une géographie rappelant

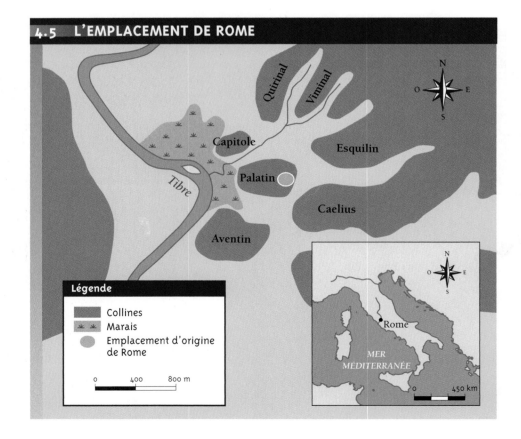

4.5 L'EMPLACEMENT DE ROME

Quirinal

Viminal

Capitole

Esquilin

Palatin

Tibre

Caelius

Aventin

Légende

▮ Collines
※ Marais
⬭ Emplacement d'origine de Rome

0   400   800 m

Rome

MER MÉDITERRANÉE

0   450 km

péninsule Grande presqu'île ; région ou pays que la mer entoure de tous côtés sauf un.

celle de la Grèce [← carte 3.5]. Ses sols arides sont propices à l'élevage, à la culture de la vigne et de l'olivier ainsi qu'à la croissance des forêts. Par contre, les terres fertiles se résument à de petites plaines éparpillées tout le long des côtes. Les richesses du sous-sol, quant à elles, se limitent au fer, à l'argile, à la pierre de construction, notamment le **tuf** et le marbre.

tuf Roche souvent d'origine volcanique, poreuse et légère, et qui s'emploie en construction.

La ville de Rome elle-même se situe sur les rives du Tibre, un fleuve navigable. La proximité de la mer favorise le transport et le commerce maritimes. Établie au centre de la péninsule italienne, la ville se trouve également au carrefour de différentes voies terrestres faisant communiquer le nord, le sud et l'intérieur du pays. Le site est facile à défendre grâce au fleuve, à l'ouest, et aux collines qui bordent la ville à l'est et au sud.

L'expansion de Rome

Comment la petite cité de Rome devient-elle l'une des plus grandes puissances de l'Antiquité ? Grâce à ses succès militaires. L'expansion de Rome débute au 5e siècle avant Jésus-Christ lorsqu'elle entreprend de se défendre contre des voisins hostiles. C'est toute la péninsule italienne qu'elle aura conquise, près de deux siècles plus tard. Rome se tourne alors vers

LA FONDATION LÉGENDAIRE DE ROME

Selon la légende, Énée, un prince **troyen**, s'établit en Italie après la destruction de sa ville par les Grecs. Au 8e siècle avant Jésus-Christ, une femme de sa descendance donne naissance à des jumeaux, Romulus et Remus. La mère annonce alors que les enfants sont nés de son union avec Mars, le dieu de la guerre. Leur oncle, un roi cruel et jaloux, les place dans une corbeille et les jette dans le Tibre. Une louve recueille les enfants et les allaite. Devenus adultes, ils partent fonder une nouvelle cité là où la louve les a recueillis. Mais une querelle éclate : Romulus tue Remus et devient le premier roi de Rome.

troyen De Troie, ville de la côte est de la mer Égée, dont le site se trouve aujourd'hui en Turquie.

4.6
Bronze de la louve, 5e siècle av. J.-C., Rome.

4.7
Reconstitution du triomphe d'un général romain.

peuple Ensemble d'êtres humains habitant un territoire défini et ayant en commun une langue, des coutumes ou des institutions.

Gaule Au 1er siècle avant Jésus-Christ, la Gaule se compose en fait de plusieurs Gaules, chacune ayant sa langue, ses coutumes et ses lois propres. Le territoire gaulois englobe alors la France, la Belgique et la Suisse actuelles.

l'empire commerçant de Carthage, qui s'étend de l'Afrique du Nord à l'Espagne. C'est que l'expansion de cette puissance maritime et commerciale provoque à la fois crainte et envie. Pendant près de cent vingt ans, les deux cités luttent pour contrôler les richesses des côtes occidentales de la Méditerranée. En l'an 146 avant Jésus-Christ, Carthage est entièrement détruite par les Romains. Du coup, Rome dispose des richesses des territoires conquis : argent, ressources naturelles, terres cultivables et esclaves.

La victoire romaine sur Carthage marque le moment à partir duquel la puissance de Rome se confirme. Les dirigeants romains font alors porter l'effort de conquête dans toutes les directions. À l'est, les **peuples** des côtes orientales de la Méditerranée et des rives de la mer Noire s'inclinent. Ainsi, la Grèce, maintenant appelée Achaïe, une grande partie du Proche-Orient ainsi que l'Égypte deviennent des provinces romaines. Vers l'ouest, les légions conquièrent notamment la **Gaule**.

4.8 L'EMPIRE ROMAIN ET SES PROVINCES AU 2ᵉ SIÈCLE AP. J.-C.

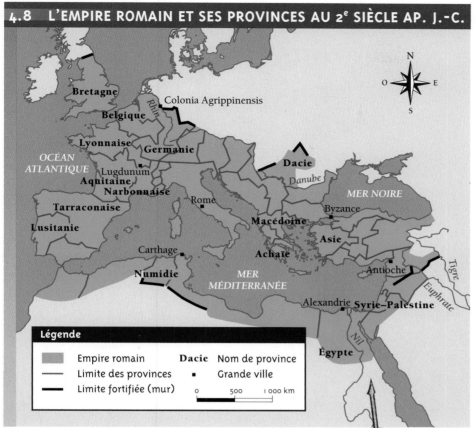

Légende

▨	Empire romain	**Dacie**	Nom de province
—	Limite des provinces	▪	Grande ville
▬	Limite fortifiée (mur)		

0   500   1 000 km

CONSIGNE

► Analyse de cartes

• Observe attentivement la légende.

• Évalue son échelle.

• Repère l'orientation.

FAITS D'HIER

MÉTIER : LÉGIONNAIRE

fantassin Soldat qui combat à pied.

À la toute fin du 2ᵉ siècle avant Jésus-Christ, l'armée romaine devient une armée de métier, c'est-à-dire que les soldats sont désormais rémunérés pour leur travail. C'est une armée de conquête, bien équipée et bien entraînée. Elle rassemble quelques dizaines de légions formées chacune de près de cinq mille **fantassins**, appelés légionnaires, et d'une centaine de cavaliers. Le légionnaire se soumet à une discipline très stricte : exercices militaires quotidiens, longues marches, construction de camps, punitions sévères comme le fouet, voire la mort.

Au 2ᵉ siècle après Jésus-Christ, l'armée romaine est devenue une armée de frontière. Elle protège les limites de l'Empire, surveille les routes et assure à tous ses habitants la *pax romana* ou la paix romaine.

4.9
Légionnaire et son équipement.

4.10
Le mur d'Hadrien. En 122 après Jésus-Christ, l'empereur romain Hadrien ordonne la construction d'un mur de pierre de plus de cent kilomètres sur la frontière la plus **septentrionale** de l'Empire, en Bretagne, nom que portait alors l'Angleterre.

septentrional   Du nord, situé au nord.

butin   Ce que l'on prend à l'ennemi pendant ou après une guerre : armes, vivres, argent, esclaves, objets de luxe, etc.

province   Territoire conquis hors de l'Italie et placé sous l'autorité romaine.

fortin   Petit fort.

barbare   Étranger, pour les Romains comme pour les Grecs, et, plus tard, pour les chrétiens.

Passe à l'action →

Sketch : « A beau mentir qui vient de loin. »

Des légionnaires en permission racontent leurs aventures dans des pays exotiques (Égypte, Syrie, Gaule, Bretagne…). Les légionnaires de ton équipe décriront soit les batailles, les lieux, l'architecture, les gens ou des phénomènes rares dont ils ont été témoins.

Les Romains célèbrent leurs victoires militaires en organisant des triomphes. L'illustration 4.7 représente un de ces triomphes, le plus grand honneur rendu à un général vainqueur. Il s'agit d'un défilé grandiose dans les rues de Rome, qui fournit l'occasion d'exposer le **butin**, des maquettes des lieux conquis, des prisonniers et même des cadavres. L'armée du triomphateur, des hommes politiques et des musiciens prennent part à la procession.

Au 2ᵉ siècle après Jésus-Christ, le monde romain n'a jamais été aussi vaste. Observe bien la carte 4.8. L'Empire romain se déploie sur trois continents : l'Europe, l'Afrique et l'Asie. Presque au centre se trouvent la ville de Rome et la péninsule italienne, entourées d'une quarantaine de **provinces** qui forment les divisions de l'Empire. Les limites extérieures de ce territoire sont protégées par le limes, un système défensif comprenant un réseau de **fortins** et de routes, et par diverses barrières naturelles comme la mer, un fleuve, une chaîne de montagnes ou le désert. Cependant, la menace des populations **barbares**, dans certaines régions frontalières, force l'armée romaine à construire de véritables murs de protection.

AILLEURS

FREINER L'ENNEMI AUX FRONTIÈRES

L'Empire romain n'est pas le seul à protéger ses frontières. À la fin du 3e siècle avant Jésus-Christ, un souverain de la dynastie des Qin (prononcer « tchine ») se retrouve à la tête d'un empire. Son nom ne fut jamais oublié : le territoire qu'il unifia porte le nom de Chine. Afin d'améliorer la protection de son pays, le premier empereur chinois fait raccorder des tronçons de fortification existants pour en faire une seule et longue muraille. Les empereurs de la dynastie suivante, les Han (prononcer « hane »), font consolider cette muraille. Ils la prolongent aussi vers l'ouest afin de mieux défendre les routes de commerce vers l'Asie centrale [← carte 4.4]. Des centaines de milliers de soldats, d'ouvriers et de prisonniers ont travaillé à la construction de ce mur d'environ cinq mille kilomètres, qui s'étend au nord de la Chine en suivant le relief des montagnes ! Des forts et de nombreuses tours de guet complètent ce formidable ouvrage défensif qu'est la Grande Muraille.

En Inde, au 4e siècle après Jésus-Christ, la géographie donne un sérieux coup de main à la défense du territoire de l'empire des Gupta. Comment ? Au nord se dresse la plus haute chaîne de montagnes au monde, l'Himalaya, avec ses sommets de plus de sept mille mètres d'altitude. Au sud, d'autres montagnes ainsi que le fleuve Narmada constituent aussi des barrières naturelles.

4.11

Tronçon de la Grande Muraille situé au nord-ouest de la Chine et construit entre le 2e siècle av. J.-C. et le 2e siècle ap. J.-C. La Grande Muraille est un ouvrage colossal, façonné avec les matériaux disponibles dans les diverses régions traversées (terre battue, sable, pierre, brique crue, renforcés de nattes, de pièces de bois ou de tiges de fer).

● Raconte l'histoire de la Grande Muraille de Chine.

Les peuples de l'Empire

En raison de son immensité, le territoire de l'Empire romain comprend diverses régions climatiques. Il présente donc des paysages variés et offre d'innombrables ressources. Il rassemble aussi de nombreux peuples, comme les **Bretons**, les **Numides** et les **Lusitaniens**. Au début du 1er siècle après Jésus-Christ, l'Empire romain compte de cinquante à quatre-vingts millions d'habitants, le chiffre variant selon les sources consultées. Jette un coup d'œil sur le tableau 4.12 pour avoir un aperçu de la diversité géographique du monde romain.

Bretons Peuple établi en Bretagne, l'Angleterre actuelle.

Numides Peuple établi en Numidie, une région du nord-ouest de l'Afrique.

Lusitaniens Peuple établi en Lusitanie, l'actuel Portugal.

4.12	CARACTÉRISTIQUES PHYSIQUES DE CERTAINES RÉGIONS DE L'EMPIRE ROMAIN		
Région	**Localisation et paysages**	**Climat**	**Ressources naturelles**
Bretagne	• Nord-ouest de l'Europe • Île couverte de montagnes arrondies au nord, de plaines et de collines au sud	• Océanique : été frais, hiver doux, pluies abondantes	• Plaines fertiles • Pâturages • Sous-sol riche en métaux non précieux : fer, cuivre, étain, plomb
Italie	• Centre de l'Europe méridionale • Péninsule bordée au nord par de hautes montagnes et une plaine fluviale, et couverte à 75 % de montagnes et de collines	• Méditerranéen : été sec et chaud, hiver doux, pluies irrégulières	• Petites plaines fertiles • Pâturages • Sous-sol pourvu en argile, en fer et en pierre de construction
Égypte	• Nord-est de l'Afrique • Vallée du Nil • Désert montagneux à l'est, désert de dunes avec oasis à l'ouest	• Aride : chaud toute l'année, faibles pluies	• Grande vallée fertile (crue annuelle du Nil)

FAITS D'HIER

LA GUERRE CONTRE LES GAULOIS SELON JULES CÉSAR

En 58 avant Jésus-Christ, Jules César (–101 à –44), un général romain très populaire, se propose de soumettre tous les peuples de la Gaule. Ambitieux, il compte sur une conquête facile. Erreur ! Pendant cinq ans, les Gaulois mènent une lutte acharnée contre l'envahisseur romain. Regroupés derrière le chef Vercingétorix, ils subissent une cuisante défaite.

César raconte ces affrontements et sa victoire finale dans un ouvrage intitulé

4.13

Jules César et Vercingétorix dans *Astérix le Gaulois.*

• Raconte qui est Vercingétorix.

Les commentaires de la guerre des Gaules. Dans l'extrait suivant, César rapporte comment ses troupes, à Avaricum, ont vengé le massacre des Romains vivant à Genabum, massacre perpétré par les Gaulois un mois plus tôt : « Excités par le souvenir du massacre de Genabum et par les fatigues du siège [d'Avaricum], ils n'épargnèrent ni les vieillards, ni les femmes, ni les enfants. Bref, sur un total de quarante mille hommes environ, huit cents à peine, qui s'enfuirent de la place aux premiers cris, arrivèrent sains et saufs près de Vercingétorix. »

Des villes à la romaine

Pour les millions de **sujets** de l'Empire, la ville de Rome représente le centre du monde. C'est effectivement le centre politique, économique, religieux et artistique de tout l'Empire. La Rome impériale mérite bien son titre de capitale : elle éblouit les visiteurs étrangers par sa taille et par la richesse de ses monuments publics, taillés dans le marbre. C'est que les souverains qui se succèdent à la tête de l'Empire désirent laisser aux générations futures un souvenir éclatant de leur époque. Aussi font-ils élever, au cœur de la ville, des **forums**, des ensembles architecturaux de toutes sortes et des statues. Leurs somptueuses résidences se trouvent à proximité, sur une colline appelée le Palatin, nom à l'origine de notre mot *palais*.

sujet Personne soumise à l'autorité d'un souverain.

forum Place publique où les Romains se rencontrent pour traiter d'affaires politiques et économiques, comme les Grecs à l'agora.

aqueduc Canal souterrain ou aérien destiné à recueillir et à conduire l'eau d'un lieu à un autre.

2 TON SUJET D'ENQUÊTE

Illustre par des exemples la façon de vivre des Romains.

Commence ton enquête

▶ Établis une liste des lieux publics de la ville de Rome et décris leurs utilités.

▶ Énumère les caractéristiques des habitations romaines.

▶ Compare différents quartiers romains.

▶ Donne des exemples de romanisation.

Poursuis ton enquête

Cherche un exemple d'infrastructure ou d'édifice romain de l'époque de la romanisation et raconte son histoire.

CONSIGNE

> **Collecte des informations**
> - Copie entre guillemets l'extrait de texte.
> - Résume le propos.
> - Observe attentivement l'iconographie.
> - Note la provenance de tes données.

4.14
Aqueduc romain du Gard, en France. Ce majestueux vestige architectural a été édifié par les Romains sous l'empereur Claude, vers l'an 50 ap. J.-C.

4.15

Maquette de la Rome impériale au 4ᵉ siècle ap. J.-C.

AUJOURD'HUI

Établis une liste des lieux publics de ta communauté.

L'aménagement de Rome

Observe bien la maquette. Ville ancienne, plusieurs fois reconstruite et agrandie, la Rome impériale s'étend de façon désordonnée en suivant l'axe de ses grandes rues pavées. Le visiteur de l'époque peut s'y perdre facilement. Sur son chemin, il croisera plusieurs ateliers ainsi que des temples, semblables à ceux de la Grèce. Il s'arrêtera pour admirer la façade d'une basilique, un vaste édifice qui sert souvent de tribunal. Il pourra aussi profiter des thermes, ces immenses bains publics, ou encore se restaurer dans une taverne animée. Sa marche le mènera peut-être à l'ombre d'un long portique, un passage couvert soutenu par des colonnes ; il pourra faire quelques courses dans les boutiques qui s'y trouvent.

CITOYEN, CITOYENNE

La nature des institutions publiques

Une institution publique est établie pour répondre aux besoins des communautés. Déjà, dans la Rome antique, des institutions jouent un rôle de premier plan. Par exemple, l'armée qui protège le territoire est constituée de soldats de métier qui sont à la charge de l'Empire. Ta société a aussi ses institutions publiques. Pense entre autres aux Parlements, aux cours de justice, à la police, aux universités, aux écoles et aux hôpitaux. Toutes ces institutions publiques qui offrent des services à la population comblent certains besoins des citoyens et favorisent ainsi une plus grande cohésion sociale.

Habiter Rome ou ses environs

La Rome impériale ne compte pas que des bâtiments publics. Au 2ᵉ siècle après Jésus-Christ, Rome est une agglomération bruyante et surpeuplée de plus d'un million d'habitants. La plupart des Romains s'entassent dans des *insulae*, des immeubles de trois à cinq étages bâtis le long de rues étroites, sombres et jonchées d'ordures. Les meilleurs logements, plus grands, se situent au rez-de-chaussée. Plus on monte, moins il y a de confort : pas de cuisine, pas d'eau courante, pas de latrines. Les matériaux utilisés pour construire ces habitations sont de si mauvaise qualité qu'il arrive qu'elles s'écroulent. Et que dire des incendies qui ravagent fréquemment les quartiers populeux !

Les beaux quartiers se situent sur les collines de la ville : l'air est moins étouffant dans les hauteurs ! Les Romains aisés y possèdent de superbes maisons, appelées *domus* en latin. Ces constructions de pierre ou de brique présentent un toit en tuiles. Les pièces principales s'organisent autour de l'atrium, une cour entourée d'un portique et pourvue d'un bassin pour recueillir l'eau de pluie. Des mosaïques recouvrent le sol et des peintures ornent les murs. Ces habitations sont équipées d'une petite cuisine, de toilettes et d'un bain ; elles se trouvent branchées sur l'aqueduc et l'égout. Un jardin agrémente souvent ces luxueuses demeures.

4.16
Représentation d'*insulae* d'un quartier populaire de Rome.

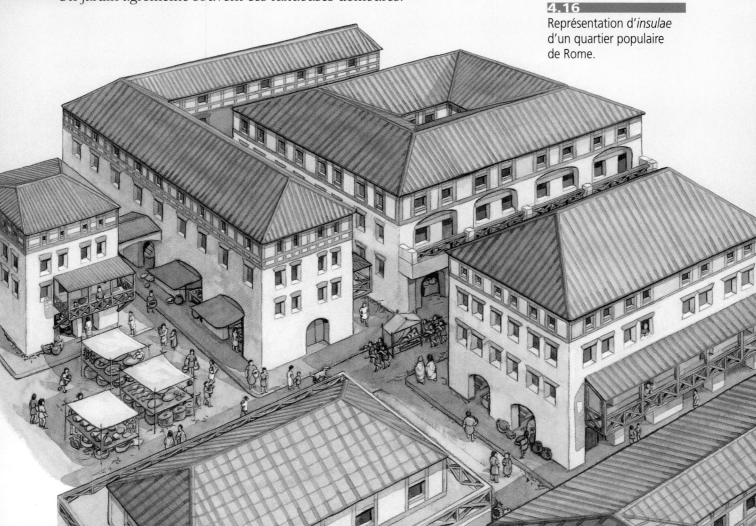

4.17
Mosaïque portant l'inscription latine *Cave canem*, Pompéi, 1er siècle ap. J.-C.

- Traduis l'expression *Cave canem*.

infrastructure Ensemble des équipements économiques ou techniques d'une ville, d'une région ou d'un pays ; un réseau routier, par exemple, fait partie de l'infrastructure.

via Grande route de l'Antiquité romaine ; ce nom latin est à l'origine de notre mot *voie*.

embouchure Endroit où un cours d'eau se jette dans une mer ou un lac.

Comme tu peux le constater, les ingénieurs romains ont doté la ville d'une **infrastructure** impressionnante : aqueducs, égouts, rues pavées, etc. Dès le 6e siècle avant Jésus-Christ, le creusement d'un grand égout a permis d'assécher le sol marécageux de la ville naissante. Grâce aux sources et aux eaux qui ruissellent des collines de Rome, tout un réseau d'aqueducs et de fontaines est aménagé pour approvisionner la population. Les rues pavées, les places publiques et les ponts facilitent le transport urbain ainsi que les déplacements vers l'extérieur de la ville. De plus, la *via Portuensis*, une route de vingt-cinq kilomètres qui longe le fleuve, profite aux commerçants de la capitale. En effet, cette route relie Rome à son grand port de commerce, Ostie, situé à l'**embouchure** du Tibre, sur la mer Méditerranée.

Les autres villes de l'Empire

La Rome impériale devient un modèle pour les peuples soumis. En effet, c'est par le développement des villes que les empereurs comptent

4.18
Ruines de l'ancienne ville romaine de Timgad, Algérie actuelle, début du 2e siècle ap. J.-C.

favoriser l'introduction de la civilisation romaine dans les territoires conquis. Lorsque le terrain le permet, l'organisation des nouvelles villes reprend le plan en damier des camps militaires romains. Observe bien l'exemple des ruines de l'ancienne ville romaine de Timgad sur la photo 4.18, en Algérie. Cette ville de province regroupait des bâtiments qui rappellent ceux de la capitale : un forum, un marché, un théâtre, des thermes et un arc de triomphe. Centres politiques, économiques et culturels, ces nouvelles villes de province favorisent les contacts entre les Romains et les habitants de la région. Peu à peu, ces derniers adoptent la langue latine, le mode de vie et, parfois même, les croyances des Romains. C'est ce qu'on appelle la romanisation.

CITOYEN, CITOYENNE

Des institutions d'hier à aujourd'hui

Les institutions publiques ont évolué au fil du temps. Dès les débuts de la Nouvelle-France, des écoles et des hôpitaux sont fondés pour répondre aux besoins des citoyens. Plusieurs facteurs comme l'accroissement de la population, les conflits, les crises économiques, les revendications sociales ou la simple nécessité ont transformé ces premières institutions et en ont fait apparaître de nouvelles. Aujourd'hui, tout un ensemble d'institutions publiques est en place pour répondre à tes besoins. Ces institutions sont prises en charge par les gouvernements. Les nombreux employés de toutes sortes qui y travaillent font partie du réseau de la fonction publique dont l'employeur est l'État. Comme c'est à même les budgets des gouvernements que les institutions publiques sont administrées, elles appartiennent à la collectivité qui les utilise. En plus d'offrir des services aux citoyens, ces institutions représentent un important bassin d'emplois pour la population.

Questions citoyennes

1. Explique le rôle d'une institution publique de ta communauté.
2. En plus de défendre le territoire, quels nouveaux rôles jouent nos institutions militaires ?
3. Cherche et raconte l'histoire d'une vieille institution publique du Québec.

Action citoyenne

Vive les institutions publiques !

- Choisissez en équipe une institution publique de votre communauté.
- Recueillez des informations à son sujet.
- Interviewez les dirigeants au sujet de son rôle.
- Présentez les résultats de votre enquête à vos camarades.

Opinion citoyenne

Certaines institutions publiques sont-elles plus importantes que d'autres ?

② ASSURER LE BIEN-ÊTRE DE LA POPULATION ROMAINE

③ TON SUJET D'ENQUÊTE

Décris la façon dont les Romains se nourrissent.

Commence ton enquête

▶ Décris les aliments produits dans une villa romaine.

▶ Compare les petites et grandes propriétés terriennes.

▶ Énumère des outils et des techniques agricoles.

▶ Définis l'autarcie.

▶ Note comment l'empereur a solutionné la carence d'approvisionnement en blé de Rome.

Poursuis ton enquête

Cherche d'autres illustrations d'un vallus et explique pourquoi cette machine agricole est révolutionnaire à son époque.

CONSIGNE

> **Méthode historique**
> • Cherche la même information dans différentes sources.
> • Distingue les faits historiques des opinions.
> • Fais appel à tes connaissances antérieures.

ordre public Sécurité publique, assurée par le respect des lois et des règlements qui régissent une société.

tribut Contribution forcée imposée aux vaincus par le vainqueur ou payée à un pays par un autre en signe de soumission.

urbanisation Concentration croissante de la population dans les villes.

Au 2e siècle après Jésus-Christ, la paix règne sur le territoire de l'Empire romain. Aux frontières, l'armée assure la sécurité des populations en repoussant les attaques barbares. Dans chaque province, l'administration romaine maintient l'**ordre public**. Ce climat de stabilité favorise la prospérité à travers tout le monde romain. Certaines provinces, notamment celles de Gaule, connaissent un formidable développement économique. Rome, la capitale, profite largement de cette croissance, grâce aux importants **tributs** et impôts qu'elle prélève sur les territoires conquis.

Sur quoi repose cette prospérité? Sur les terres agricoles, bien sûr, qui constituent la plus importante des activités économiques, mais aussi sur l'artisanat et le commerce. En effet, les échanges commerciaux se multiplient, et ce, grâce à un important réseau de voies fluviales, maritimes et terrestres qui favorisent le transport des marchandises. Ces échanges s'effectuent tant au sein de l'Empire, de province à province, qu'entre l'Empire et des régions de l'extérieur, comme la Chine et l'Inde.

Se nourrir et nourrir la capitale

Malgré les progrès de l'**urbanisation**, 90 % des habitants de l'Empire romain vivent toujours à la campagne. La plupart d'entre eux cultivent la terre. Pourtant, de nombreux petits propriétaires ont perdu leur ferme par suite des bouleversements causés par les guerres. Sans argent pour reconstruire, ils ont vendu leur bien à de riches particuliers. Ceux-ci se constituent de vastes domaines formés de champs, de vergers et de pâturages. L'empereur et les temples de certaines régions de l'est de l'Empire sont aussi propriétaires de telles exploitations agricoles.

Dans ces grandes fermes, le propriétaire ne s'occupe pas de ses champs. Il donne ses ordres à un intendant qui, lui, surveille le travail des esclaves et des ouvriers agricoles. Depuis le 1er siècle après Jésus-Christ, plusieurs de ces grands propriétaires terriens louent une partie de leur domaine à des paysans sans terres. Les revenus de la location sont plus sûrs et plus avantageux que ceux de la production agricole : on ne craint plus les mauvaises récoltes et on n'a plus à entretenir un grand nombre d'employés. Toutefois, les petites fermes où le propriétaire cultive la terre avec l'aide de sa famille ne disparaissent pas tout à fait.

Compte tenu de la variété des sols et des climats du territoire, la production agricole de l'Empire suffit à nourrir toute la population. Chaque ferme, grande ou petite, produit d'abord ce qui lui est nécessaire pour vivre en **autarcie**. Le cas échéant, les surplus servent à approvisionner les habitants de la ville la plus proche en céréales (blé, orge, etc.), en fruits et légumes (figues, pommes, laitue, chou, carottes, etc.), en miel, en viande (volaille, lapin et bétail), en lait, en vin et en huile. La forte population de Rome pose toutefois un sérieux problème aux dirigeants. La campagne des alentours ne suffit pas à alimenter plus d'un million de citadins. L'**État** doit donc organiser le ravitaillement de la capitale. Certaines provinces, comme l'Afrique et l'Égypte, sont obligées de fournir d'importantes quantités de blé. L'empereur peut ainsi faire distribuer du blé, gratuit ou à bas prix, aux citoyens les plus pauvres de Rome. Il organise aussi des distributions d'huile.

Dans certaines régions, les fermiers se consacrent à des productions particulières en plus des cultures et des élevages qui assurent l'autarcie du domaine. Pourquoi ? À cause de la concurrence. Prends l'exemple de l'Italie. À Rome, le blé importé de Sardaigne ou d'Afrique du Nord coûte

autarcie Situation d'une communauté qui se suffit à elle-même, qui produit tout ce dont elle a besoin pour assurer sa subsistance.

État Gouvernement qui exerce son autorité sur l'ensemble de la population d'un territoire déterminé, et qui offre divers services à cette population par l'intermédiaire de son administration (défense des frontières, justice, police, mesures d'aide économique ou sociale, etc.).

fouloir à raisin Grande cuve de pierre dans laquelle on écrase le raisin avec les pieds pour en faire du jus.

4.19
Reconstitution d'une villa romaine.

- Trouve le pigeonnier, le pressoir, le **fouloir à raisin**, les ruches et le verger.

moins cher que le blé produit dans la péninsule. Les fermiers italiens n'ont donc pas intérêt à faire de cette céréale une production destinée à la vente. Aussi préfèrent-ils cultiver la vigne et l'olivier, produisant ainsi du vin et de l'huile dont ils retireront de bons profits. Pour la même raison, ils élèvent des animaux comme le pigeon, un produit de luxe très recherché et très coûteux. Les fermiers s'intéressent aussi à de nouvelles denrées. En Europe, par exemple, les paysans apprennent à faire pousser des fruits venus d'Asie ou d'Afrique, comme la cerise et le citron.

En matière de techniques agricoles, les choses n'ont guère changé depuis plusieurs siècles. Le paysan romain du 2ᵉ siècle après Jésus-Christ laboure toujours à l'aide d'un araire tiré par une paire de bœufs ou d'ânes. Il manie la houe et la pioche, et fait la moisson avec une faucille. Il existe bien une innovation technique chez les Gaulois. Ceux-ci inventent une sorte de moissonneuse, le *vallus*, mais il semble que cet instrument aratoire n'ait pas été adopté dans le reste de l'Empire !

4.20

Mosaïque représentant un fouloir à raisin, Saint-Romain-en-Gal, France actuelle, 3ᵉ siècle ap. J.-C.

4.21

Le *vallus*, une machine agricole révolutionnaire.

L'intense va-et-vient des échanges

Au 2ᵉ siècle après Jésus-Christ, l'Empire romain ne manque de rien, car il produit de tout ou presque. Le commerce constitue néanmoins la deuxième activité économique de l'Empire. En effet, de nombreux échanges s'effectuent entre les régions de l'Empire qui possèdent des ressources complémentaires. La Méditerranée, les fleuves et les routes permettent le transport efficace des marchandises. Consulte la carte 4.22 et observe l'impressionnant réseau de transport du monde romain ainsi que les principaux produits qui y circulent.

4 TON SUJET D'ENQUÊTE

Démontre l'importance du commerce pour les Romains.

Commence ton enquête

▶ Établis une liste des produits que les Romains importent.

▶ Identifie les principaux ports romains de la Méditerranée.

▶ Décris les avantages de la route maritime de la soie.

▶ Énumère des produits offerts au marché local.

Poursuis ton enquête

Cherche une photo de route datant de l'époque romaine et décris ses particularités.

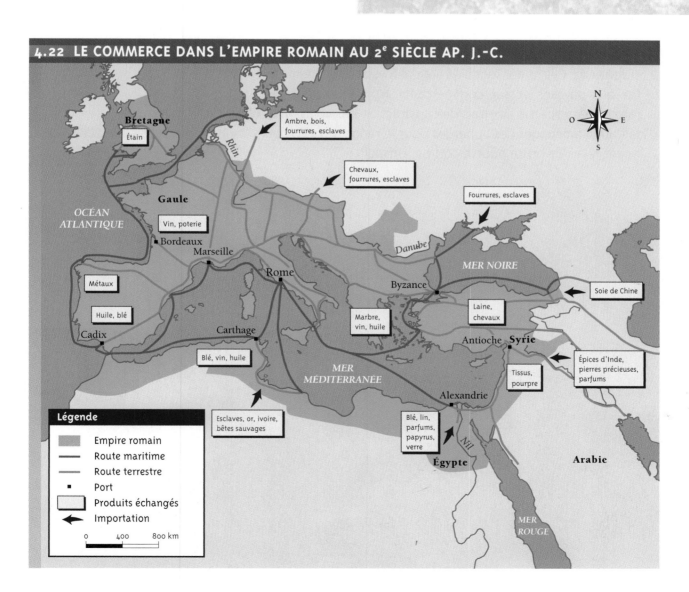

4.22 LE COMMERCE DANS L'EMPIRE ROMAIN AU 2ᵉ SIÈCLE AP. J.-C.

Bretagne — Étain

Ambre, bois, fourrures, esclaves

Chevaux, fourrures, esclaves

Fourrures, esclaves

Gaule

OCÉAN ATLANTIQUE

Rhin

Vin, poterie — Bordeaux

Marseille

Danube

MER NOIRE

Rome

Byzance

Soie de Chine

Métaux

Laine, chevaux

Huile, blé

Marbre, vin, huile

Antioche Syrie

Cadix

Carthage

Épices d'Inde, pierres précieuses, parfums

Blé, vin, huile

MER MÉDITERRANÉE

Tissus, pourpre

Alexandrie

Esclaves, or, ivoire, bêtes sauvages

Blé, lin, parfums, papyrus, verre

Nil

Égypte

Arabie

MER ROUGE

Légende

◼ Empire romain
— Route maritime
— Route terrestre
■ Port
▭ Produits échangés
➤ Importation

0   400   800 km

Les voies de communication de l'Empire

salaison Viande ou poisson conservés dans le sel.

Il n'est pas étonnant que les Romains désignent la Méditerranée par le nom latin de *mare nostrum*, « notre mer ». Navigable neuf mois par année, de mars à novembre, elle borde les trois quarts des provinces romaines, et ses rives accueillent les plus grands ports de l'Empire : celui d'Ostie près de Rome, ceux de Carthage et d'Alexandrie sur la côte africaine. Les navires de commerce s'y déplacent surtout par cabotage, c'est-à-dire qu'ils naviguent le long des côtes. Ils transportent principalement des denrées : des céréales, de l'huile, du vin, des **salaisons** et le garum, une sauce de poisson très appréciée des Romains.

FAITS D'HIER — TOUS LES CHEMINS MÈNENT À LA VILLE

Le réseau routier de l'Empire romain répond d'abord à des besoins militaires et administratifs. Il permet le déplacement rapide des troupes militaires ainsi que des communications efficaces avec Rome et les autres villes. C'est l'armée qui veille à l'aménagement des routes, avec l'aide des populations locales **réquisitionnées**. Ces routes sont bien entretenues et sûres, ce qui profite aux paysans et aux commerçants. Non seulement l'État romain participe-t-il aux frais de construction des voies, mais il fait aussi aménager des auberges pour le repos des voyageurs et des relais de poste pour le courrier officiel.

réquisitionné Forcé, par l'armée ou l'administration, à accomplir une tâche.

4.23
Construction d'une voie romaine.

La *via Appia*, ou voie Appienne. Commencée au 4ᵉ siècle av. J.-C. par le magistrat Appius Claudius, elle fut achevée par Auguste, trois siècles plus tard. Cette première grande voie romaine relie la ville de Rome au sud de l'Italie.

Le transport s'effectue aussi par voie de terre. À la différence des Grecs, les Romains ont pu construire des dizaines de milliers de kilomètres de routes. Ces longues voies souvent pavées de pierre sillonnent tout le territoire, traversent les campagnes et relient les villes entre elles. On expédie les marchandises dans des voitures à quatre roues tirées par des bœufs, ou encore à dos de mulet. Cependant, les grands commerçants préfèrent encore le transport fluvial et maritime. Pourquoi ? Parce que leurs bateaux à voiles et leurs barques fluviales peuvent transporter des charges beaucoup plus lourdes, à des vitesses beaucoup plus grandes.

Les échanges locaux

Malgré ce va-et-vient continuel entre les différents points de l'Empire, les échanges locaux demeurent l'activité commerciale la plus importante. Les paysans et les artisans des campagnes vont à la ville la plus proche pour écouler leurs marchandises au marché. De plus, de nombreux boutiquiers sont installés en bordure des forums et des rues principales. Certains vendent les objets fabriqués dans leur propre atelier : meubles, bijoux, vaisselle, tissus, etc. D'autres revendent des produits achetés **en gros** au marché, comme la viande de boucherie.

Les échanges par-delà les frontières de l'Empire

Les citadins les plus aisés achètent aussi des produits exotiques ou rares, qui viennent parfois de contrées aussi lointaines que la Chine. Dans les

en gros En grande quantité.

ambre Résine fossile d'origine végétale. Substance dure et transparente, de couleur jaune ou rougeâtre, l'ambre est utilisé en bijouterie.

en espèces En monnaie métallique.

entrepôts des ports romains, les commerçants reçoivent les fourrures et l'**ambre** d'Europe du Nord, les animaux sauvages et l'ivoire d'Afrique, les épices et les pierres précieuses de l'Inde ainsi que la soie de Chine. En échange, ils exportent des céramiques, des vins et des métaux. Ils doivent aussi verser d'importants paiements **en espèces**, car le trafic des objets de luxe coûte très cher.

AILLEURS

LES ROUTES DE LA SOIE

Pour les Romains, la soie est une matière de luxe mystérieuse : ils en ignorent les techniques de fabrication. Comment les plus fines soieries de Chine parviennent-elles aux aristocrates romains ? Par la route de la Soie. En fait, il faut plutôt parler des routes de la soie : l'une terrestre, qui est la route de la Soie proprement dite, et l'autre maritime.

Pour maintenir la paix, les Chinois offrent aux peuples nomades du centre de l'Asie des quantités considérables de soie. Ces soieries sont revendues de main en main par divers commerçants jusqu'en Syrie, sur la côte orientale de la Méditerranée. Près de dix mille kilomètres à travers monts et déserts ! Les taxes imposées par les différents royaumes traversés et les nombreux intermédiaires font augmenter le coût du tissu si recherché. Aussi, à partir du 1er siècle après Jésus-Christ, d'audacieux marchands décident d'affronter l'océan Indien, une route plus dangereuse mais plus avantageuse.

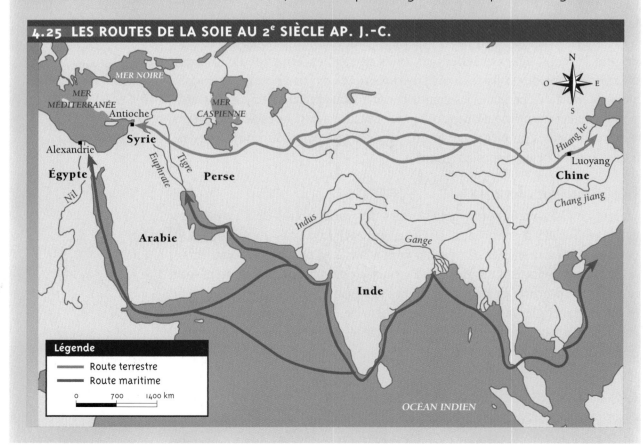

4.25 LES ROUTES DE LA SOIE AU 2e SIÈCLE AP. J.-C.

Légende
— Route terrestre
— Route maritime

0   700   1400 km

Tous les savoir-faire du monde

Les vastes domaines qui se sont constitués à la campagne fournissent une grande part de la production artisanale de l'Empire. Rappelle-toi comment les habitants des fermes s'efforcent de subvenir à tous leurs besoins alimentaires. De la même façon, ils fabriquent et réparent la plupart des objets utiles à la vie quotidienne et au travail agricole : les tissus pour se vêtir, les instruments aratoires, les contenants de terre cuite nécessaires au transport du vin et de l'huile, etc. Leurs surplus sont vendus au marché de la ville voisine. D'autres domaines possèdent même de véritables ateliers de céramique, ou encore, pour ceux situés à proximité des gisements de fer, des ateliers de métallurgie.

Les mines ainsi que les carrières de pierre de construction appartiennent à l'État. Elles prospèrent grâce au développement des villes et des infrastructures. En effet, la construction d'édifices publics, de routes et de fortifications exige d'importantes quantités de matériaux miniers. Le travail à la mine est très exigeant. Les mineurs sont rarement des hommes libres : on emploie des esclaves et des enfants, la petite taille de ces derniers leur permettant de se déplacer aisément dans les galeries souterraines.

5

TON SUJET D'ENQUÊTE

Explique en quoi les besoins de l'Empire favorisent les artisans romains.

Commence ton enquête

▶ Énumère des utilisations des produits des mines et des carrières romaines.

▶ Explique en quoi la croissance des villes romaines profite aux artisans.

▶ Établis une liste des produits de luxe que fabriquent les artisans romains.

▶ Décris la nouvelle technique du verre soufflé.

Poursuis ton enquête

Cherche une mosaïque de la Rome antique et raconte son histoire.

4.26
Mosaïstes au travail.

AUJOURD'HUI

Compare les méthodes de production de biens de consommation de l'époque romaine et celles d'aujourd'hui.

verrier   Artisan qui fabrique le verre ou des objets en verre.

aromatique   Qui dégage une odeur agréable et pénétrante.

La croissance urbaine profite aussi aux artisans des villes, mis à contribution tant sur les chantiers de construction que pour l'embellissement des grandes rues. Ainsi, les sculpteurs romains taillent dans le marbre les statues des dirigeants et ornent les immeubles à la manière des Grecs. Les peintres et les mosaïstes décorent les demeures des gens aisés et les édifices publics. Cependant, la plupart des artisans, notamment les potiers ou les **verriers**, travaillent dans de petits ateliers aménagés derrière leur boutique. Comme à la ferme, il arrive que le patron méprise les tâches manuelles : il confie plutôt le travail à des employés.

L'artisanat bénéficie également de l'imposant réseau de transport qui relie toutes les régions du territoire. Certains produits de métal ou de céramique trouvent de formidables débouchés. Dans les grands ports de la Méditerranée, les ateliers transforment ces matériaux exotiques que sont les plantes **aromatiques**, les pierres précieuses, l'ivoire, etc., pour en faire des produits de luxe comme des parfums, des bijoux ou des meubles raffinés qui sont vendus à travers tout l'Empire. De nouvelles techniques se répandent rapidement, et notamment l'art du verre soufflé, découvert au 1er siècle avant Jésus-Christ au Proche-Orient.

FAITS D'HIER   **SOUFFLER LE VERRE**

Ce procédé de verrerie consiste à souffler un morceau de pâte de verre en fusion au moyen d'une canne, une sorte de long tuyau de métal. Se forme alors une bulle de verre que l'on façonne. Une fois l'objet refroidi, il peut servir de contenant. Au 1er siècle ap. J.-C., les verriers soufflent le verre fondu dans des moules de terre cuite pour produire rapidement des pièces semblables.

4.27
Contenants en verre soufflé, Antiquité romaine.

❸ LE RÉGIME IMPÉRIAL

À la fin du 1ᵉʳ siècle avant Jésus-Christ, Rome connaît un changement de régime politique. Dorénavant, l'État se trouve sous l'autorité d'un empereur. Le régime impérial annonce une période de paix et de prospérité pour le monde romain. Par suite des conquêtes militaires, l'organisation sociale et politique de Rome s'implante à travers tout le territoire. De nouvelles institutions sont créées. Même l'univers religieux se transforme. Les peuples soumis se romanisent en adoptant la **culture** romaine. Tu constateras l'influence considérable de Rome dans tout l'Empire, mais tu verras aussi que les populations conquises ont un impact sur la civilisation romaine.

❻ TON SUJET D'ENQUÊTE

Illustre de façon graphique la structure hiérarchique romaine.

Commence ton enquête

▶ Caractérise les deux grandes catégories de citoyens romains.

▶ Énumère des droits civils et politiques des Romains.

▶ Explique des façons de s'affranchir de l'esclavage.

Poursuis ton enquête

Explique comment sont considérés les hommes lettrés dans la société chinoise des Han et dans la société indienne des Gupta.

Une société inégalitaire

La société romaine s'organise selon une hiérarchie très complexe. Selon le **droit** romain, il existe deux grandes catégories d'individus : les personnes libres et les esclaves. La plupart des hommes libres habitant Rome et l'Italie âgés de dix-huit ans et plus jouissent du titre de citoyen. Quant aux femmes, elles n'ont aucun droit politique.

CONSIGNE

> **Place à la créativité**

• Essaie plusieurs façons de faire.

• Mets de l'avant des idées nouvelles.

• Envisage de nouvelles formes d'expression.

4.28

Bas-relief montrant un couple romain, 2ᵉ siècle ap. J.-C. La famille romaine regroupe l'ensemble de la maisonnée, c'est-à-dire les parents, les enfants, les esclaves et autres employés. Contrairement aux Grecques, les Romaines sortent en toute liberté de chez elles, mais elles demeurent soumises à leur époux, à leur père ou à leur frère.

culture Ensemble des aspects intellectuels d'une civilisation, ce qui comprend les savoirs, les arts, les croyances, les valeurs et la langue.

droit Ensemble des règles qui, dans un État, régissent les rapports des hommes entre eux. Il y a le droit écrit, l'ensemble des règles constatées par des textes officiels, et le droit coutumier, dont les règles reposent sur les coutumes, c'est-à-dire des pratiques transmises de génération en génération.

4.29

Combat de gladiateurs.

● Raconte en quoi consiste la vie de gladiateur.

patricien Dans la Rome antique, membre de l'aristocratie formée par les plus anciennes familles de la cité, comme les *Julia* à laquelle appartient Jules César.

Ainsi, Rome accorde largement la citoyenneté. L'empereur donne le droit de cité aux hommes libres de certaines régions conquises afin de gagner la sympathie des populations vaincues. Au 2ᵉ siècle après Jésus-Christ, même des empereurs d'origine provinciale règnent sur le monde romain. Malgré cela, il existe encore des résidants libres des provinces romaines qui ne possèdent pas la citoyenneté : on les nomme des pérégrins. En 212 après Jésus-Christ, l'empereur Caracalla, lui-même d'origine africaine, accordera la citoyenneté romaine à tous les sujets libres de l'Empire.

Le citoyen romain jouit de droits civils, comme celui de se marier, d'acquérir une propriété ou de faire valoir ses droits en justice. Il bénéficie aussi d'exemptions d'impôts. Il se distingue généralement par trois noms : son prénom, son nom de famille et son surnom. Le surnom révèle un trait de la personne ou rappelle un épisode de sa vie. Par exemple, alors que *Rufus* signifie simplement « le roux », *Africanus* désigne « celui qui a vaincu l'Afrique » et *Bibulus*, « celui qui boit avec plaisir ». Le citoyen jouit aussi de droits politiques, du moins en principe. Dans les faits, seuls les citoyens les plus riches ainsi que les **patriciens** et les membres de l'aristocratie provinciale peuvent occuper une fonction dans l'administration impériale.

opinion

A-t-on raison de dénoncer l'esclavage sous toutes ses formes ?

Un individu naît esclave ou le devient parce qu'il n'a pas payé ses dettes, qu'il a été abandonné à sa naissance, qu'il a été capturé pendant un conflit ou arrêté pour piraterie. Les esclaves sont présents partout, que ce soit comme domestiques, gladiateurs, artisans, ouvriers agricoles, mineurs ou fonctionnaires. Ces derniers travaillent dans les bureaux de l'État et profitent d'un traitement plus agréable que ceux qui peinent, enchaînés dans les champs et les mines. Les historiens ignorent leur nombre exact dans la société romaine du 2ᵉ siècle après Jésus-Christ, mais ils estiment que les esclaves ont peut-être constitué jusqu'aux deux tiers de la population de la ville de Rome !

Les esclaves sont de simples choses que l'on peut vendre à bon prix, acheter, maltraiter ou même tuer. Malgré cela, un esclave a la possibilité de s'affranchir, c'est-à-dire qu'il est en mesure de recouvrer sa liberté. Comment ? L'esclave peut racheter sa liberté en versant ses économies à son maître. Il arrive aussi que, par amitié ou par reconnaissance, le maître affranchisse son esclave : soit qu'il libère l'esclave de son vivant, soit qu'il inclut une clause à cet effet dans son testament. L'esclave affranchi devient un citoyen, mais un citoyen aux droits réduits. En revanche, ses fils à naître seront citoyens à part entière.

FAITS D'HIER   **LA LANGUE DE ROME**

La langue latine, langue des Romains, se répand en Europe, en Afrique et en Asie au rythme des conquêtes. Militaires, commerçants et fonctionnaires romains ou provinciaux l'utilisent dans leurs échanges. Néanmoins, les langues locales ne disparaissent pas pour autant. Dans l'est de l'Empire, la langue grecque demeure la plus couramment parlée.

Sous l'Empire, les œuvres écrites en latin connaissent beaucoup de succès. Les libraires font de bonnes affaires en vendant des ouvrages d'auteurs latins et grecs dont les textes ont été copiés à la main. Rien d'étonnant à cela, car de nombreux citoyens savent lire et écrire. Souvent dispensé par un esclave instruit, l'enseignement primaire est peu coûteux. Les citoyens fortunés possèdent une bibliothèque personnelle. Celle-ci rassemble des livres variés : des discours de l'orateur Cicéron, des poèmes de Virgile, une encyclopédie de Pline l'Ancien, ou encore les *Histoires* ou les *Annales* de Tacite, ouvrages qui relatent l'histoire impériale du 1ᵉʳ siècle après Jésus-Christ.

4.30
Scène d'école, bas-relief, fin du 2ᵉ siècle ap. J.-C.

AILLEURS

LES INTELLECTUELS AU PREMIER RANG

caste En Inde, groupe social auquel on appartient par la naissance, et dont les membres ont généralement le même genre d'occupation.

épique Qui raconte en vers une action héroïque.

lettré Personne qui a de la culture, du savoir.

Les sociétés chinoise et indienne de l'Antiquité sont également très hiérarchisées. Dans l'empire des Han et dans celui des Gupta, ce sont les hommes qui se consacrent aux études qui jouissent d'un prestige considérable. En Inde, ces hommes s'occupent des cérémonies religieuses en plus d'étudier et d'enseigner. Ils forment la **caste** des prêtres, ou brahmanes. On trouve aussi dans la société indienne une caste de guerrier, la caste des « gens de village » (paysans, artisans, marchands) et celle des serviteurs, ces derniers étant au service des trois castes précédentes. Selon le poème **épique** du *Mahâbhârata*, écrit entre le 4e siècle avant et le 4e siècle après Jésus-Christ, le respect des obligations de chaque caste constitue pour les Indiens un véritable devoir religieux.

En Chine, la classe des **lettrés** est ouverte à tous les hommes qui réussissent les examens d'admission. Les lettrés doivent se consacrer à l'étude des textes anciens, à l'art de l'écriture et de la peinture ainsi qu'à la musique. Ces intellectuels occupent les différents postes de l'administration impériale. Les paysans, les artisans et les marchands sont autant de groupes sociaux qui, avec les lettrés, composent la société chinoise.

4.31

Maître Kong, le philosophe Confucius (v. −555 à v. −479), peinture du 17e siècle. Les disciples de Confucius ont recueilli ses propos dans un ouvrage intitulé *Entretiens*. Selon le maître, peut-on y lire, l'éducation permet de former des dirigeants et des conseillers compétents.

Sous le regard de l'empereur

De la fin du 6ᵉ siècle jusqu'au 1ᵉʳ siècle avant Jésus-Christ, Rome est une république, une sorte de démocratie. Le pouvoir s'y partage entre différentes institutions. Dans les assemblées, ou comices, les citoyens de la cité votent les lois et élisent les magistrats. Ces derniers, élus pour un temps limité, sont les véritables dirigeants de l'État. Ils commandent les armées, rendent la justice, administrent la ville de Rome, gouvernent les provinces, etc. Le Sénat, enfin, se compose d'anciens magistrats. Élus à vie, les sénateurs ont une autorité générale sur l'ensemble des affaires publiques : politique, finance, armée et religion. Leur influence est considérable.

7 TON SUJET D'ENQUÊTE

Explique comment l'empereur romain contrôle les institutions de son empire au 2ᵉ siècle après Jésus-Christ.

Commence ton enquête

▶ Note le changement politique qui se produit en 27 av. J.-C.

▶ Décris les changements qu'apporte le régime impérial.

▶ Établis une liste des institutions politiques et de leurs membres.

Poursuis ton enquête

Cherche une représentation d'empereur romain et raconte l'histoire de son règne.

Des empereurs romains

Au 1ᵉʳ siècle avant Jésus-Christ, plusieurs facteurs entraînent la chute de la République. Rome a conquis un territoire immense sans vraiment le doter d'une organisation efficace. Les peuples soumis ne se rallient pas toujours à l'autorité de la capitale. De plus, la République romaine connaît de sérieux troubles politiques : guerres civiles et conflits entre les généraux de l'armée. Plusieurs de ces généraux admirent les réalisations d'Alexandre le Grand,

---

FAITS D'HIER   DU DROIT POPULAIRE AU DROIT IMPÉRIAL

Au 5ᵉ siècle avant Jésus-Christ, les **plébéiens** de la République de Rome sont déterminés à faire du droit l'affaire de tous. Ces citoyens ont plusieurs motifs d'insatisfaction : le droit est uniquement oral, seuls les magistrats connaissent les lois, et ils rendent leurs jugements en faveur des patriciens. Ce mécontentement mène à la rédaction de la Loi des Douze Tables, qui comprend des lois civiles, criminelles et religieuses. Ce premier recueil de lois est à l'origine du droit romain écrit. Dès lors, il existe des textes de loi auxquels tous les citoyens ont accès. Cette loi s'applique de la même façon pour tous. Par la suite, le droit romain sera complété par les lois votées par les assemblées de citoyens, par les avis du Sénat et par les **édits** des préteurs, ces magistrats responsables de la justice.

plébéien Dans la Rome antique, tout citoyen qui n'appartient pas à l'une des plus anciennes familles de la cité.

édit Déclaration annonçant les moyens par lesquels un magistrat entend rendre justice, l'édit a force de loi.

Au fil du temps, les mesures adoptées par les préteurs vont former une grande part du droit romain. Au 2ᵉ siècle après Jésus-Christ, l'empereur Hadrien décide de rassembler tous les édits des préteurs et les fait publier sous le titre *Édit perpétuel*. À partir de ce moment, l'empereur seul peut modifier l'*Édit*. Les magistrats viennent de perdre une partie importante de leurs pouvoirs.

4.32 LES PRINCIPALES INSTITUTIONS POLITIQUES ROMAINES AU 2ᵉ SIÈCLE AP. J.-C.

Institution	Recrutement et composition	Fonctions
L'empereur ou *princeps* (« prince »)	• Héritier de l'empereur défunt par lien de parenté naturelle ou par adoption (dynastie).	• Exerce seul le pouvoir. • Chef de l'armée. • Grand pontife (chef religieux).
Le conseil impérial ou conseil du prince	• Formé d'amis fidèles de l'empereur : magistrats, juristes, militaires, etc.	• Conseille l'empereur et l'accompagne parfois dans ses déplacements.
Les bureaux impériaux ou palatins	• Sortes de ministères. • Dirigés par des affranchis de l'empereur ou des aristocrates choisis par l'empereur.	• Administrent les finances, les demandes adressées à l'empereur, les bibliothèques publiques, la poste, le recensement, etc.
La magistrature	• Magistrats élus par le Sénat, mais souvent recommandés par l'empereur.	• Administre les domaines de l'État ainsi que les différents services (police, incendie, approvisionnement, voirie, jeux, etc.) de la ville de Rome et des villes provinciales. • Rend la justice. • Dirige certaines provinces. • A la responsabilité des cérémonies religieuses.
Le Sénat	• Six cents sénateurs choisis par l'empereur. • Sénateurs d'origine romaine, italienne et provinciale. • Présidé par l'empereur.	• Élit les magistrats, souvent à la recommandation de l'empereur. • Administre certaines provinces. • Agit parfois comme cour de justice.

juriste Personne qui a une grande connaissance du droit.

et ils souhaitent un changement de régime. En l'an 27 avant Jésus-Christ, l'un d'eux parvient à s'emparer du pouvoir : Octave, petit-neveu de Jules César, devient le premier empereur romain. Le Sénat lui décerne le titre d'*Augustus*, ou Auguste. Ce surnom est un terme religieux qui signifie à la fois « digne de vénération » et « qui possède l'autorité divine ».

Ainsi, depuis l'an 27 avant Jésus-Christ, un empereur dirige le monde romain. Le régime impérial constitue une sorte de monarchie. Dans ce régime politique, l'*imperium*, ou pouvoir, se concentre dans les mains d'un seul individu. Cependant, l'empereur romain ne règne pas sur un simple royaume. En fait, il gouverne un vaste État unissant une diversité de peuples [← carte 4.8].

Sous le régime impérial, les institutions politiques de la République demeurent, mais, dans les

4.33

Auguste, le premier empereur romain, statue en marbre, Orange, France actuelle, Antiquité romaine.

faits, l'empereur leur retire une grande partie de leurs pouvoirs. Observe bien le tableau 4.32. L'empereur gouverne seul, mais il s'appuie sur une fonction publique compétente à travers tout l'Empire. À la tête de chaque province, il place un gouverneur qui l'administre avec l'aide de magistrats locaux. Le gouverneur a aussi le commandement des légions responsables du maintien de la paix. Sous ce nouveau régime, les citoyens ordinaires qui s'exprimaient dans les assemblées perdent leur droit de vote. Dans les provinces, ces assemblées se contentent d'approuver ou de blâmer le gouverneur en place. Il semble que la société romaine soit prête à accepter le gouvernement d'un seul homme si celui-ci maintient la paix et l'unité de l'Empire.

opinion

Quelle institution publique est la plus importante en démocratie ?

AILLEURS

EMPEREURS ET EMPIRES D'ASIE

Qui sont donc les souverains d'Inde et de Chine ? L'empereur Gupta porte le titre de « grand roi des rois ». Il exerce tous les pouvoirs, mais il doit respecter les lois religieuses sous l'œil attentif de ses ministres brahmanes. Quant à l'empereur de Chine, il est le « fils du Ciel », tout comme l'étaient les anciens rois chinois. Son gouvernement s'appuie sur une solide administration dirigée par des **mandarins**, formés à l'université impériale dès la fin du 2e siècle après Jésus-Christ.

Comme les Romains, les Gupta de l'Inde du Nord et les Han de Chine établissent une grande partie de leur empire à coup de conquêtes militaires. Ces empires s'agrandissent et se consolident aussi par d'autres voies. Ainsi, les empereurs Gupta concluent des mariages avec des princesses des États voisins. Ou encore, pour s'assurer la paix, ils laissent une grande autonomie aux régions situées près des frontières ; certaines demeurent des royaumes indépendants, mais versent un tribut à l'empereur. C'est aussi le cas en Chine où, de plus, l'empereur n'hésite pas à déplacer des populations chinoises vers les régions conquises afin d'imposer sa culture. Il tente aussi de gagner les barbares en leur offrant des présents pour leur faire apprécier le mode de vie chinois.

4.34
Dinar d'or, Inde actuelle, 4e siècle ap. J.-C. Sur l'**avers**, le roi Chandragupta 1er et la reine Kumardevi. Sur le **revers**, une déesse assise sur un lion.

● Nomme un personnage qui apparaît sur la monnaie canadienne.

4.35
Denier d'argent, Rome, Italie actuelle, 2e siècle ap. J.-C. Sur l'avers, l'empereur Trajan couronné de lauriers. Sur le revers, Dacie assise sur ses armes représentant la région de la Dacie vaincue par Trajan.

mandarin Haut fonctionnaire de l'Empire chinois.

avers Face de la monnaie.

revers Côté d'une monnaie qui est opposé à la face principale (avers).

La fin de l'Empire

variole Grave maladie infectieuse et contagieuse causée par un virus.

À partir du 3ᵉ siècle après Jésus-Christ, l'Empire romain connaît des difficultés grandissantes. Les guerres civiles ébranlent le pouvoir politique. Les empereurs se succèdent rapidement sans établir de dynastie durable. Des révoltes agitent les provinces, notamment la Gaule. De plus, des barbares attaquent l'Empire à la fois au nord et à l'est. Ils pénètrent dans le territoire romain, pillent les villes et détruisent les récoltes : un dur coup pour la prospérité économique de l'Empire ! Et comme si cela ne suffisait pas, une épidémie de **variole** frappe la population appauvrie. De nombreux efforts sont faits pour réorganiser l'Empire. En l'an 395 après Jésus-Christ, l'État romain est divisé en deux parties : l'Empire romain d'Occident, à l'ouest de la Grèce, et l'Empire romain d'Orient. Malgré ces mesures, l'empire d'Occident s'effondre sous la pression des peuples « barbares » germaniques. La ville de Rome est saccagée une première fois en l'an 410 après Jésus-Christ. Le dernier empereur romain d'Occident perd le pouvoir en l'an 476.

FAITS D'HIER

LE PEUPLE DE LA BIBLE

hébraïque Qui concerne les Hébreux.

synagogue Dans l'Antiquité, édifice qui sert de lieu de prière et de réunion à une communauté juive ainsi que de centre d'enseignement religieux.

Bien avant les chrétiens, les juifs adoraient déjà un dieu unique, Yahvé, un mot qui signifie « Dieu » dans la langue **hébraïque**. Les juifs sont les descendants des Hébreux, une tribu sémite venue de Mésopotamie au 2ᵉ millénaire avant Jésus-Christ. Sous l'Empire romain, les juifs vivent en Palestine ainsi que dans les ports de la Méditerranée.

Le livre sacré des juifs s'appelle la Bible. En fait, c'est un ensemble de livres qui correspond à l'Ancien Testament, la première partie de la Bible des chrétiens. Cet ouvrage comprend un récit de la création du monde, l'histoire des Hébreux entremêlée de légendes, des poèmes et des prières, ainsi que les commandements de leur dieu et des règles de vie.

4.36
Rouleau de la Torah, Espagne actuelle, 13ᵉ siècle. La Torah, ou « loi » en hébreu, contient les cinq premiers livres de la Bible. Elle raconte l'histoire du peuple hébreu et révèle aux croyants les lois religieuses et les règles de vie à observer.

● Raconte l'histoire de la découverte des *Manuscrits* de la mer Morte.

Les juifs se réunissent dans des **synagogues** pour étudier la Bible et prier. Ils vont aussi au temple de Jérusalem pour offrir des sacrifices, que des prêtres célèbrent. Mais ce temple sera détruit par l'armée romaine en 70 après Jésus-Christ, lors d'un violent soulèvement des juifs contre Rome.

Honorer les dieux et l'empereur

Les Romains vivent constamment sous le regard vigilant des dieux. Leurs pratiques religieuses s'accomplissent tant dans l'intimité du foyer que dans les lieux publics. Que ce soit un mariage ou une réunion du Sénat, tout est prétexte à un geste religieux. Le citoyen romain consulte les divinités avant d'agir, et celles-ci ont le devoir d'assurer sa réussite. À la maison, de nombreux esprits protecteurs veillent sur la famille. Certains, par exemple, protègent le garde-manger et d'autres, les parents. Chaque jour, le père réunit les membres de sa famille devant l'autel familial pour une prière ou une offrande.

Des dieux romains

La religion officielle honore des dieux et des déesses de plus en plus nombreux au fil des siècles. En effet, les Romains ont d'abord adopté les dieux du panthéon grec en leur donnant de nouveaux noms. Zeus est devenu Jupiter, chef de tous les dieux, et son épouse Héra est devenue Junon, déesse du mariage et protectrice des femmes. Au fil des conquêtes, les Romains adoptent certaines divinités célébrées dans les provinces, telle Isis, déesse d'Égypte. Pourquoi les Romains font-ils preuve de cette ouverture ? Pour plaire aux peuples conquis, bien sûr, mais aussi par crainte de déplaire à ces divinités qu'ils ne connaissent pas.

En plus d'honorer toutes ces divinités, les Romains divinisent aussi leurs dirigeants ! Ils considèrent que certains chefs militaires victorieux sont choisis des dieux, ou même que ce sont des dieux descendus sur terre. Jules César fut l'objet d'un tel enthousiasme. À partir du 1er siècle après Jésus-Christ, ce sont les empereurs défunts et parfois leur épouse et les membres de leur famille qui reçoivent les honneurs divins. On leur élève des temples à Rome et dans les provinces.

Les débuts du christianisme

La tolérance religieuse des Romains a ses limites. En effet, ils éprouvent peu de sympathie pour les adeptes d'une nouvelle religion **monothéiste**, le christianisme. Cette religion apparaît en Palestine, sur la côte orientale de la Méditerranée, au 1er siècle de notre ère. Elle se base sur les enseignements de Jésus, un **prédicateur** juif qui se proclame *Christos*, un mot grec qui signifie « celui qui est envoyé de Dieu ». Il parcourt la région en s'adressant aux foules dans un langage simple.

8

TON SUJET D'ENQUÊTE

Explique pour quelles raisons Rome autorise différentes religions dans son empire.

Commence ton enquête

▸ Décris la religion officielle des Romains.
▸ Énumère d'autres religions de l'Empire romain.
▸ Note ce qui différencie la religion officielle de Rome et le christianisme.

Poursuis ton enquête

Raconte l'histoire du gouverneur romain qui ordonna la crucifixion de Jésus.

CONSIGNE

▸ **Travail d'équipe**
- Évalue ta participation à la tâche commune.
- Mets tes ressources personnelles au service de l'équipe.
- Respecte les idées et les méthodes proposées.

---

monothéiste Qui croit en un seul dieu.

prédicateur Celui qui enseigne par la parole.

Passe à l'action

Colloque sur le thème des religions

Ton équipe doit présenter l'histoire d'une religion. Chaque membre de l'équipe en exposera différents aspects : histoire, rituels, croyances, costumes, etc.

crucifier Attacher un condamné sur la croix pour l'y faire mourir.

Son message s'adresse à tous. Il enseigne qu'il faut aimer Dieu et s'aimer les uns les autres. Il promet la vie éternelle à ceux et celles qui respecteront son enseignement. Jésus sera capturé par les autorités romaines et **crucifié** à Jérusalem. Des textes, appelés les Évangiles, seront écrits par la suite pour faire connaître sa vie et son enseignement.

Le christianisme inquiète les autorités romaines parce que les chrétiens refusent de vénérer les empereurs et qu'ils recrutent activement de nouveaux adeptes. En l'an 64 après Jésus-Christ, un incendie ravage la ville de Rome. Les Romains accusent l'empereur Néron. Celui-ci rejette sur les chrétiens les accusations qui pèsent contre lui. Néron déclenche une longue série de persécutions. L'historien romain Tacite rapporte ainsi le supplice des chrétiens :

> [Néron] fit souffrir les tortures les plus raffinées à une classe d'hommes détestés pour leurs abominations et que le vulgaire appelait chrétiens. [...] On fit de leurs supplices un divertissement : les uns, couverts de peaux de bêtes, périssaient dévorés par des chiens ; d'autres mouraient sur des croix, ou bien ils étaient enduits de matières inflammables, et, quand le jour cessait de luire, on les brûlait en place de flambeaux. (*Les Annales*, Livre 15, chapitre 44.)

Malgré ces traitements cruels, les adeptes du christianisme deviennent de plus en plus nombreux. Si bien que, au 4e siècle après Jésus-Christ, l'empereur Théodose condamne les cultes polythéistes et fait du christianisme la religion officielle de l'Empire.

4.37

Le Panthéon de Rome, Italie actuelle, 2e siècle ap. J.-C. La façade de ce monument dédié à l'ensemble des divinités romaines rappelle le temple grec, mais son immense coupole de plus de quarante mètres de diamètre, avec ses lignes courbes, est caractéristique du style romain.

AILLEURS

LES GRANDES RELIGIONS D'INDE ET DE CHINE

Alors que le christianisme pénètre dans l'Empire romain à partir de la province de Judée, de nouvelles religions se répandent en Asie depuis l'Inde et la Chine.

L'Inde est le berceau de l'hindouisme et du bouddhisme. L'hindouisme apparaît au 1er siècle ap. J.-C., mais ses racines sont très anciennes. Certains textes religieux datent d'aussi loin que le 2e millénaire av. J.-C. ! Les hindous croient à un dieu suprême, Brahman, ainsi qu'à tout un panthéon de divinités dont les plus importantes sont Vishnou et Shiva. Ils considèrent qu'après la mort l'âme humaine renaît dans un nouveau corps. En respectant les devoirs reliés à sa caste, un hindou peut renaître dans une caste supérieure. Au 4e siècle ap. J.-C., l'hindouisme est la religion officielle de l'empire des Gupta.

Les empereurs Gupta se montrent tolérants envers les autres religions comme le bouddhisme. C'est à Siddhârta Gautama que l'on doit la fondation de cette doctrine religieuse qui apparaît dans le nord de l'Inde dès le 5e siècle av. J.-C. Ce prince indien a renoncé à sa vie de richesses pour suivre les leçons des brahmanes. Sous le nom de Bouddha, qui signifie « l'Éveillé » ou « celui qui s'est éveillé à la Vérité », il a consacré sa vie à l'enseignement et à la **méditation**. Là où le Bouddha a enseigné, on construit parfois des temples et des monastères où des moines bouddhistes vivent en communauté selon des règles précises. Ainsi, le site de Nalanda, dans le nord de l'Inde, devient même le berceau d'une université bouddhiste au 5e siècle ap. J.-C., à l'époque des Gupta. De nombreux lettrés d'Asie viennent y étudier les sciences, la religion et la philosophie.

Selon le Bouddha, la vie humaine est remplie de souffrances, et le meilleur moyen pour éviter de souffrir consiste à maîtriser ses désirs. Les bouddhistes croient aussi à la renaissance de l'âme. Cependant, ils rejettent la hiérarchie sociale des castes. Ils n'adorent pas de dieux, mais vénèrent Bouddha et de nombreux sages bouddhistes. Le bouddhisme se répand à travers l'Inde, puis gagne la Chine par la route de la Soie dès la fin du 1er siècle ap. J.-C. Le bouddhisme connaît un très grand succès dans l'est du continent asiatique. En Chine, il se mélange à deux autres religions : le confucianisme et le taoïsme. Ces pratiques religieuses remontent toutes deux au 5e siècle av. J.-C.

Le confucianisme s'inspire des travaux du philosophe Confucius. Il se fonde sur la hiérarchie sociale et sur des valeurs morales comme la **piété filiale** et le culte des ancêtres. À l'époque des Han (–206 av. J.-C. à 220), le confucianisme se transforme en religion officielle. Les autorités font construire des temples et organisent des défilés à la mémoire du célèbre lettré.

Le taoïsme prend sa source dans des ouvrages anciens dont le plus connu est le *Daodejing*, le « Livre de la Voie et de la Vertu », du philosophe Laozi. Ce texte traite de l'importance de l'harmonie de l'être humain avec la nature. Le taoïsme vante les avantages d'une vie plus spontanée, libérée des exigences des règles morales et de la hiérarchie sociale. Ce n'est qu'à partir du 2e siècle ap. J.-C. qu'une religion taoïste s'organise, avec ses prêtres, ses monastères, ses pratiques, ses cérémonies et de nombreuses divinités. Le taoïsme jouit alors d'une grande popularité en Chine.

méditation Action de méditer, de se plonger dans une longue et profonde réflexion.

piété filiale Attachement fait de tendresse et de respect d'un fils envers son père.

FAIRE L'HISTOIRE

Faire revivre les monuments

Savais-tu qu'un architecte ou un ingénieur en informatique peuvent contribuer à une meilleure connaissance de notre passé ? Faire l'histoire, tu l'as déjà constaté, ce n'est pas seulement l'affaire des historiens et des historiennes. Les archéologues découvrent et fouillent des ruines d'édifices anciens. Ces bâtiments sont parfois dans un état tel qu'il est difficile de se représenter leur aspect lorsqu'ils étaient intacts. À quoi ressemblait donc un amphithéâtre romain du 2e siècle après Jésus-Christ ? Peut-on reconstituer l'apparence d'un château français du 12e siècle ?

HISTOIRE EN ACTION

Recherche des sites Internet de reconstitutions numérisées afin de créer une banque d'adresses Internet où l'on peut voir ces reconstitutions virtuelles de monuments historiques.

Oui, il est possible de faire revivre les monuments anciens ! Autrefois les architectes, en s'aidant des travaux des historiens et des archéologues, remettaient les vestiges dans leur état d'origine. Cependant, les nouvelles connaissances historiques ont démontré que ces reconstructions n'étaient pas toujours fidèles à l'original. Or, il est difficile et coûteux de modifier un édifice. Les chercheurs ont aussi fabriqué des maquettes. Encore là, corriger une maquette de bois et de papier est une tâche délicate. Aujourd'hui, les professionnels de l'histoire disposent d'un outil précieux: l'ordinateur. Des équipes d'architectes, d'historiens, d'archéologues, d'ingénieurs en informatique et de techniciens en multimédia s'associent pour créer des maquettes virtuelles.

Le grand avantage ? Le bâtiment ainsi modélisé, c'est-à-dire numérisé en trois dimensions, peut être corrigé à volonté par les chercheurs. Ils peuvent ainsi tester leurs hypothèses de reconstitution et tenir compte des dernières découvertes faites en histoire et en archéologie. Par un simple clic de souris, ils peuvent également étudier l'évolution dans le temps d'un édifice ou d'une ville. Ces modèles numériques de monuments sont conservés avec toutes les informations qui ont servi à les établir. Par la suite, il devient plus facile de modéliser des bâtiments semblables.

4.38

Les ruines du Colisée de Rome, Italie actuelle, 1er siècle ap. J.-C.

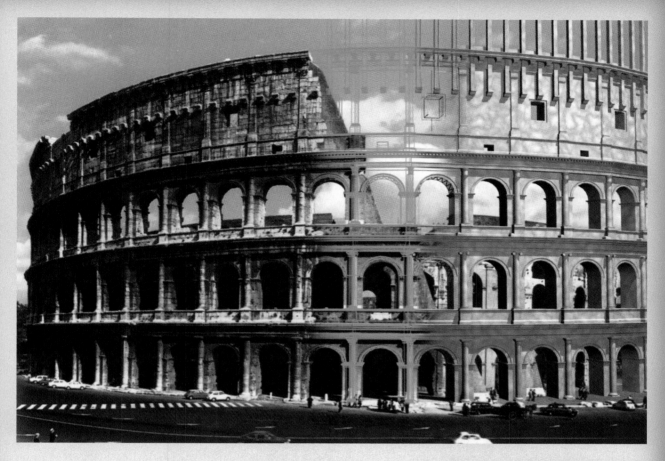

4.39
Reconstitution numérisée du Colisée. L'amphithéâtre du Colisée est l'un des monuments les plus imposants de Rome. Il fut inauguré en 80 après Jésus-Christ, sous le règne de l'empereur Titus. Sa construction dura douze ans. L'édifice mesurait plus de quarante-cinq mètres de haut et pouvait accueillir cinquante mille spectateurs.

La modélisation ne sert pas uniquement aux scientifiques. La reconstitution numérique permet à des étudiants comme toi de consulter et même de visiter une maquette. Elle t'amène à voir et à mieux comprendre l'architecture d'un monument ou d'un aménagement urbain ancien. Imagine que tu puisses te promener dans les rues de Rome, pénétrer dans les bâtiments et admirer leur décoration intérieure ! On trouve parfois des maquettes virtuelles et animées sur le site même des ruines, ou encore en ligne, dans le réseau Internet. Enfin, la modélisation des monuments donne lieu à des applications plus récréatives, comme les jeux historiques informatisés ou les décors de cinéma.

Comment réalise-t-on la numérisation 3D d'un monument historique ? On doit d'abord examiner différentes sources pour reconstituer l'ensemble et mieux comprendre les méthodes de construction de l'époque : les vestiges eux-mêmes, les documents officiels, les textes traitant de ce bâtiment précis, des ouvrages sur l'architecture de l'époque, les plans, les dessins, etc. Les spécialistes comparent aussi l'édifice à modéliser avec des édifices semblables. Ils consultent les études déjà réalisées par les historiens et les archéologues. Ensuite, les vestiges sont photographiés sous des angles variés. Ce n'est qu'à partir de toutes ces données que l'on peut espérer construire une maquette virtuelle fidèle au monument ancien. Il arrive cependant que l'informatique ne parvienne pas à modéliser certains détails architecturaux : il faudra alors faire appel à l'imagination pour dessiner les éléments manquants !

EN CONCLUSION

TON RÉSUMÉ

Rédige un court résumé de ce que tu viens de découvrir concernant la romanisation. Pour établir ton plan de rédaction, consulte la ligne du temps afin de noter les événements marquants, les cartes afin de repérer les éléments géographiques importants et la table des matières pour te rappeler les grandes thématiques de ce dossier.

MOTS ET CONCEPTS CLÉS

aqueduc	infrastructure
arc de triomphe	institution publique
autarcie	mandarin
« barbare »	monothéiste
citoyen	peuple
empire	romanisation
esclave	route (*via*)
État	vie urbaine

! Aide-mémoire

- **Empire:** État constitué d'un ensemble de territoires relevant d'une seule autorité.
- **État:** Gouvernement qui exerce son autorité sur l'ensemble de la population d'un territoire délimité, et qui offre divers services à cette même population par l'intermédiaire de son administration.
- **Romanisation:** Les pays conquis subissent l'influence romaine, la langue latine devient celle du commerce et de l'administration, l'architecture se transforme, les lois romaines sont appliquées et ces contrées relèvent dorénavant de l'autorité de Rome.

TON PORTFOLIO

- Décris ta participation à l'activité citoyenne *Vive les institutions publiques!* Comment s'est déroulé ton exposé oral? Note les points forts de ta présentation.
- Résume en quoi consiste la méthode historique de recherche.

TES TRAVAUX PRÉPARATOIRES

Le prochain dossier d'*Histoire en action* traite de la christianisation de l'Occident. Afin de bien t'y préparer, effectue les recherches suivantes:

▶ Détermine à quelle date débute et se termine le Moyen Âge.

▶ Note la définition des mots et concepts suivants: barbare, cathédrale, charte, croisade, chrétienté, donjon, évêque, féodalité, islam, médiéval, minaret, moine, monastère, mosquée, Occident, patriarche, Terre sainte.

▶ Repère sur une carte les villes suivantes: Constantinople, Cordoue, Grenade, Jérusalem, La Mecque, Paris, Rome et Saint-Jacques-de Compostelle.

▶ Recherche la représentation d'un lieu saint du christianisme à l'époque médiévale et raconte son histoire.

LA CHRISTIANISATION DE L'OCCIDENT

TABLE DES MATIÈRES

L'Occident, un monde chrétien — p. 158

1. L'Occident éclaté et chrétien — p. 162
   Des « barbares » sur les ruines d'un grand empire — p. 162
   Édifier des châteaux par nécessité — p. 168

2. Travailler pour son seigneur et pour l'Église — p. 174
   Vivre de la terre — p. 175
   Façonner la pierre, le verre et le fer — p. 180

3. Une société féodale dominée par l'Église — p. 185
   Sous la protection d'un seigneur — p. 185
   L'Église triomphante — p. 190

Lire le plan ou la coupe d'un monument — p. 200

En conclusion — p. 202

PROJET

Imaginez qu'un riche seigneur vous commande les plans de son château et de divers équipements (four, moulin, etc.). De nombreux paysans en profitent pour venir s'installer au pied des remparts. Cherche avec tes camarades des modèles de village médiéval existants ou inventés afin de vous en inspirer. Une fois toutes les informations nécessaires recueillies, établissez un plan à l'échelle de votre village sur un support approprié. Répartissez-vous ensuite les tâches pour construire une grande maquette d'un village du Moyen Âge.

L'OCCIDENT, UN MONDE CHRÉTIEN

L'an 476 marque l'écroulement de la partie occidentale de l'Empire romain. Sous la pression des invasions germaniques, cet immense territoire se divise en plusieurs petits royaumes. En fait, seule l'Église résiste à la vague des envahisseurs. Puissante et riche, elle réussit à maintenir son organisation. D'ailleurs, les chefs «barbares» ne tardent pas à adopter la religion chrétienne. Le 5ᵉ siècle annonce ainsi le début d'une nouvelle époque pour l'Occident, qui durera près de mille ans.

Les hommes du 16ᵉ siècle traiteront cette époque avec mépris. En effet, il s'agit pour eux d'un âge obscur, chargé de violence et d'ignorance. Cet âge, ils le qualifieront de «moyen»: ils n'y voient rien de plus qu'une période comprise entre l'Antiquité et leur propre temps. Or, tu découvriras dans les pages suivantes une civilisation fascinante, née de la rencontre de l'ancien monde romain et des peuples germaniques. Les populations de cette Europe naissante mettent en place, au fil des siècles, une organisation sociale et politique originale. Malgré les problèmes causés par les guerres, le nombre d'habitants augmente et la vie économique reprend. Peu à peu, l'Église accroît son influence jusqu'à l'exercer dans tous les domaines de la vie: elle se préoccupe de l'encadrement au quotidien des individus et des populations aussi bien que de l'élargissement des frontières de l'Occident chrétien.

Rencontre les fiers Vikings, visite les châteaux et les cathédrales, ou encore combats aux côtés d'un brave chevalier! Fais aussi la connaissance d'un monde voisin de l'Occident, dominé par une nouvelle religion, l'islam.

5.1

Le Moyen Âge.

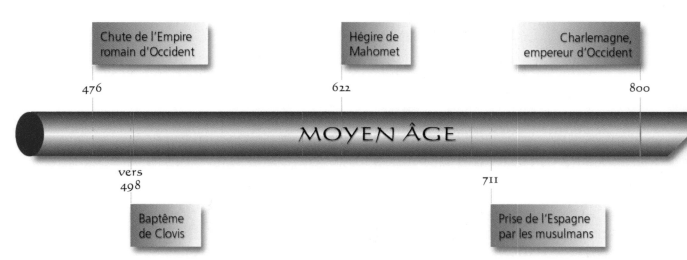

Chute de l'Empire romain d'Occident	Hégire de Mahomet	Charlemagne, empereur d'Occident
476	622	800

MOYEN ÂGE

vers 498

711

Baptême de Clovis

Prise de l'Espagne par les musulmans

REMUE-MÉNINGES

Le christianisme a joué un rôle déterminant dans l'histoire de ta société. Cette influence est encore aujourd'hui présente dans ta vie.

- Établis une liste des événements religieux qui influencent encore ta vie.

Apparue à l'époque de la Rome antique, la religion chrétienne prend de l'expansion en Occident durant tout le Moyen Âge. Ce rayonnement chrétien s'exprime sous de nombreuses formes.

- Énumère des exemples de la présence de l'Église au Moyen Âge.

5.2

Le mariage, une institution chrétienne encore présente.

5.3

Cathédrale de Reims, France actuelle, 13e siècle. La cathédrale est un imposant lieu de culte, où siège l'évêque, un prêtre responsable de la communauté chrétienne locale. Cet immense édifice symbolise la puissance de la religion chrétienne, mais aussi la richesse de la ville où il s'élève.

Les Vikings en Amérique | Début de l'art roman — 1000

Première croisade — 1095

MOYEN ÂGE

909 — Fondation de l'abbaye de Cluny

1054 — Schisme d'Orient

vers 1140 — Début de l'art gothique

5.4   LE MONDE VERS 1100 : LES GRANDES RELIGIONS

● Explique ce que tu connais de ces religions.

OCÉAN
PACIFIQUE

AMÉRIQUE
DU NORD

Mississippi

*Golfe du
Mexique*

OCÉAN
ATLANTIQUE

Amazone

AMÉRIQUE
DU SUD

0   750   1500 km

OCÉAN ARCTIQUE

Catholicisme
• Europe occidentale

Orthodoxie
• Empire byzantin
• Est de l'Europe

ASIE

Bouddhisme
• Chine, Japon
• Sud-est asiatique

EUROPE

Danube

Saint-Jacques-
de-Compostelle

Rome

Constantinople

Mer Méditerranée

Tigre

Euphrate

Indus

Huang he

Chang jiang

Jérusalem

Nil

La Mecque

AFRIQUE

OCÉAN
INDIEN

Hindouisme
• Inde

Islam
• Moyen-Orient
• Sud du bassin
  méditerranéen

OCÉANIE

Judaïsme
Foyers disséminés en Palestine et
dans les quartiers juifs des villes
d'Europe et d'Afrique du Nord

1 L'OCCIDENT ÉCLATÉ ET CHRÉTIEN

1 TON SUJET D'ENQUÊTE

Explique l'impact des invasions germaniques sur l'Empire romain.

Commence ton enquête

▶ Note la date de la chute de l'Empire romain d'Occident.

▶ Décris les « barbares » qui envahissent l'Empire romain d'Occident.

▶ Dresse une carte des invasions germaniques.

▶ Explique qui étaient les Normands.

Poursuis ton enquête

Raconte l'histoire d'un de ces peuples « barbares ».

Empire byzantin Nom donné à l'Empire romain d'Orient après la chute de l'Empire d'Occident. L'Empire byzantin, dont la capitale est Constantinople, anciennement Byzance, se maintiendra jusqu'au 15ᵉ siècle.

musulman De l'arabe *muslem* « croyant ». Qui est propre à l'islam, une religion monothéiste née en Arabie.

5.5
Guerrier germanique.

Au 5ᵉ siècle, après la chute de l'Empire romain d'Occident, les peuples germaniques fondent de nombreux royaumes sur son territoire. Dans ce monde divisé, désorganisé, la religion chrétienne devient peu à peu le point commun de ces peuples aux coutumes et aux langues parfois fort différentes. À partir du 9ᵉ siècle, de nouvelles invasions forcent les dirigeants à prendre des mesures pour protéger les populations. Place aux châteaux forts !

Des « barbares » sur les ruines d'un grand empire

L'histoire a fait une bien mauvaise réputation aux barbares germaniques. Leur nom même, et aussi celui de populations comme les Vandales et les Ostrogoths, demeurent des termes péjoratifs dans la langue française d'aujourd'hui. Pourtant, les « barbares » n'agissent pas différemment des Romains avant eux : ils envahissent et pillent pour mettre la main sur les territoires et les richesses de l'Occident. En somme, ce sont des guerriers, des gens qui exercent des fonctions militaires. Ils se déplacent avec leurs familles à la recherche de sites propices pour s'établir, puis ils s'organisent en royaumes. Les Germains du 5ᵉ siècle ne connaissent peut-être pas les techniques de construction des ingénieurs romains, mais ils savent forger des armes dans un fer d'une qualité remarquable.

Ainsi, l'unité du territoire de l'Empire romain se désagrège. L'Occident devient alors une mosaïque de royaumes germaniques qui, au fil des générations, se trouvent divisés, partagés entre les héritiers des rois défunts. Ces petits royaumes se combattent les uns les autres ; ils subissent également les agressions des puissances voisines : celles de l'**Empire byzantin** d'abord, et celles du monde **musulman** à partir du 8ᵉ siècle. Quelques souverains, notamment Charlemagne, tenteront de réunifier le territoire de l'Empire romain d'Occident, mais leurs succès seront de courte durée.

L'OCCIDENT ENVAHI

Souviens-toi qu'en l'an 395 l'empereur Théodose divise en deux l'Empire romain, devenu trop vaste et trop difficile à gouverner. À cette époque, des peuples « barbares » ont déjà forcé les frontières et attaqué des villes romaines. Pour acheter la paix, les empereurs avaient alors accepté d'accueillir certains de ces peuples, mais à condition qu'ils reconnaissent l'autorité impériale. Des populations germaniques se sont donc installées en sol romain, devenant légionnaires et même fonctionnaires. Malgré ces mesures, l'Empire romain d'Occident, agité par les guerres civiles, demeure très fragile. Et les « barbares » vont en profiter…

À la fin du 4e siècle, les peuples germaniques du nord-est de l'Europe fuient devant les Huns, venus du centre de l'Asie. Les Germains se répandent par vagues à travers le territoire romain. En l'espace d'un siècle, les « barbares » dominent le monde occidental. L'Empire romain d'Orient, pour sa part, résiste.

CONSIGNE

Analyse de cartes
- Observe attentivement la légende.
- Évalue son échelle.
- Repère l'orientation.

5.6   LES INVASIONS GERMANIQUES

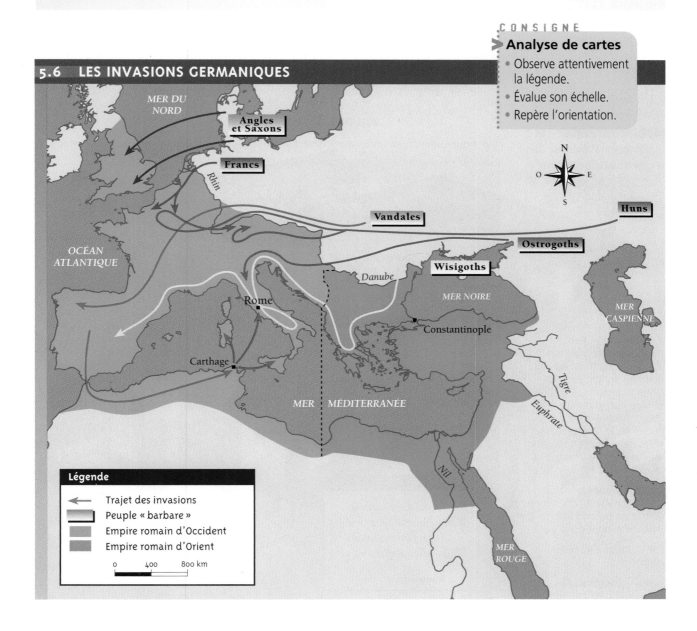

Légende
→ Trajet des invasions
Peuple « barbare »
Empire romain d'Occident
Empire romain d'Orient

0   400   800 km

2 TON SUJET D'ENQUÊTE

Raconte comment vivent les peuples germaniques installés en Occident.

Commence ton enquête

▶ Note quel héritage de l'Empire romain favorise la christianisation des « barbares ».

▶ Indique les royaumes qui forment l'Occident chrétien au 2ᵉ siècle.

▶ Explique qui étaient Charlemagne et Clovis.

▶ Énumère des raisons de la forte baisse de population vers l'an 650 de notre ère.

Poursuis ton enquête

Cherche des traces d'établissements vikings en Amérique du Nord et situe-les sur une carte.

CONSIGNE

▶ Traitement des informations

• Établis un cadre d'organisation des informations.

• Classe, critique et compare les données recueillies.

• Retiens les informations pertinentes en fonction du sujet.

Église (du grec *ecclesia* « assemblée ») Avec la majuscule, ensemble de la chrétienté, de tous ceux et celles qui croient en Jésus-Christ, ou encore l'institution formée par l'ensemble du clergé. Avec la minuscule, édifice où se réunissent les chrétiens pour prier ou assister à des cérémonies religieuses.

évêque Prêtre qui dirige une communauté chrétienne établie sur un territoire déterminé, appelé diocèse.

foi Croyance en une religion.

païen Adepte d'une religion polythéiste.

Les Germains se convertissent

Malgré ce morcellement de l'Occident, une institution demeure présente à travers tout le territoire : l'**Église**. Rappelle-toi qu'à la fin du 4ᵉ siècle le christianisme était devenu la religion officielle du monde romain. Au moment de la chute de l'Empire romain d'Occident, on trouve un **évêque** assisté de plusieurs prêtres dans la plupart des cités romaines. Cette forte présence de l'Église amène les chefs « barbares » à se convertir au christianisme. De plus, des religieux, appelés missionnaires, parcourent le territoire afin de répandre la **foi** chrétienne chez les populations **païennes**. La culture romaine persiste aussi à travers la langue latine. Dans sa forme plus classique, le latin devient la langue de l'Église et des études. Dans sa forme plus populaire, il est parlé chaque jour. Ce latin, dit vulgaire, va donner naissance aux langues romanes, notamment au français, à l'italien et à l'espagnol.

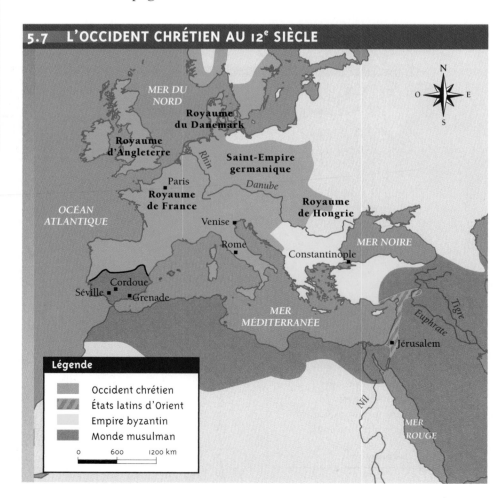

5.7 L'OCCIDENT CHRÉTIEN AU 12ᵉ SIÈCLE

MER DU NORD

Royaume du Danemark

Royaume d'Angleterre

Saint-Empire germanique

Rhin

Paris

Royaume de France

Danube

Royaume de Hongrie

OCÉAN ATLANTIQUE

Venise

Rome

MER NOIRE

Constantinople

Cordoue

Séville

Grenade

MER MÉDITERRANÉE

Euphrate

Tigre

Jérusalem

Nil

MER ROUGE

Légende
- Occident chrétien
- États latins d'Orient
- Empire byzantin
- Monde musulman

0   600   1200 km

CITOYEN, CITOYENNE

Une invasion de traits culturels

Comme tu viens de le voir dans ce dossier, la chute de l'Empire romain d'Occident entraîne le partage de son territoire entre les peuples qui y sont installés et les Germains venus du nord-est. Le morcellement du territoire et l'implantation de ces nouvelles communautés multiplient les traits culturels dans cette région du monde. En effet, chaque groupe amène avec lui sa langue, ses tenues vestimentaires et ses habitudes alimentaires. Les peuples bretons, saxons, slaves et francs contribuent donc tous à créer une mosaïque de traits culturels riches et variés. La diversité culturelle que nous connaissons aujourd'hui dans le monde occidental tire en partie son origine des traits identitaires de ces diverses communautés qui s'installèrent dans l'ancien Empire romain d'Occident au Moyen Âge.

Vers 498, Clovis, le roi des Francs, est le premier chef « barbare » à se convertir ; les habitants de son royaume se convertissent à sa suite. Au milieu du 7e siècle, tous les souverains germaniques établis en Occident se tournent vers le christianisme : chrétiens, ils cessent alors d'être des « barbares ». Au 10e siècle, les missionnaires franchissent même les limites de l'ancien Empire romain pour convertir des peuples du nord et de l'est de l'Europe, notamment les Danois et les Polonais. Ainsi, le territoire de l'Occident s'agrandit au rythme de la progression du christianisme : Occident devient synonyme de chrétienté.

Des temps difficiles

Jusqu'au 10e siècle, les temps sont durs pour les populations d'Occident. Les invasions du début du Moyen Âge, avec leur lot d'affrontements, de pillages, de destructions de récoltes, ont des conséquences désastreuses. Beaucoup de gens trouvent la mort, des régions entières souffrent de la famine et plusieurs anciens citoyens romains s'exilent en Orient. Le dépeuplement s'accentue encore au 6e siècle quand une **peste** très meurtrière frappe l'ouest de l'Europe.

peste Grave maladie infectieuse, transmise du rat à l'être humain par les piqûres de puces, qui touche en même temps un grand nombre d'individus par contagion.

runique Relatif aux runes, caractères de l'ancien alphabet des langues germaniques.

5.8
Croix de Ruthwell avec inscriptions latines et **runiques**, Écosse actuelle, 8e siècle.

5.9 LA POPULATION D'OCCIDENT

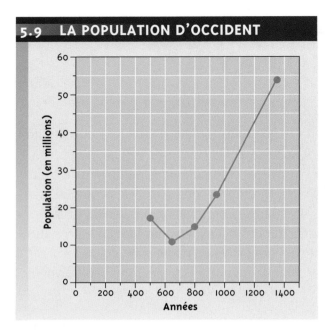

Comme si cela ne suffisait pas, l'Occident connaît une nouvelle vague d'invasions au 9e siècle! À l'est, les cavaliers hongrois ravagent les villes et les **monastères** de Germanie. Vers l'an 1000, ils finissent par s'installer dans une région qui portera leur nom, la Hongrie. Au nord et à l'ouest, les Vikings terrorisent les populations des côtes et de l'intérieur en remontant les fleuves dans leurs bateaux à fond plat. Au sud, les pirates musulmans, les Sarrasins, contrôlent la Méditerranée, empêchant ainsi le commerce avec l'Orient. Débarqués pour piller, ils s'établissent parfois sur les rives françaises et italiennes.

monastère Établissement où des religieux chrétiens vivent isolés du monde; abbaye.

FAITS D'HIER

CHARLEMAGNE, EMPEREUR D'OCCIDENT

carolingien Relatif à la dynastie franque qui tire son nom de Charlemagne, et qui règne en Occident du 8e au 10e siècle.

En 768, Charles (742-814) succède à son père, Pépin le Bref, roi des Francs. Ce colosse de près de deux mètres porte bien son surnom, le Grand, *Magnus* en latin. Le nom de Charlemagne, employé pour désigner le roi Charles, provient du latin *Carolus Magnus*. Remarquable chef militaire et politique, Charlemagne veut étendre son royaume et répandre la religion chrétienne. Il se lance avec succès dans une série de conquêtes, soumettant les royaumes voisins afin d'unifier l'Occident chrétien. Le pape, chef de l'Église, lui apporte son soutien, et le couronne empereur d'Occident en souvenir de l'ancien Empire romain. Lui-même peu instruit, Charlemagne s'entoure alors des plus grands savants de son époque. Pour imposer une culture commune à tous les peuples de l'Empire, il encourage la création d'écoles religieuses et favorise le développement des savoirs dans les monastères.

Cependant, l'Empire **carolingien** est vulnérable. D'une part, il n'a pas d'administration solide sur laquelle s'appuyer, ni d'armée de métier qui lui permettrait de contrôler les populations soumises. D'autre part, les héritiers de Charlemagne ne tardent pas à se partager le territoire de cet empire. En 843, l'Occident est à nouveau divisé en royaumes rivaux.

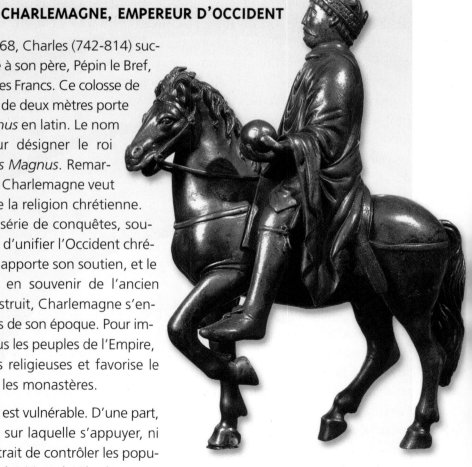

5.10
Statue de bronze de Charlemagne, 9e siècle.

LES HOMMES DU NORD

Les Normands, aussi connus sous le nom de Vikings, se lancent à l'assaut de l'Occident chrétien au 9e siècle. Ce peuple de navigateurs commerçants est originaire de **Scandinavie**, au nord de l'Europe. Leurs redoutables drakkars, ces longs bateaux plats dotés d'une voile et de rames, leur permettent autant de naviguer sur les mers que de remonter les fleuves pour pénétrer très loin à l'intérieur des terres. Les Vikings peuvent ainsi effectuer des pillages-surprises dans des villes, des monastères ou des églises, puis se retirer rapidement pour aller vendre ailleurs les marchandises volées. Comme un seul drakkar peut contenir une centaine de guerriers, l'effet de terreur est garanti !

Scandinavie Région de l'Europe du Nord comprenant la Norvège, la Suède et le Danemark actuels.

À la recherche de nouvelles terres, certains Vikings s'installent à l'est, dans une vaste région qui deviendra la Russie. D'autres quittent pour l'ouest. Ils s'établissent en Angleterre, en Irlande et même dans le nord de la France. Ils partent aussi coloniser l'Islande et le Groenland, d'où ils mènent des expéditions jusqu'en Amérique !

5.11
Un drakkar viking, 9e siècle.

Il faut attendre l'an 1000 pour que la population occidentale devienne plus nombreuse qu'à l'époque romaine ! En effet, la fin des invasions, les progrès réalisés en matière d'agriculture et le défrichement de nouvelles terres favorisent la production agricole. Les grandes famines sont chose du passé et les conditions de vie des paysans s'améliorent. Ainsi, de l'an 1000 à l'an 1300, la population de certains royaumes d'Occident double et parfois même triple ! En France, le nombre d'habitants passe de neuf à vingt millions. Les campagnes européennes se repeuplent et des villes aux dimensions modestes apparaissent. Celles-ci ne comptent guère plus de dix mille habitants. Paris, de loin la ville la plus populeuse d'Occident, ne compte que deux cent mille habitants au début du 14e siècle ! Le graphique 5.9 te donne un aperçu de la reprise démographique en Occident.

Édifier des châteaux par nécessité

En cette période troublée par les guerres et les invasions étrangères, les rois et les grands seigneurs d'Occident se révèlent incapables de défendre les populations établies sur leurs vastes terres. Dans les faits, seuls les petits seigneurs locaux parviennent à garantir un minimum de sécurité. À partir du 10e siècle, ces derniers construisent des châteaux fortifiés où les paysans des environs peuvent venir se réfugier en cas de conflit. Les monastères et les villes élèvent aussi des remparts pour assurer la protection des populations.

3
TON SUJET D'ENQUÊTE

Décris des moyens de défense au Moyen Âge.

Commence ton enquête

▸ Énumère des endroits propices pour construire un ouvrage de défense.

▸ Décris ce qu'est un château à motte.

▸ Énumère et définis quelques éléments du système défensif d'un château.

▸ Décris en quoi les châteaux des dirigeants musulmans sont différents.

▸ Décris l'aménagement du village médiéval.

Poursuis ton enquête

Cherche une autre illustration d'un château médiéval et raconte son histoire.

Les premiers châteaux

Quels sont les emplacements les plus stratégiques pour bâtir un ouvrage défensif? Une colline, un **éperon** rocheux, la rive d'un cours d'eau ou les bords de mer. Lorsqu'il n'y a pas de terrain surélevé, les premiers bâtisseurs de forteresses dressent eux-mêmes un remblai artificiel. Ils creusent un large fossé en forme de cercle et entassent la terre au centre pour former une butte d'environ dix mètres de haut, appelée motte.

Le château à motte n'a rien d'un château de conte de fées! Il s'agit parfois d'une simple tour de guet en bois entourée d'une palissade de pieux, et à laquelle on accède par un **pont-levis**. Ce type de fortification peut abriter un donjon, une solide tour carrée en bois. Ce poste de guet est aussi le logis du seigneur. Au pied de cette butte fortifiée se trouve la basse-cour, un espace également encerclé d'un fossé et d'une palissade. C'est le refuge des paysans en cas d'attaque. La basse-cour regroupe le logement des serviteurs, les écuries, les entrepôts, un four à pain, un puits, et parfois une forge, un moulin à farine et une chapelle. Le grand avantage du château à motte? Il peut être complété en quelques semaines et sa construction ne requiert aucune main-d'œuvre qualifiée.

Dès le 11e siècle, les premiers donjons de pierre apparaissent. Plus solides que ceux en bois, ces nouveaux édifices résistent bien aux incendies. Leur construction est cependant coûteuse. Elle requiert en effet les services d'ouvriers spécialisés. De plus, faire élever ce type de château fort suppose que l'on a accès à des carrières de pierre. Grâce à ses connaissances en matière militaire, le **châtelain** dirige parfois lui-même le chantier de construction. Il emploie une importante main-d'œuvre : un architecte, des tailleurs de pierre, des maçons, des charpentiers, et des manœuvres recrutés parmi les paysans des environs. La construction de tels châteaux peut prendre plusieurs années.

éperon   Partie en pointe qui dépasse d'une montagne ou d'une colline.

pont-levis   Pont mobile qui se lève ou s'abaisse à volonté au-dessus du fossé d'un bâtiment fortifié.

châtelain   Seigneur d'un château.

Creusement d'un fossé autour d'une motte, tapisserie, Bayeux, France actuelle, 11ᵉ siècle.

Le château fort

Tu peux constater que le château fort porte bien son nom [→ illustration 5.13] ! L'entrée principale est presque imprenable. La **barbacane** et le pont-levis en défendent les abords. De solides **herses** empêchent d'accéder à la porte de bois, elle-même recouverte de fer ou de cuir et fermée de l'intérieur par de lourdes barres. Les fortifications impressionnent l'ennemi, qui doit d'abord franchir les profondes **douves** pour s'approcher des murailles de l'enceinte, parfois hautes de plus de dix mètres. L'enceinte est hérissée de **créneaux**. On y aménage un chemin de ronde, pour permettre aux défenseurs de faire le guet. En cas d'alerte, les charpentiers installent des hourds tout en haut des tours et des murailles. Ces galeries en bois comportent des ouvertures dans leur plancher, par lesquelles on jette sur les adversaires toutes sortes de projectiles redoutables : des pierres, de l'eau bouillante et de la **poix** brûlante. Au 14ᵉ siècle, les hourds sont remplacés par des constructions permanentes en pierre, appelées mâchicoulis.

Construction militaire, le château sert aussi de logis. Au fil des siècles, il devient une habitation plus ou moins somptueuse selon l'importance de son propriétaire. Le donjon s'agrandit. À quoi ressemble-t-il ?

barbacane Construction qui protège une entrée, et qui ressemble parfois à un véritable petit château.

herse Lourde grille coulissante de bois ou de fer qui s'abaisse à l'entrée d'un château pour en défendre l'accès.

douve Large fossé creusé autour d'un château, rempli d'eau ou non.

créneau Ouverture pratiquée à intervalles réguliers en haut d'un rempart ou d'une tour pour tirer sans être à découvert.

poix Matière visqueuse à base de résine de bois.

5.13

Reconstitution d'un
château fort.

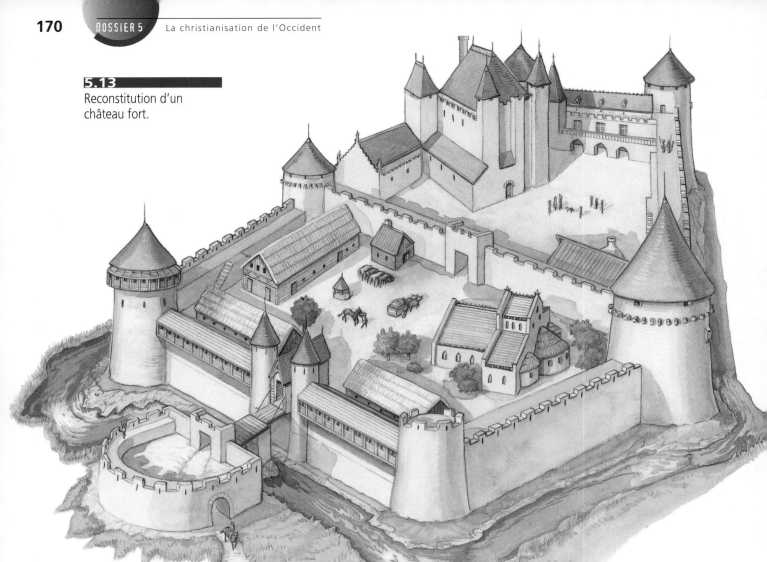

Se défendre contre
une attaque de missiles
nucléaires, est-ce
réaliste selon toi ?

Son rez-de-chaussée sert d'entrepôt : on y entasse toutes les pro-visions nécessaires pour soutenir un siège. Cependant, la cuisine se situe dans un autre bâtiment afin de limiter les risques d'incendie. La « grande salle », équipée d'une cheminée, occupe le premier étage. C'est dans cette pièce que la vie du château bat son plein : on s'y réunit, on y mange, on y joue, on y reçoit, on y soigne les blessés. Ses murs sont couverts de grandes tapisseries aux couleurs vives. Très décoratives, ces dernières servent aussi d'isolant par temps froid. De la paille ou de l'herbe fraîche tient lieu de tapis. Au niveau supérieur se trouvent la chapelle et l'ap-partement du seigneur. Avant le 13e siècle, pas de chambre privée : toute la famille dort dans la même pièce, sans oublier les invités ! Seuls les plus riches possèdent un véritable lit, dont les rideaux offrent une protection contre les rigueurs du climat. Le reste de la maisonnée se contente d'un ma-telas de paille jeté sur le sol. Quant aux derniers étages du donjon, ils sont consacrés à la surveillance et à la défense du château.

Jusqu'au 14ᵉ siècle, on construira des centaines, des milliers de châteaux forts aux aspects variés. Pour te donner une petite idée, en France seulement, leur nombre s'élève à plus de dix mille au Moyen Âge. Près de la moitié ont subsisté jusqu'à aujourd'hui, mais souvent à l'état de ruines. Système de défense et résidence de prestige, le château constitue aussi le centre économique de la région : les paysans s'y rassemblent pour payer leurs taxes au seigneur ou pour y vendre leurs produits.

Passe à l'action

Construire un château fort

Un seigneur vous commande les plans d'un château fort. Plusieurs équipes doivent produire des croquis et des plans des différentes sections du château (donjon, douves, hourd, enceinte, meurtrières, herse, pont-levis, créneaux, barbacane) et en faire une présentation.

CONSIGNE

> **Communication des résultats**
> - Dresse un plan de présentation.
> - Détermine un support adéquat.
> - Utilise un vocabulaire approprié.

5.14
Château de Caerphilly, Grande-Bretagne actuelle, 13ᵉ siècle.

AILLEURS

DES FORTERESSES RAFFINÉES

À partir de 711 et pendant près de huit siècles, les musulmans d'Arabie et d'Afrique du Nord maintiennent une présence en Espagne, à l'extrémité sud-ouest de l'Occident. Au cours de cette période, Cordoue, Séville et Grenade comptent parmi les principaux centres urbains. Les villes musulmanes constituent alors d'importants foyers politiques et administratifs. Les souverains y font construire des palais fortifiés à l'architecture et au décor raffinés. Ces palais s'ordonnent autour de cours dont les jardins sort ornés de fontaines. En comparaison, les donjons froids et humides dont se contentent les plus riches seigneurs chrétiens paraissent bien tristes.

mauresque Qui a trait à l'art des Maures, nom que le monde chrétien donne aux musulmans d'Espagne.

L'Alcazar de Séville et l'Alhambra de Grenade, édifiés entre le 11e et le 14e siècle, constituent deux palais d'architecture **mauresque**. On peut les admirer encore aujourd'hui. Cependant, la forteresse de Séville a subi des modifications considérables depuis ; aussi présente-t-elle bien peu de vestiges de style mauresque.

5.15

Cour des lions d'Alhambra de Grenade, Espagne actuelle, 14e siècle.

- Compare le palais arabe et le château occidental du Moyen Âge.

Le village médiéval

Afin de jouir de la plus grande protection possible, les villageois s'installent au pied des fortifications. Le village **médiéval** est établi au cœur des terres cultivées, à proximité de la forêt et de la **lande**. Ses habitations se dressent autour d'une église et de son cimetière. Les villageois disposent d'un puits et de **halles**. Un cours d'eau voisin fournit l'eau pour les bêtes, les cultures, la lessive et parfois le moulin à farine. Petit à petit, certains villages s'agrandissent jusqu'à devenir de véritables villes.

La plupart des paysans habitent au village ou dans les environs, jamais très loin du château. Leur habitation n'a rien d'extravagant. C'est une maison toute simple : une charpente de bois enduite de torchis et surmontée d'un épais toit de chaume. Bien sûr, les matériaux de construction varient d'une région à l'autre. Là où la pierre abonde, même les maisons les plus modestes en sont faites. De plus, les toits de tuiles demeurent très populaires dans le sud de l'Europe. L'intérieur ne comporte souvent qu'une seule pièce. Un foyer d'ordinaire sans cheminée occupe le centre de la pièce : la fumée est évacuée par la porte. Les fenêtres sont rares et petites afin de conserver la chaleur du logis. La chaumière du paysan offre peu de confort : quelques coffres de rangement, des étagères, une table faite d'une planche montée sur des chevalets, des chaises, des paillasses, et de l'herbe fraîche (ou de la paille) jetée sur le sol en terre battue. Selon la fortune de l'habitant, une cave à vin, une grange ou une étable s'ajoutent à la maison.

médiéval   Relatif au Moyen Âge.

lande   Étendue de terre où ne poussent que certains arbrisseaux sauvages.

halles   Emplacement couvert ou bâtiment où se tient le marché central de denrées alimentaires d'un village ou d'une ville.

5.16
Reconstitution d'une chaumière médiévale.

❷ TRAVAILLER POUR SON SEIGNEUR ET POUR L'ÉGLISE

4 TON SUJET D'ENQUÊTE

Raconte la vie des paysans du Moyen Âge.

Commence ton enquête

▷ Énumère des produits extraits de la forêt au Moyen Âge.

▷ Décris quelques taxes redevables au seigneur.

▷ Explique en quoi consistent les nouvelles techniques agricoles.

Poursuis ton enquête

Raconte une légende du Moyen Âge ayant trait à la forêt.

À l'aube de l'an 1000, l'Occident se relève de plusieurs siècles de conflits presque incessants. Autour des châteaux et des monastères, la vie économique se redresse. La population augmente. Un nouveau procédé de culture et des innovations techniques permettent d'accroître la production. Le commerce local reprend de la vigueur, bien que le réseau routier soit maintenant dans un état lamentable. Les villes aussi connaissent un essor. Les artisans n'y chôment pas. En effet, aux grands chantiers de construction des fortifications s'ajoutent maintenant ceux des cathédrales. Bref, les conditions de vie s'améliorent.

CONSIGNE

▶ **Collecte des informations**

• Copie entre guillemets l'extrait de texte.

• Résume le propos.

• Observe attentivement l'iconographie.

• Note la provenance de tes données.

5.17

Le casse-croûte des bûcherons. Extrait d'un manuscrit allemand, 15e siècle.

Vivre de la terre

L'Europe médiévale est un monde rural. En effet, plus de 90 % de sa population est composée de paysans. Les paysans habitent d'étroites **clairières**, isolées les unes des autres par de grandes étendues de lande ou de bois. À partir du 11ᵉ siècle, ce paysage se transforme au rythme de l'accroissement de la population. Les paysans abattent une partie de la forêt qui borde leurs champs. Ils établissent de nouveaux villages sur des sites autrefois abandonnés. Les défrichements s'accélèrent au fil des ans. Les paysans creusent des fossés et des canaux pour assécher les terres humides. Partout où les habitants s'installent, la forêt et le marais reculent.

Les paysans ont d'abord considéré la forêt comme un obstacle au développement de l'agriculture et au peuplement. Mais que deviendrait la société médiévale sans cette ressource précieuse ? On y coupe le bois indispensable à la construction et au chauffage. Les terres boisées fournissent la matière première nécessaire à la fabrication du charbon de bois, le

clairière   Endroit dégarni d'arbres, dans une forêt.

5.18
Reconstitution d'une
seigneurie médiévale.

corvée Travail gratuit que les paysans doivent au seigneur.

combustible utilisé pour la transformation du minerai de fer. De plus, les seigneurs considèrent la forêt comme leur terrain de chasse personnel. C'est d'ailleurs pour cette raison que les grands défrichements prennent fin, au milieu du 13ᵉ siècle.

Ainsi, les paysans ne sont pas les seuls à profiter des campagnes. Bien au contraire! Au Moyen Âge comme auparavant, la terre est source de richesse et de puissance. À partir du 10ᵉ siècle, la majorité des paysans d'Occident se trouvent attachés à une seigneurie, une exploitation agricole qui appartient à un seigneur. Comme les anciens domaines romains, les seigneuries occidentales vivent généralement en autarcie. Le seigneur concède aux paysans des terres à cultiver, appelées tenures. Il doit assurer la protection de tous ceux qui vivent sur son domaine. En échange de cette protection, il perçoit toutes sortes d'impôts et impose des **corvées**. Certains seigneurs exercent leurs pouvoirs de manière écrasante, mais ce n'est pas toujours le cas. Aussi, les conditions de vie des paysans varient beaucoup d'une seigneurie à l'autre.

FAITS D'HIER — LE PRIX DE LA PROTECTION

Si le seigneur concède des terres aux paysans et les protège quand éclate un conflit, il jouit par ailleurs de tout un éventail de droits économiques qui pèsent parfois lourdement sur leurs épaules.

Voici un aperçu des droits dont un seigneur peut se prévaloir.

foire Marché public où l'on vend une grande variété de marchandises et qui a lieu à des dates et en un lieu fixes (généralement en milieu rural).

gué Endroit d'une rivière où le niveau de l'eau est assez bas pour traverser à pied.

banal Se dit d'un équipement, par exemple un four, dont les paysans d'une seigneurie sont tenus de se servir en payant une taxe au seigneur.

5.19 LES PRINCIPAUX DROITS SEIGNEURIAUX

Droit	Description
Cens	Impôt payé chaque année en échange de la tenure (la terre concédée).
Champart	Obligation de céder au seigneur une partie (environ le dixième) de la récolte annuelle.
Tonlieu	Taxe sur les marchandises échangées dans les marchés et les **foires** qui se tiennent sur le territoire de la seigneurie.
Péages	Taxes sur les voies de communication qui traversent la seigneurie (routes, ponts ou **gués**).
Banalités	Obligation pour les paysans de la seigneurie de se servir du four, du moulin ou du pressoir **banals** moyennant une taxe.
Amende	Somme versée au seigneur en cas d'infraction à la loi.
Usage exclusif de la forêt	Interdiction aux paysans de couper des arbres, de chasser ou de pêcher dans la forêt; il leur est toutefois permis d'y ramasser les branches mortes pour se chauffer et d'y faire paître leurs animaux.

● Énumère des taxes payées aujourd'hui par les citoyens.

Un nouveau procédé de culture

Pour obtenir de meilleures récoltes et tirer le meilleur parti de la surface cultivable, les paysans adoptent un nouveau procédé de culture. Ils pratiquent l'assolement triennal avec jachère, un procédé de rotation des cultures qui s'échelonne sur trois ans. De quoi s'agit-il plus précisément? Observe l'illustration 5.20. Les terres cultivables de la seigneurie sont divisées en trois parties, ou soles. Chaque paysan dispose d'une parcelle sur chacune des soles. D'une année à l'autre, les paysans ne travaillent jamais une même sole de la même manière. En effet, ils alternent non seulement culture et jachère, mais aussi les cultures elles-mêmes. Les paysans obtiennent ainsi deux récoltes par an, en ne mettant au repos qu'un tiers de la surface cultivable.

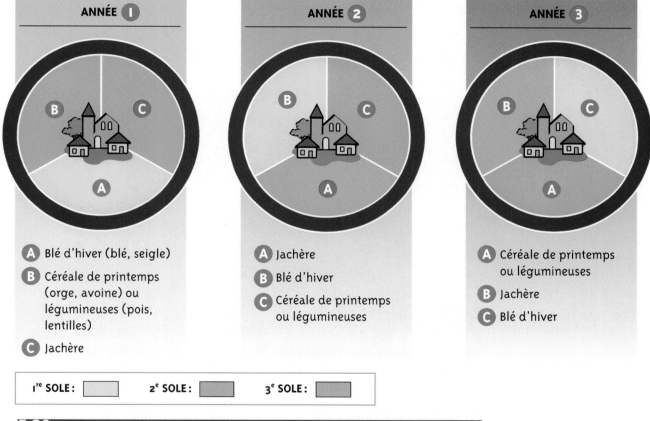

ANNÉE ❶

Ⓐ Blé d'hiver (blé, seigle)

Ⓑ Céréale de printemps (orge, avoine) ou légumineuses (pois, lentilles)

Ⓒ Jachère

ANNÉE ❷

Ⓐ Jachère

Ⓑ Blé d'hiver

Ⓒ Céréale de printemps ou légumineuses

ANNÉE ❸

Ⓐ Céréale de printemps ou légumineuses

Ⓑ Jachère

Ⓒ Blé d'hiver

1ʳᵉ **SOLE:** ▭   2ᵉ **SOLE:** ▭   3ᵉ **SOLE:** ▭

5.20
L'assolement triennal.

Les innovations techniques

L'adoption de l'assolement triennal s'accompagne de différentes innovations techniques. Tu te souviens que le paysan de l'Antiquité labourait sa terre à l'aide d'un simple araire en bois, tiré par un âne ou une paire de bœufs. De nouveaux attelages améliorent maintenant la force de traction de ces bêtes de trait. De plus, avec les progrès de la métallurgie, le paysan du Moyen Âge dispose d'outils en fer bon marché, plus tranchants et plus résistants.

5.21

Le labour dernier cri : une charrue tirée par un cheval, une bête de trait réservée aux plus fortunés. Extrait d'un manuscrit français, 15ᵉ siècle.

Ainsi, un instrument comme la charrue à rouelles, avec son soc en fer, permet de retourner en profondeur les sols plus riches et plus lourds du nord de l'Europe. Autre manifestation de l'avancement technique : l'usage généralisé du moulin à eau puis, à partir du 13ᵉ siècle, du moulin à vent, qui facilitent la fabrication de la farine.

Toutes ces innovations qui se répandent à travers l'Occident permettent aux paysans d'améliorer le rendement de leurs champs. Par exemple, pour chaque grain de blé semé, les paysans du 10ᵉ siècle en récoltent deux et ceux du 12ᵉ siècle, quatre. Ainsi, la production est parfois telle que les paysans peuvent vendre leur surplus au château ou aux halles du village.

FAITS D'HIER

L'ÉGLISE JUSQUE DANS L'ASSIETTE

froment   Variété de blé, appelée aussi blé tendre, utilisée pour la fabrication du pain.

Les céréales constituent la base de l'alimentation des populations de l'Europe médiévale. On les consomme le plus souvent sous forme de pain : pain de seigle noir pour le paysan, pain de **froment** bien blanc pour les nantis. Dans leurs chaumières, les femmes mijotent aussi des soupes de légumes verts (chou, poireau, etc.), des purées de légumineuses et des bouillies de céréales, qu'elles servent avec du vin ou de la bière. Les jours de fête, elles apprêtent du porc, un animal commun parce qu'il est facile à élever. Au château, la famille du seigneur se régale de fruits, de pâtés, de volailles, d'œufs, de viandes variées, notamment la viande du gibier chassé sur les terres voisines (cerf, sanglier, faisan, etc.). Selon les moyens du châtelain, les cuisiniers parfument ces plats d'épices, rares et très coûteuses, comme le gingembre, la cannelle, le poivre, le safran.

En bons chrétiens, riches ou pauvres doivent cependant observer plus de cent jours de jeûne par année. Imposé par l'Église, ce jeûne consiste à se priver de viande, parfois même de produits laitiers. C'est une façon pour les croyants de réparer leurs fautes, surtout à l'approche de grandes fêtes comme Pâques ou Noël. Le poisson, qui n'est pas considéré comme une viande, devient un aliment de choix, durant ces jours « maigres ». L'influence de l'Église s'exerce donc jusque dans l'assiette.

5.22
Repas chez un seigneur. Extrait d'un manuscrit français, 15ᵉ siècle.

Explique l'importance de l'Église pour les artisans du Moyen Âge.

Commence ton enquête

▶ Décris en quoi une cathédrale est différente d'une église.

▶ Établis une liste des artisans qui collaborent à la construction d'une cathédrale.

▶ Explique en quoi consiste une guilde d'artisans et comment les gens y adhèrent.

Poursuis ton enquête

Cherche un exemple de cathédrale du Moyen Âge et raconte son histoire.

Façonner la pierre, le verre et le fer

Les marchands et les artisans du Moyen Âge vivent principalement à la ville. Comme les artisans de l'Antiquité, ceux du Moyen Âge répondent aux besoins quotidiens des citadins et des paysans : outils, meubles, vêtements, nourriture (boucherie et boulangerie), habitation, etc. Cependant, en raison de leurs fortunes, ce sont les seigneurs et l'Église qui fournissent le plus de travail aux artisans. Quant aux activités commerciales, elles seront traitées en détail au dossier suivant.

Construire une cathédrale

Mis à part l'édification de châteaux et de remparts défensifs, les principaux ouvrages en chantier sont des édifices religieux. À partir du 11e siècle, des milliers de monastères et de grandes églises vont surgir dans le paysage médiéval. Mais les cathédrales constituent sans aucun doute les monuments les plus impressionnants de l'époque. En moins de deux cents ans, on construira en France plus de quatre-vingts cathédrales !

La cathédrale n'est pas une église ordinaire. C'est l'église de l'évêque. Elle représente la puissance de l'Église. Comme lieu de culte, la cathédrale doit être assez spacieuse pour accueillir la population entière de la ville à l'occasion des grandes fêtes. C'est donc une construction très coûteuse. Aussi les évêques organisent-ils des quêtes pour amasser

5.23

Vitrail de la légende de Saint-Chéron, massons et tailleurs de pierre donateurs, cathédrale de Chartres, France, 13e siècle.

● Explique en quoi le vitrail constitue un moyen d'information.

5.24

La construction d'une cathédrale.

● Identifie les artisans suivants : architecte, tailleurs de pierre, sculpteurs, gâcheurs et charpentiers.

des fonds. Les citadins financent ainsi une partie de l'édifice. Il arrive cependant que l'argent manque ; on doit alors interrompre la construction pour un temps. Te rends-tu compte ? Bâtir un tel édifice peut prendre des décennies, voire des siècles !

Un maître d'œuvre dirige le chantier. Il s'agit d'une sorte d'architecte qui possède à la fois des talents artistiques et un grand savoir-faire technique. Il commande à de nombreux manœuvres ainsi qu'à des artisans spécialisés comme les tailleurs de pierre, les **cimentiers**, les charpentiers, les maçons et les **couvreurs**. Les forgerons façonnent les outils et les pièces de fer nécessaires pour consolider les hautes fenêtres et les assemblages de pierre.

cimentier Artisan qui fabrique le ciment pour lier les pierres.

couvreur Artisan qui pose les matériaux de la couverture d'un bâtiment et qui la répare au besoin.

5.25

Tympan de l'église de l'abbaye de Moissac, France actuelle, 12ᵉ siècle. Le tympan est l'espace en demi-cercle au-dessus du portail d'une église. Ici, comme dans la plupart des églises, les artisans y ont sculpté une scène inspirée d'un passage de la Bible.

D'autres artisans s'affairent à la décoration du bâtiment. Les sculpteurs taillent dans la pierre des milliers de personnages et de motifs d'une grande finesse, que les peintres embellissent de couleurs vives. Les verriers parachèvent l'ouvrage. Ils donnent à la cathédrale cette lumière qui, pour les chrétiens, est une manifestation de Dieu. Les grandes fenêtres ornées de vitraux laissent ainsi pénétrer la lumière divine de manière que chaque membre de l'assistance soit touché par elle. Le vitrail est une délicate mosaïque de morceaux de verre coloré et peint, assemblés à l'aide de soudures au plomb. Les vitraux représentent des scènes religieuses ou des personnages importants. Les associations d'artisans qui offrent à la cathédrale ces coûteux vitraux se réservent souvent un coin, au bas de la verrière, où se trouve représentée une scène liée à leur métier. Un peu comme un panneau publicitaire qui vanterait leur générosité ! À une époque où la plupart des gens ne savent ni lire ni écrire, toutes les images et les sculptures qui ornent les églises enseignent aux croyants les grands moments du christianisme et de la vie politique du royaume.

Devenir artisan

L'univers des artisans ne se limite pas aux chantiers de construction. Comme le précieux minerai de fer se trouve plus facilement et que la demande d'armes et outils variés augmente sans cesse, l'armurier et le forgeron occupent une place importante dans la société médiévale. Mais il existe bien d'autres métiers, et les artisans deviennent de mieux en mieux organisés. En effet, ceux qui exercent le même métier, que ce soient les orfèvres, les tisserands ou les boulangers, se regroupent pour former une guilde, sorte d'association d'entraide et de défense des intérêts de la profession.

Les guildes imposent à leurs membres des règles très strictes : elles contrôlent l'entrée dans la profession, la qualité du travail et les conditions de travail, notamment le salaire. En effet, ne devient pas membre d'une guilde qui veut. Comment y parvient-on ? Selon le métier, l'apprentissage dure de deux à dix ans. L'apprenti travaille et vit auprès d'un maître auquel il doit obéir en tout, même s'il n'est pas payé. Après un certain temps, il devient compagnon. Tout en continuant à travailler pour son maître, il obtient un peu plus de liberté. Enfin, s'il désire devenir maître à son tour et membre en règle de la guilde, il doit passer un examen et réaliser un ouvrage difficile, le « chef-d'œuvre », afin de prouver qu'il maîtrise tous les savoir-faire relatifs à son art.

Passe à l'action

Exposition d'art religieux médiéval

Cherche avec tes camarades des exemples d'art religieux associé aux cathédrales du Moyen Âge et organisez une exposition. Établissez une carte murale pour situer la provenance des œuvres médiévales.

5.26
Une armure, 15e siècle.

AILLEURS

UNE GRANDE MOSQUÉE AUX PORTES DE L'OCCIDENT CHRÉTIEN

Les musulmans bâtissent aussi des lieux de culte d'une grande splendeur. Ainsi, du 8e au 10e siècle, les dirigeants de la ville musulmane de Cordoue, en Espagne, font construire une immense mosquée. À l'époque, c'est l'une des plus grandes du monde. Elle s'étend sur près de 25 000 m², ce qui représente plus de trois terrains de soccer. Ses vingt portes sont revêtues de plaques de cuivre et son **minaret** domine, à cinquante mètres de hauteur, une des villes les plus riches d'Europe.

minaret Tour d'une mosquée, du haut de laquelle le muezzin invite les fidèles musulmans à la prière.

5.27

Salle de prière de la mosquée de Cordoue, Espagne actuelle, 8e au 10e siècle. Cette vaste salle peinte est supportée par une forêt de six cents colonnes.

● Explique ce qu'est un muezzin.

❸ UNE SOCIÉTÉ FÉODALE DOMINÉE PAR L'ÉGLISE

Souviens-toi qu'à la suite de la chute de l'Empire romain d'Occident, il n'y a plus d'autorité centrale pour assurer la sécurité des populations. Devant la menace des guerres et des invasions, chacun recherche la protection d'un individu plus puissant que les autres. Ces rapports entre les membres de la société médiévale forment la base d'une nouvelle organisation sociale et politique : le système féodal. Tu verras aussi que la puissante Église occupe une place de choix au sein de cette organisation.

Sous la protection d'un seigneur

À l'origine, de puissants chefs militaires qui possèdent de vastes domaines offrent leur protection et des terres à des guerriers moins influents appelés vassaux. En échange, ces vassaux accordent leur fidélité et leur aide. Ces guerriers qui possèdent des terres prennent le nom de seigneurs.

Les liens de vassalité

Le lien de vassalité se conclut par un hommage, cérémonie où le vassal, tête nue et sans armes, s'agenouille devant le seigneur et place ses mains dans les siennes. L'hommage se termine souvent par un serment sur un objet sacré et par un baiser d'amitié. Par ces simples gestes, le vassal s'engage pour la vie auprès de son seigneur. Il promet de participer à la défense des terres de son seigneur ainsi qu'aux expéditions militaires que ce dernier ordonne. Il s'engage également à fournir au seigneur une aide matérielle quand les circonstances l'exigent. C'est le cas lorsqu'il doit payer une **rançon** pour délivrer son seigneur fait prisonnier. Il est assuré de la protection du seigneur. Mais surtout, il se voit concéder un fief, c'est-à-dire une terre. Cette terre appartient toujours au seigneur, mais c'est le vassal qui en a la possession : il la transmet à ses héritiers, de père en fils. Seul un acte grave comme une **félonie** peut briser le lien féodal. Le seigneur a alors le droit de reprendre le fief concédé. Il n'est pas rare qu'une confiscation entraîne le déclenchement d'une guerre.

Dans un tel système, tu comprends que le seigneur des seigneurs, le roi, s'affaiblit considérablement. En effet, pour s'assurer la fidélité de ses vassaux, le souverain a divisé son territoire afin de le leur donner en fiefs. Ainsi, vers

rançon Somme d'argent exigée contre la libération d'un prisonnier.

félonie Crime ou trahison d'un vassal envers son seigneur.

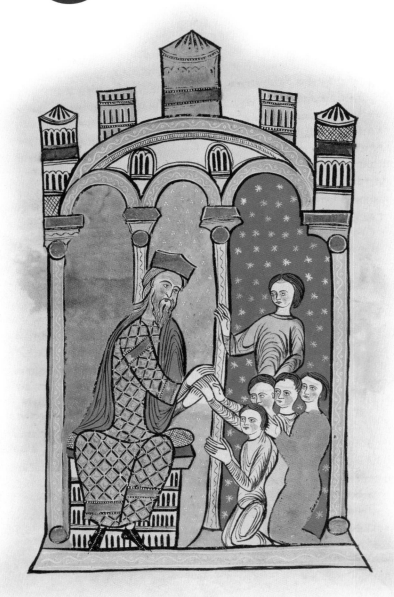

5.28
Le roi d'Aragon (Espagne actuelle) reçoit l'hommage de ses vassaux. Extrait d'un manuscrit, 12ᵉ siècle.

l'an 1000, le roi de France n'a presque plus de pouvoir, et ses vassaux dirigent leurs propres fiefs comme ils l'entendent. Les vassaux du roi, de grands seigneurs comme les princes et les ducs, deviennent de grands propriétaires terriens qui distribuent à leur tour des portions de leurs terres à leurs vassaux. Ces derniers, de petits seigneurs comme les barons, peuvent eux-mêmes s'entourer de vassaux, et ainsi de suite. Observe bien l'illustration 5.30, qui présente la pyramide de la société médiévale.

Les paysans

Au bas de la hiérarchie féodale, on trouve les paysans soumis aux seigneurs. Il existe deux grandes catégories de paysans au Moyen Âge : les vilains et les serfs. Les vilains sont des paysans libres qui ont la possibilité de changer de seigneurie s'ils se sont acquittés de toutes leurs obligations envers leur seigneur. Les serfs, quant à eux, sont attachés à la seigneurie. Ils versent également une taxe supplémentaire à leur maître. S'agit-il d'esclaves, comme dans l'Antiquité ? Pas tout à fait. Asservis de naissance, les serfs appartiennent au seigneur, mais ils ont le droit de se marier, d'avoir des enfants et de posséder des biens. Il arrive qu'ils rachètent leur liberté ou que le maître les affranchisse. Tout au long du Moyen Âge, leur nombre diminue au profit d'une majorité de paysans libres.

La famille médiévale

Au-delà de ces rapports de dépendance, la vie quotidienne au Moyen Âge s'organise autour de la famille : le père, la mère et leurs nombreux enfants. Tous vivent, mangent et dorment ensemble. Les femmes veillent aux soins des tout-petits et à leur instruction religieuse. Elles assument tous les travaux domestiques : la cuisine, le filage et le tissage de la laine, le puisage de l'eau. Elles prennent aussi part aux travaux agricoles. Élever les enfants n'est pas la tâche exclusive des femmes. Très tôt, garçons et filles accompagnent leur père aux champs ou au marché. Selon sa profession, celui-ci s'occupe également de l'éducation de ses fils et parfois même de ses filles. Dès l'âge de douze ans, les enfants entrent dans l'âge adulte. À cause des guerres ou des maladies, la mort frappe souvent, tant chez les adultes que chez les plus jeunes. Ainsi, il est fréquent qu'hommes et femmes se remarient pour subvenir aux besoins de leur famille.

Ceux qui combattent

Les penseurs du Moyen Âge divisent eux-mêmes la société en trois groupes principaux ou trois ordres : ceux qui combattent, ceux qui prient et ceux qui travaillent. De qui s'agit-il au juste ? Le groupe de ceux qui combattent comprend une grande partie des seigneurs qui, dès le 11ᵉ siècle, forment la noblesse. Ceux qui prient forment le clergé : les évêques, les prêtres, les **moines** et les **moniales**, bref, tous les religieux. Quant à ceux qui travaillent, tu t'en doutes, ce sont les paysans, les artisans et les marchands, c'est-à-dire la majorité de la population.

5.29
Famille au coin du feu. Extrait d'un manuscrit italien, 14ᵉ siècle.

Chaque groupe joue un rôle particulier. Ceux qui prient demandent à Dieu d'accorder ses faveurs à la noblesse et au reste de la population. Ceux qui travaillent font vivre les deux autres groupes. Ceux qui combattent protègent la population. Jette un coup d'œil sur l'illustration 5.30 pour mieux comprendre où se situe chaque groupe dans la hiérarchie sociale.

Au début du Moyen Âge, le terme de chevalier s'applique à tout homme combattant à cheval. Au fil des siècles, il en vient à s'appliquer aux seuls chevaliers devenus seigneurs féodaux. Ces seigneurs chevaliers, c'est-à-dire ceux qui combattent, développent le sentiment d'appartenir à un groupe d'hommes différents des autres, avec un mode de vie et un code moral bien à eux : la noblesse. Ils accordent beaucoup d'importance à l'honneur, à la bravoure et à la courtoisie. Ils s'engagent à défendre les plus faibles, à ne jamais trahir leur parole et à faire preuve de la plus grande galanterie envers les femmes nobles. Le chevalier idéal est à la fois un homme plein de savoir-vivre et un fier combattant.

moine, moniale   Homme, femme vivant à l'écart du monde pour mener une vie de pauvreté et de prière, dans une communauté établie dans un monastère.

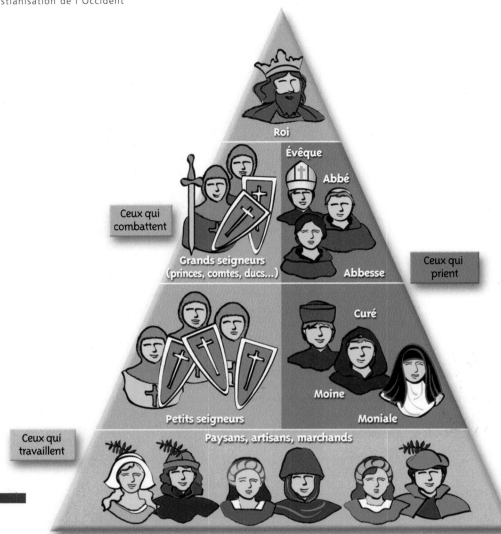

Ceux qui combattent

Ceux qui prient

Ceux qui travaillent

Roi

Évêque

Abbé

Grands seigneurs (princes, comtes, ducs...)

Abbesse

Curé

Petits seigneurs

Moine

Moniale

Paysans, artisans, marchands

5.30
La pyramide sociale au Moyen Âge.

Même si on naît noble, être admis dans la chevalerie exige un long apprentissage. Dès l'âge de sept ans, le garçon de sang noble quitte sa famille pour devenir page dans une autre famille noble. Il est au service du seigneur chevalier et de sa dame. Il apprend à monter à cheval et à soigner sa monture. Vers l'âge de douze ans, il devient écuyer. L'écuyer prend soin des chevaux, des armes et des armures de son seigneur ; il l'aide à s'équiper au moment du départ pour une expédition militaire. Tout en s'initiant au code d'honneur de la chevalerie, l'écuyer suit un entraînement physique exigeant afin de pouvoir un jour porter une lourde armure, et manier les armes avec aisance en chevauchant.

Au bout de quelques années, le jeune noble est autorisé à devenir lui-même un chevalier : c'est la cérémonie de l'adoubement. Après une nuit passée en prière, il s'agenouille devant son maître chevalier pour recevoir ses armes et son armure. Celui-ci lui donne une tape de la main ou un coup du plat de son épée sur l'épaule, lui transmettant par ce geste l'esprit de la chevalerie. L'adoubement donne lieu à de grandes réjouissances. Au programme : des tournois, des festins et des distractions variées, par exemple un spectacle de jongleurs ou de **ménestrels**.

ménestrel Musicien, chanteur et conteur ambulant.

5.31

Reconstitution d'un tournoi de la fin du Moyen Âge. Les premiers tournois, très violents, mettaient en jeu plusieurs combattants. À partir du 14e siècle, la joute n'engage plus que deux chevaliers ; équipés de lances **émoussées**, ils se rencontrent de part et d'autre d'une cloison, ce qui réduit les risques de collision.

émoussé Rendu moins pointu, moins coupant.

AILLEURS

MILLE ET UN CONTES

La plupart des seigneurs d'Occident ne savent ni lire ni écrire. Aussi raffolent-ils des poèmes **épiques** et des romans de chevalerie que récitent des ménestrels de passage au château. Dans le monde musulman, les conteurs arabes connaissent aussi une grande popularité. Le soir venu, les gens aiment à se regrouper sur les places publiques pour les écouter. Les récits les plus célèbres sont sans aucun doute ceux des *Mille et Une Nuits*, un recueil de contes originaires d'Inde, de Perse et d'Égypte, élaboré entre le 8e et le 13e siècle.

épique Qui raconte en vers une action héroïque ; épopée.

Dans les *Mille et Une Nuits*, un souverain d'Asie menace de tuer sa jeune femme, nommée Schéhérazade. Afin de repousser l'heure de sa mort, Schéhérazade raconte chaque soir au roi une histoire qu'elle laisse en suspens. Très curieux d'en connaître le dénouement, le souverain remet l'exécution au lendemain. Et ainsi de suite pendant plus de mille nuits, alors que le roi, séduit, renonce à son triste projet. Dans les récits de cette femme cultivée et rusée s'entremêlent l'histoire, l'aventure et le merveilleux. Peut-être connais-tu l'histoire d'Aladin et de sa lampe merveilleuse, ou encore celle d'Ali Baba et des quarante voleurs ?

TON SUJET D'ENQUÊTE

7

Compare les religions chrétienne et musulmane à l'époque médiévale.

Commence ton enquête

▶ Décris le rôle des différents ordres religieux dans l'Église catholique.

▶ Note la date du schisme d'Orient et de l'hégire de Mahomet.

▶ Énumère les conséquences du schisme d'Orient pour l'Église catholique.

▶ Explique les origines de la religion musulmane.

▶ Décris l'utilité d'une abbaye.

Poursuis ton enquête

Énumère les principes fondamentaux de la religion musulmane.

cardinal   Haut dignitaire de l'Église catholique que choisit le pape pour en faire un de ses conseillers. Ce sont les cardinaux qui élisent un nouveau pape.

patriarche   Chef religieux des chrétiens orthodoxes d'Orient.

L'Église triomphante

L'Église médiévale possède une organisation très hiérarchisée à la tête de laquelle règne le pape, évêque de la ville de Rome. À partir du 11e siècle, il est élu par une assemblée de **cardinaux**. Le pape se veut le chef de la chrétienté, c'est-à-dire de l'ensemble de tous les chrétiens. Cependant, à partir du 11e siècle, il ne dirige plus que les chrétiens d'Occident, les chrétiens byzantins se trouvant sous la seule autorité du **patriarche** de Constantinople.

Une organisation puissante

À la base de la hiérarchie catholique, on trouve un curé dirigeant sa paroisse, où s'élève une église. Le curé célèbre la messe et administre certains rites, appelés sacrements, dont le baptême et le mariage. L'évêque est responsable du diocèse, formé de plusieurs paroisses. Le curé et l'évêque encadrent la vie spirituelle de tous les croyants, célèbrent les fêtes et les cérémonies.

FAITS D'HIER   **DEUX CHRISTIANISMES**

Installé à Rome, le pape se considère comme le seul chef de toute la chrétienté. Cependant, du côté de l'Empire byzantin, le patriarche de Constantinople ne voit pas les choses de cette façon. En effet, les chrétiens d'Orient n'observent pas le même rite que ceux d'Occident : le déroulement de leurs cérémonies religieuses diffère, de même que le calendrier de leurs fêtes. De plus, les chrétiens d'Orient prient en grec plutôt qu'en latin, et les prêtres byzantins peuvent être mariés. Le christianisme d'Orient prend le nom d'orthodoxie.

excommunier
Exclure de l'Église.

Le patriarche conteste même l'autorité du pape. En 1054, les deux chefs religieux s'**excommunient** réciproquement. L'Église se divise dès lors en Église catholique romaine et en Église orthodoxe. C'est ce qu'on appelle le schisme d'Orient.

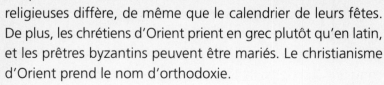

5.32

Icône byzantine représentant Jésus-Christ, un évangile à la main gauche et la main droite levée pour bénir, 10e siècle. Les chrétiens orthodoxes vénèrent des images saintes, souvent peintes sur du bois, appelées icônes.

5.33
L'abbaye de Noirlac,
France actuelle, 12ᵉ siècle.

Tous les **clercs** n'appartiennent pas au clergé **séculier**. Très tôt, dans l'histoire du christianisme, des individus choisissent de se retirer du monde pour se consacrer à la prière, dans la solitude et la pauvreté. Dès le 4ᵉ siècle, ces gens se regroupent pour vivre en communauté sous la direction d'un supérieur. Ils fondent ainsi les premiers ordres religieux. Comme les moines de ces communautés se soumettent à une règle, ils forment ce qu'on appelle le clergé régulier. À leur entrée dans un ordre religieux, les moines prononcent les trois vœux de pauvreté, de **chasteté** et d'obéissance. Dans chaque ordre, la vie s'organise selon un horaire strictement réglé : prières, travail, repos, repas, chaque heure du jour ou de la nuit se voit employée à une activité précise. Les moines cultivent la terre et pratiquent l'élevage. Si bien que plusieurs monastères se suffisent à eux-mêmes. Certains disposent même de leur propre forge. Au fil du temps, ces communautés s'enrichissent, et pas seulement grâce à leur travail : la population leur offre terres et argent en échange de prières. Aussi certains ordres religieux se retrouvent-ils à la tête de seigneuries prospères.

Un de ces ordres religieux connaît une expansion considérable. Il s'agit de l'ordre de Cluny. En 909, le duc Guillaume d'Aquitaine fonde à Cluny, en France, une abbaye qu'il dote non seulement d'un domaine, mais aussi des villages, forêts et champs avoisinants, avec les serfs qui y travaillent. C'est ce que nous apprend la **charte** de fondation, qui présente par ailleurs une grande nouveauté : l'ordre ne sera soumis ni au pouvoir des seigneurs ni à celui des évêques. Les clunisiens éliront librement leur abbé et relèveront directement du pape. Au 11ᵉ siècle, la plupart des moines d'Occident

clerc Religieux, membre du clergé.

séculier Qui vit dans le « siècle », c'est-à-dire dans le monde.

chasteté Continence, absence de relations sexuelles.

charte Au Moyen Âge, titre de propriété ou privilège consenti.

AILLEURS

LA FONDATION ET L'EXPANSION DE L'ISLAM

prophète   Personne qui prédit l'avenir, qui révèle des vérités cachées au nom du dieu qui l'inspire.

oasis   Endroit d'un désert qui présente de la végétation due à la présence d'un point d'eau.

Avec le judaïsme et le christianisme, l'islam constitue la troisième grande religion monothéiste de l'histoire. La religion musulmane prend naissance en Arabie au 7e siècle. Mahomet, un caravanier de La Mecque, affirme avoir reçu des révélations : un ange lui est apparu pour lui annoncer que Allah, ou Dieu, l'a choisi pour messager. Il lui revient de répandre une nouvelle religion, l'islam. Les habitants de La Mecque, qui pratiquent un culte polythéiste, voient d'un bien mauvais œil l'enseignement de Mahomet. En 622, obligé de fuir, le **prophète** se réfugie à Médine, une **oasis** située au nord de La Mecque. Cette date marque le début du calendrier musulman.

Chef religieux et homme politique habile, Mahomet dirige une communauté de croyants tout en organisant une armée afin de conquérir La Mecque. À sa mort, en 632, une grande partie de la population d'Arabie est déjà convertie à l'islam. Les succès de la nouvelle religion ne s'arrêtent pas là. Rassemblés sous l'autorité d'un calife, successeur de Mahomet, les musulmans entreprennent une véritable guerre sainte, le *djihad*. En moins d'un siècle, un empire musulman s'étend, d'est en ouest, du fleuve Indus jusqu'aux côtes de l'Atlantique, en Espagne ; il englobe tout le Proche-Orient et l'Afrique du Nord. La langue arabe et la religion musulmane s'imposent sur tout le territoire. La pratique des religions juive et chrétienne y est cependant tolérée. Chrétiens et juifs doivent par contre payer un impôt particulier.

Malgré la division de l'Empire au 9e siècle, la civilisation islamique rayonne tout au long du Moyen Âge. Grâce à sa position géographique, aux frontières de l'Occident chrétien, de l'Extrême-Orient et de l'Afrique, le monde musulman s'adonne à des échanges commerciaux et culturels très avantageux. L'entretien des grandes routes et l'usage de nouveaux instruments de navigation comme la boussole, venue de Chine, facilitent les déplacements. Les grandes villes comme Cordoue ou Bagdad deviennent des centres de diffusion du savoir, où se développent les mathématiques, l'astronomie et la médecine, sans oublier la littérature arabe.

5.34

Mausolée d'Ismaïl Samani, souverain de Boukhara, ville de l'Ouzbékistan actuel, 10e siècle. Cet édifice en brique cuite, chef-d'œuvre de l'architecture islamique, illustre bien la pénétration de l'islam au Moyen Âge jusqu'en Asie centrale.

Le Coran, le livre sacré des musulmans, contient l'ensemble des révélations faites à Mahomet, transcrites après sa mort par ses successeurs. Composé de cent quatorze sourates, ou chapitres, le Coran prescrit les obligations religieuses de tous les croyants. Voici les principales, qui constituent les « cinq piliers » de l'islam :

1) proclamer sa foi en Dieu et en Mahomet ;

2) prier Dieu cinq fois par jour en se tournant vers La Mecque, lieu saint de l'islam ;

3) faire l'aumône aux pauvres selon ses moyens ;

4) observer le jeûne du mois de ramadan (neuvième mois du calendrier lunaire musulman), qui consiste à se priver de manger et de boire du lever au coucher du soleil ;

5) sauf empêchement majeur, accomplir une fois dans sa vie un **pèlerinage** à La Mecque.

Le Coran énonce aussi certaines règles de vie relatives, par exemple, à l'alimentation et au mariage. Par ailleurs, il établit des liens entre l'islam, le christianisme et le judaïsme. Ainsi, il confirme les messages de Jésus et de plusieurs prophètes juifs de l'Ancien Testament. Cependant, Mahomet serait le dernier des prophètes, et le seul à avoir reçu la totalité du message de Dieu.

5.35
Pages d'un Coran en langue arabe, 12e-13e siècle.

pèlerinage Voyage individuel ou collectif qu'un fidèle fait vers un lieu saint pour des motifs religieux.

5.36
Grande mosquée de Kairouan, Tunisie actuelle, 9e siècle. Comme la plupart des mosquées, celle de Kairouan est construite sur le modèle de la maison de Mahomet, à Médine. Les croyants s'y rassemblent pour la prière et l'enseignement du vendredi.

5.37

Bas-relief. Joueur de luth d'un **chapiteau** de l'église de l'abbaye de Cluny, France actuelle, 11ᵉ siècle. Les moines prient souvent en chantant. La musique sacrée du Moyen Âge porte le nom de plain-chant ou chant grégorien. Les moines chantent d'une seule voix, à l'unisson, sans accompagnement. Cette sculpture qui représente un musicien est un des rares vestiges de l'abbaye de Cluny.

parchemin Peau d'animal (mouton ou chèvre) préparée spécialement pour l'écriture.

chapiteau Ornement de pierre qui couronne le sommet d'une colonne.

dîme Impôt en nature correspondant au dixième de la récolte, versé à l'église de la paroisse.

appartiennent à l'ordre de Cluny. Ils fondent de nombreux établissements, et plusieurs monastères déjà existants se joignent à eux. Les clunisiens, ce sont plus de dix mille hommes, regroupés dans plus de mille monastères, de l'Espagne à la Hongrie, de l'Angleterre à l'Italie !

Riche et influent, l'ordre clunisien devient un important foyer intellectuel. En effet, les monastères constituent les grands centres d'études du Moyen Âge. Comme l'imprimerie n'existe pas encore en Europe, plusieurs moines travaillent au scriptorium de leur abbaye, un atelier où ils copient à la main, sur des **parchemins**, des textes religieux ou scientifiques. Par conséquent, les monastères abritent les bibliothèques les mieux pourvues d'Occident. Ils tiennent aussi, avec les cathédrales, les principales écoles. On y forme les enfants destinés à devenir religieux, mais aussi certains fils et filles de nobles ou de marchands aisés. Dès l'âge de six ans, l'enfant apprend à lire et à compter. Il étudie la grammaire latine, le chant, et s'applique à réciter les prières. Les clercs enseignent aussi aux élèves plus âgés les mathématiques et l'astronomie. À partir de la fin du 11ᵉ siècle, les jeunes religieux pourront compléter leur formation dans les premières universités, comme celle de Bologne en Italie et celle de Paris en France.

Grâce à l'ensemble de ses clercs qui veillent à sa bonne administration, l'Église catholique s'impose en Occident comme une puissance spirituelle, mais aussi économique et politique. Tu sais déjà que cette institution s'enrichit grâce à de généreux dons. De plus, elle perçoit un impôt sur les récoltes, la **dîme**. De son côté, le pape se considère comme au-dessus de tous les princes. Comment peut-il inspirer la crainte à ces hommes de pouvoir ? Avec les évêques, il a le pouvoir d'excommunier quiconque ne respecte pas l'autorité et les enseignements de l'Église. Ainsi, à la fin du 10ᵉ siècle, l'Église tente de limiter les violences de toutes sortes qui s'exercent contre les populations d'Occident. En temps de conflit, elle demande la « paix de Dieu », qui protège les paysans et les religieux désarmés ainsi que leurs biens (argent, bétail, maisons, églises, etc.). Puis elle exige la « trêve de Dieu », qui interdit la guerre à certains moments de l'année, notamment à l'occasion des grandes fêtes chrétiennes.

AILLEURS

LA SCIENCE DES MUSULMANS

Les savants musulmans du Moyen Âge auront une grande influence sur la science occidentale. Par suite des premières invasions germaniques, l'Occident chrétien perd une large part du savoir gréco-romain. Grâce à la conquête islamique du bassin méditerranéen, les penseurs musulmans ont la possibilité de conserver et de traduire en arabe les grands ouvrages de la Grèce et de la Rome antiques. Ils empruntent aussi des connaissances scientifiques aux autres civilisations d'Asie pour développer leurs savoirs en mathématiques, en médecine, en géographie et en astronomie. On leur doit d'ailleurs l'invention de l'algèbre.

Dans des régions comme l'Espagne, chrétiens et musulmans cohabitent : les villes de Cordoue et de Tolède sont d'importants centres culturels au Moyen Âge. Les *Commentaires sur Aristote*, un disciple de Platon, du philosophe musulman ibn Ruchd, connu sous le nom latin d'Averroès (1126-1198), permettent aux clercs d'Occident de redécouvrir la philosophie grecque. Également juriste et médecin, Averroès est l'auteur d'un traité de médecine, une discipline où les musulmans sont alors très en avance sur les Occidentaux.

5.38
Bibliothèque publique au Proche-Orient. Extrait d'un manuscrit arabe du 13e siècle.

La chrétienté en marche

Au Moyen Âge, tout bon chrétien veut assurer son salut, c'est-à-dire être sauvé du péché avant sa mort pour accéder au paradis, là où il connaîtra le bonheur éternel auprès de Dieu. Il craint surtout d'être livré aux flammes et aux démons de l'enfer. Pour éviter ce terrible châtiment, il lui faut pratiquer sa religion avec ardeur : aller à la messe, jeûner, prier, ou faire des dons à l'Église. Certains vont exprimer leur foi en prenant la route : ils accompliront un pèlerinage ou prendront part à une croisade.

Le pèlerinage est un long voyage qu'un chrétien entreprend vers un lieu saint, un endroit important dans l'histoire du christianisme. Lieu de résidence du pape, Rome est une destination importante. On y trouve les tombeaux de deux disciples de Jésus-Christ : Pierre, le premier pape, et Paul, un des premiers à christianiser les populations de l'Empire romain. Souviens-toi que c'est aussi dans cette ville qu'eurent lieu les premières persécutions de chrétiens. Saint-Jacques-de-Compostelle, au nord de l'Espagne, jouit aussi d'une grande popularité : les restes d'un autre disciple de Jésus, Jacques, y seraient déposés. Quant à Jérusalem, en Palestine, c'est la ville sainte entre toutes, car Jésus lui-même y a vécu et y a trouvé la mort. C'est également un lieu saint pour les juifs parce que s'y élevait le Temple, détruit par l'armée romaine au 1er siècle. C'est enfin un lieu saint pour les musulmans parce que Mahomet serait venu y prier. Jette un coup d'œil à la carte 5.40.

8

TON SUJET D'ENQUÊTE

Prouve que l'Église catholique est la puissance spirituelle de l'Occident médiéval.

Commence ton enquête

▶ Décris comment l'Église établit sa puissance économique.

▶ Indique des moyens qu'imaginent les gens du Moyen Âge pour assurer leur salut éternel.

▶ Établis une carte des itinéraires des croisades et des pèlerinages.

▶ Décris en quoi consiste une croisade.

Poursuis ton enquête

Raconte l'histoire d'un des chefs victorieux de la première croisade : Godefroy de Bouillon (1061-1100) ou Raymond de Saint-Gilles (1042-1105).

CITOYEN, CITOYENNE

Un héritage identitaire chrétien

Au Moyen Âge, le christianisme s'impose comme la principale religion d'Occident et règle la plupart des aspects de son organisation sociale. Aujourd'hui, au Québec, même si la religion chrétienne n'est plus omniprésente comme autrefois, ses rituels, ses lieux de culte et ses fêtes survivent à titre d'héritage identitaire. Nos années sont encore rythmées par des fêtes chrétiennes telles que Pâques, Noël et la Saint-Jean-Baptiste. La naissance, le mariage et le décès sont eux aussi intimement liés à des rituels chrétiens. Les valeurs de générosité et d'entraide qui nous définissent sont aussi issues de cet héritage religieux. C'est dire que l'identité sociale des individus est fortement marquée par les valeurs prônées par leur religion.

5.39
Sur la route de Jérusalem, les croisés portent une croix cousue sur leurs vêtements pour se distinguer.

Pourquoi une femme ou un homme se lance-t-il dans une telle aventure, sur des routes dangereuses? Pour célébrer Dieu tout simplement, pour se faire pardonner ses fautes ou encore pour obtenir un miracle comme la guérison d'un handicap. D'autres sont payés pour faire le voyage à la place de quelqu'un: de véritables pèlerins professionnels! À pied, à cheval, à dos de mulet ou par bateau, ces chrétiens voyagent pendant des semaines, voire des mois. Ils se déplacent souvent en groupes, pour se protéger contre les brigands. Tout au long du trajet, les pèlerins se recueillent dans des chapelles et dorment dans des **hospices**.

Quant à la croisade, il s'agit d'un véritable pèlerinage guerrier. Depuis le 7ᵉ siècle, Jérusalem et toute la **Terre sainte** vivaient sous le contrôle des Arabes musulmans. Leurs relations avec les pèlerins chrétiens demeuraient pacifiques. Cependant, à la fin du 11ᵉ siècle, les Turcs musulmans envahissent la région. Selon la rumeur, ils empêchent les chrétiens de se rendre au tombeau de Jésus-Christ. En 1095, le pape Urbain II s'adresse aux foules en les appelant à se lancer dans une grande expédition militaire pour libérer la Terre sainte: la première croisade se met en marche. Hommes et femmes du peuple, clercs, chevaliers ou grands seigneurs, tous s'empressent de partir pour lutter contre les **infidèles**. Aux nobles qui hésitent à partir, l'Église promet de protéger leurs biens et leur famille durant leur absence. Le pape leur promet également le pardon de tous leurs péchés s'ils meurent au combat, les assurant ainsi d'une place au paradis.

CONSIGNE

> **Collecte des informations**
> - Copie entre guillemets l'extrait de texte.
> - Résume le propos.
> - Observe attentivement l'iconographie.
> - Note la provenance de tes données.

hospice   Maison où des religieux donnent l'hospitalité aux pèlerins et aux voyageurs.

Terre sainte   Lieux où vécut Jésus-Christ, selon les Évangiles. Elle se situe en grande partie sur les territoires actuels du Liban, d'Israël et de la Palestine.

infidèle   Qui pratique une autre religion que la religion considérée comme vraie.

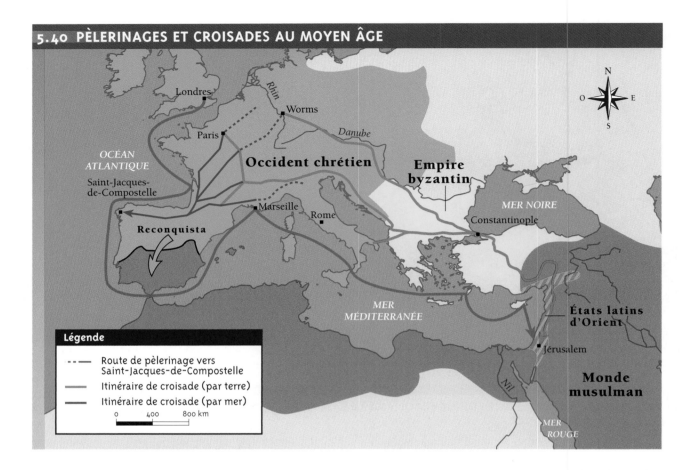

5.40 PÈLERINAGES ET CROISADES AU MOYEN ÂGE

Légende

- - - - Route de pèlerinage vers
Saint-Jacques-de-Compostelle
——— Itinéraire de croisade (par terre)
——— Itinéraire de croisade (par mer)

0   400   800 km

En 1099, Jérusalem est prise aux musulmans à la suite de terribles massacres. Des États chrétiens, appelés États latins d'Orient, sont fondés dans la région. Jusqu'au 13ᵉ siècle, sept autres croisades sont organisées pour défendre ces nouveaux territoires chrétiens. Mais, en 1291, la Terre sainte redevient musulmane. Les croisades vont détériorer pour longtemps les relations entre chrétiens et musulmans.

La lutte de l'Occident contre les infidèles connaît des succès plus durables en Espagne. Dès le 8ᵉ siècle, quelques petits royaumes chrétiens du nord de la péninsule s'engagent à reconquérir tout le territoire espagnol. C'est le début de la *Reconquista*. Au 11ᵉ siècle, ils reçoivent le soutien des moines de Cluny et l'aide armée de chevaliers de tout l'Occident. Cependant, ce n'est qu'en 1492 que la dernière possession musulmane d'Espagne, le royaume de Grenade, tombera.

Passe à l'action

Dessine tes armoiries

Tout bon chevalier porte sa devise et ses insignes sur son écu. Dessine ton écu et crée la devise qui correspond le mieux à ta personnalité chevaleresque.

CONSIGNE

Place à la créativité

- Essaie plusieurs façons de faire.
- Mets de l'avant des idées nouvelles.
- Envisage de nouvelles formes d'expression.

CITOYEN, CITOYENNE

Respecter la différence

Comme tu viens de le voir, l'Église chrétienne d'Occident, en encourageant les croisades pour imposer sa doctrine par la force des armes à d'autres peuples, est un bel exemple d'intolérance religieuse. Aujourd'hui, tu vis dans une société pluraliste composée d'individus aux attributs identitaires variés, qu'il s'agisse de cultes religieux ou de traits culturels particuliers comme la langue, la musique, la danse ou la tenue vestimentaire. Pour permettre à une telle diversité identitaire de s'épanouir, ta société doit favoriser la tolérance entre les citoyens et le respect des différences culturelles et des croyances religieuses. Elle a même mis en place des lois et des chartes qui les garantissent. Toutes ces différences contribuent à créer une société riche et diversifiée. C'est pourquoi ta société en prône le respect. Ouverte sur le monde, elle est un exemple de tolérance pour tous.

Questions citoyennes

① Explique en quoi une personne de ta communauté se distingue par ses traits culturels.

② Énumère des langues que parlent les gens de ta communauté.

③ Décris un exemple d'intolérance dans ta communauté.

④ Fais une recherche et explique un trait identitaire particulier d'une autre culture.

Opinion citoyenne

Pourquoi le racisme est-il intolérable dans une société démocratique ?

Action citoyenne

Goûter la différence culturelle

Cherche des recettes de mets étrangers et organise avec tes camarades une super dégustation de mets d'origines culturelles variées.

FAIRE L'HISTOIRE

Lire le plan ou la coupe d'un monument

coupe Représentation graphique, dessin de la structure d'un bâtiment selon une section verticale.

Afin de préciser et de présenter leurs recherches, les professionnels de l'histoire recourent parfois à des reconstitutions de monuments, qu'ils représentent sous forme de plans, de croquis ou de maquettes. Pense entre autres aux modélisations 3D vues dans le dossier 4 [← p. 154].

HISTOIRE EN ACTION

Cherche l'image d'une église gothique médiévale et identifie ses composantes architecturales.

Pour procéder à la reconstitution de tels monuments, l'historien, l'historien de l'art ou encore l'archéologue doit se référer à de nombreuses sources écrites et iconographiques comme les textes, les dessins, les photographies ou les plans d'époque ainsi que les vestiges matériels eux-mêmes. Il doit alors s'adonner à un travail minutieux qui lui permettra par exemple d'illustrer un bâtiment ou l'évolution d'une technique de construction.

Observe les représentations d'églises médiévales ci-contre. Elles présentent les **coupes** et les plans d'une église romane et d'une église gothique. Ces simples dessins peuvent t'en apprendre beaucoup sur ces constructions.

Familiarise-toi avec le vocabulaire de l'architecture religieuse. La plupart du temps, tu remarqueras que le plan d'une église catholique a la forme d'une croix. Lis bien les légendes. Compare les formes et les dimensions des deux édifices. Tu verras que ces représentations te permettront de découvrir des informations et de mieux comprendre les explications données dans le texte.

5.41

Église romane, Saint-Étienne de Nevers, France actuelle, 11e siècle.

L'église de gauche est de style roman. Inspiré des techniques de l'Antiquité romaine, l'art roman se répand en Occident de la fin du 10e siècle jusqu'au 12e siècle. Aussi trouve-t-on dans les églises romanes des voûtes en berceau semblables aux arches des constructions romaines. Avec ses voûtes basses, la simplicité de ses formes et ses intérieurs sombres, le style roman convient à merveille à la vie de recueillement des monastères.

L'église de droite est de style gothique. Élaboré à partir du 12e siècle, l'art gothique cherche le moyen d'accueillir et d'impressionner les foules des villes. Il faut des églises plus grandes, plus décorées et plus lumineuses. Les architectes gothiques développent deux trouvailles des bâtisseurs romans : la croisée d'ogives et l'arc-boutant. La voûte est maintenant formée d'arcs brisés (ogives) qui se croisent. Son énorme poids est ainsi mieux distribué sur les piliers. De plus, la structure est renforcée à l'extérieur par

Plans d'une église romane
et d'une église gothique.

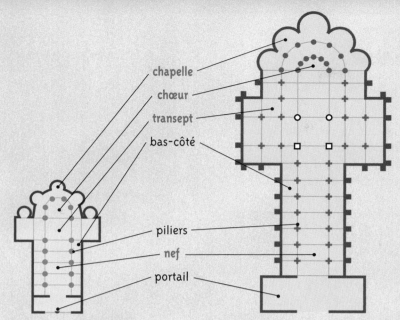

chapelle
chœur
transept
bas-côté

piliers
nef
portail

Plan d'une église romane, Saint-Étienne
de Nevers, en France (v. 1063–v. 1097).

Plan d'une église gothique, Notre-Dame
de Reims, en France (v. 1211–v. 1260).

Coupes d'une église
romane et d'une église
gothique.

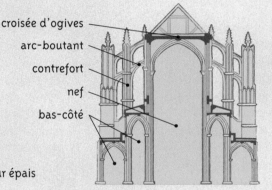

croisée d'ogives
arc-boutant
contrefort
nef
bas-côté

voûte en
berceau
nef
bas-côté
mur épais

Coupe d'une église romane.

Coupe d'une église gothique.

des arcs-boutants et des contreforts pour empêcher les murs de s'écarter et la voûte de s'écrouler. Résultat : les murs qui ne supportent plus tout le poids de la voûte s'amincissent et peuvent recevoir d'immenses fenêtres. Bien visible sur la coupe ci-dessus, cette structure légère et élancée permet de construire de vastes églises tout en hauteur et bien éclairées. La voûte de la cathédrale de Reims [← photo 5.3] s'élève à 38 mètres du sol !

Ces plans, croquis ou maquettes deviennent ainsi des outils indispensables à quiconque veut en apprendre ou en comprendre davantage sur une époque. Car comme un texte, un monument te parle de la société qui l'a construit. Ses représentations graphiques te décrivent les goûts artistiques et les techniques de construction, les matériaux disponibles ainsi que les fonctions de l'édifice. Prends l'exemple des églises médiévales. Leur étude nous révèle l'apparition d'un nouveau style artistique, d'innovations techniques et d'une nouvelle façon de concevoir l'intérieur de ces lieux de culte chrétiens.

chapelle   Pièce annexe d'une église qui contient un autel secondaire.

chœur   Partie d'une église située au-delà du transept qui contient l'autel principal et où se tiennent le clergé et les chanteurs durant les cérémonies.

transept   Nef transversale qui sépare le chœur et la nef d'une église, lui donnant sa forme de croix.

nef (du latin *navis* « navire ») Partie allongée d'une église, située entre le portail et le transept, où se regroupent les fidèles.

EN CONCLUSION

TON **RÉSUMÉ**

Rédige un court résumé de ce que tu viens de découvrir concernant la christianisation de l'Occident. Pour établir ton plan de rédaction, consulte la ligne du temps afin de noter les événements marquants, les cartes afin de repérer les éléments géographiques importants et la table des matières pour te rappeler les grandes thématiques traitées dans ce dossier.

MOTS ET CONCEPTS CLÉS

abbaye	gothique
Bible	Occident
cathédrale	mausolée
chrétienté	monastère
Coran	pèlerinage
croisade	roman, romane
féodalité	

! *Aide-mémoire*

- **Barbares:** Huns, Angles, Saxons, Francs, Wisigoths, Vandales, Ostrogoths, peuples qui envahissent l'Empire romain d'Occident.
- **Empire byzantin:** Nom donné à l'Empire romain d'Orient après la chute de l'Empire romain d'Occident.
- **Église:** Du grec *ecclesia* « assemblée ». Avec un É majuscule, ensemble de la chrétienté. Tous ceux qui croient en Jésus-Christ. Avec un é minuscule, édifice où se réunissent les chrétiens.
- **Musulman:** Qui est propre à l'islam, une religion monothéiste née en Arabie.

TON **PORTFOLIO**

- Énumère des traits culturels caractéristiques d'autres communautés que la tienne. Note des moyens d'améliorer ta compréhension des différences culturelles.
- Décris comment tu as amélioré ta créativité sous toutes ses formes. Note des cours que tu aimerais suivre pour développer encore plus ta créativité.

TES TRAVAUX PRÉPARATOIRES

Le prochain dossier d'*Histoire en action* traite de l'essor urbain et commercial au Moyen Âge. Afin de bien t'y préparer, effectue les recherches suivantes:

▶ Note la définition des mots et concepts suivants: bourgeois, caboter, charte, choléra, confession, draperie, foire, gueux, hérétique, lèpre, quarantaine, typhus.

▶ Cherche en quoi consiste la mondialisation du commerce.

▶ Situe sur une carte des grandes villes industrielles d'Europe, d'Amérique et d'Asie.

L'ESSOR URBAIN ET COMMERCIAL

TABLE DES MATIÈRES

▶ **L'expansion de la ville médiévale** — p. 204

▶ **1. L'Europe en formation** — p. 208
Des royaumes et des calamités — p. 208
La ville médiévale — p. 214

▶ **2. Le commerce, moteur de l'économie** — p. 220
Des draps de bonne réputation — p. 220
Le marchand, maître de la ville — p. 224

▶ **3. Sous l'autorité d'un monarque** — p. 232
La nouvelle société urbaine — p. 232
Le renforcement du pouvoir royal — p. 236
Faire pénitence — p. 241

▶ **Étudier les monnaies** — p. 246

▶ **En conclusion** — p. 248

PROJET

Faites l'inventaire de toutes les productions qui ont été réalisées dans le cadre des enquêtes *Histoire en action*. Trouvez un endroit approprié pour présenter une exposition de ces œuvres. Structurez un comité de représentants pour proposer le projet à la direction de l'école. Formez des équipes responsables des divers aspects de la préparation de l'événement. Il faut établir une liste des invités, communiquer avec les parents, fabriquer un carton d'invitation et une affiche, prévoir des boissons et des amuse-gueule, des hôtes et hôtesses, puis installer l'exposition.

L'EXPANSION DE LA VILLE MÉDIÉVALE

Tu l'as vu au chapitre précédent, la fin des invasions germaniques et les progrès de l'agriculture assurent à l'Occident, à partir du 11e siècle, une certaine prospérité. Les grandes famines et la peste s'effacent peu à peu des mémoires. La population s'accroît. Bientôt, les surplus agricoles des campagnes ainsi que la reprise des échanges internationaux relancent les activités commerciales.

Cet essor économique favorise un renouveau des villes. Les anciennes cités « se réveillent ». Certaines villes se développent autour des places fortifiées comme les châteaux ou les monastères. D'autres, plus récentes, apparaissent dans les zones de défrichement. La ville du Moyen Âge devient un carrefour, un lieu d'échanges : marchands et artisans y font leurs affaires ; plusieurs paysans viennent y chercher du travail. Sans tarder, toute une société urbaine s'organise à l'intérieur des remparts. Malgré leur taille encore modeste, des villes comme Bruges, Paris ou Venise, parmi les plus importantes d'Occident, peuvent alors se comparer aux centres urbains d'Afrique et d'Orient.

Au fil des siècles, le monde médiéval se transforme. Au moment où le milieu urbain prend de l'expansion, le pouvoir de certains rois d'Occident se renforce. De grands États prennent forme, notamment la France, l'Angleterre et l'Espagne. Cependant, à la fin du Moyen Âge, le monde occidental sera cruellement éprouvé par la guerre, la famine et la peste.

6.1
Le Moyen Âge.

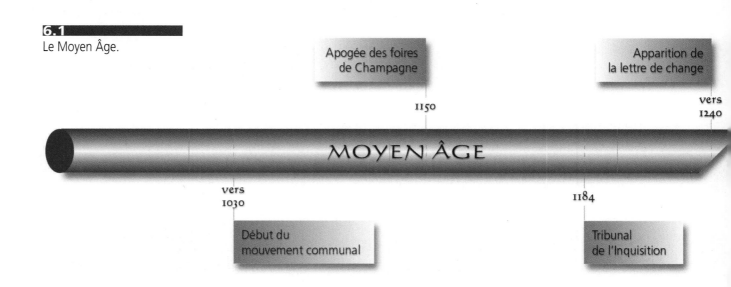

Apogée des foires de Champagne

Apparition de la lettre de change

1150

vers 1240

MOYEN ÂGE

vers 1030

1184

Début du mouvement communal

Tribunal de l'Inquisition

Tu lis dans le journal qu'une entreprise internationale ouvre bientôt une succursale dans une ville de ta région. Des centaines d'emplois seront alors créés. Pour faciliter l'accès à la ville, le gouvernement fera même construire des routes.

- Énumère des conséquences de cet événement pour les habitants de cette ville.

Au Moyen Âge, le grand commerce favorise le développement des villes. Avec elles apparaît une nouvelle classe sociale de gens riches, des commerçants et des banquiers.

- En quoi le développement du commerce au Moyen Âge a-t-il un impact sur l'essor des villes ?

6.2

Le port de Montréal. L'importation et l'exportation des marchandises, un des aspects de la vie économique d'une ville.

6.3

La ville de Feurs, en France actuelle. La ville médiévale est un centre économique, politique et culturel. Elle se distingue par son enceinte fortifiée et ses lourdes portes qui se ferment à la tombée de la nuit.

Grande Peste

1347

Fin de la guerre de Cent Ans

Prise de Constantinople par les musulmans

1453

MOYEN ÂGE

1337

1358

Début de la guerre de Cent Ans

Révoltes paysannes et urbaines en France

1492

Christophe Colomb en Amérique

Prise de Grenade par les catholiques

6.4 LE MONDE VERS 1450 : LES PRINCIPAUX CENTRES URBAINS ET LEUR POPULATION (DONNÉES APPROXIMATIVES)

● Repère les grandes villes commerçantes du Moyen Âge et précise à quel pays actuel elles appartiennent.

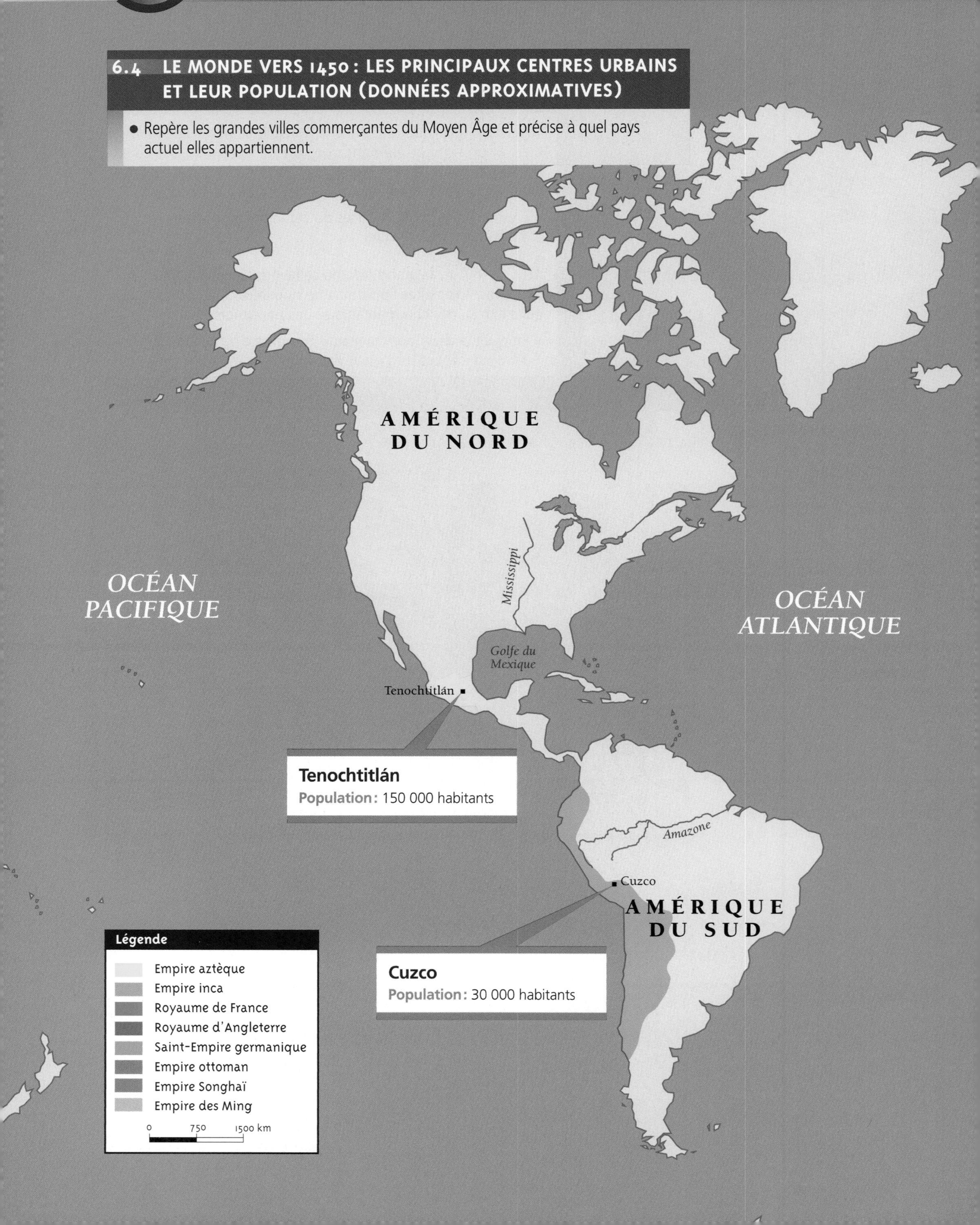

AMÉRIQUE DU NORD

OCÉAN PACIFIQUE

OCÉAN ATLANTIQUE

Mississippi

Golfe du Mexique

Tenochtitlán ■

Tenochtitlán
Population : 150 000 habitants

Amazone

■ Cuzco

AMÉRIQUE DU SUD

Cuzco
Population : 30 000 habitants

Légende

Empire aztèque
Empire inca
Royaume de France
Royaume d'Angleterre
Saint-Empire germanique
Empire ottoman
Empire Songhaï
Empire des Ming

0   750   1500 km

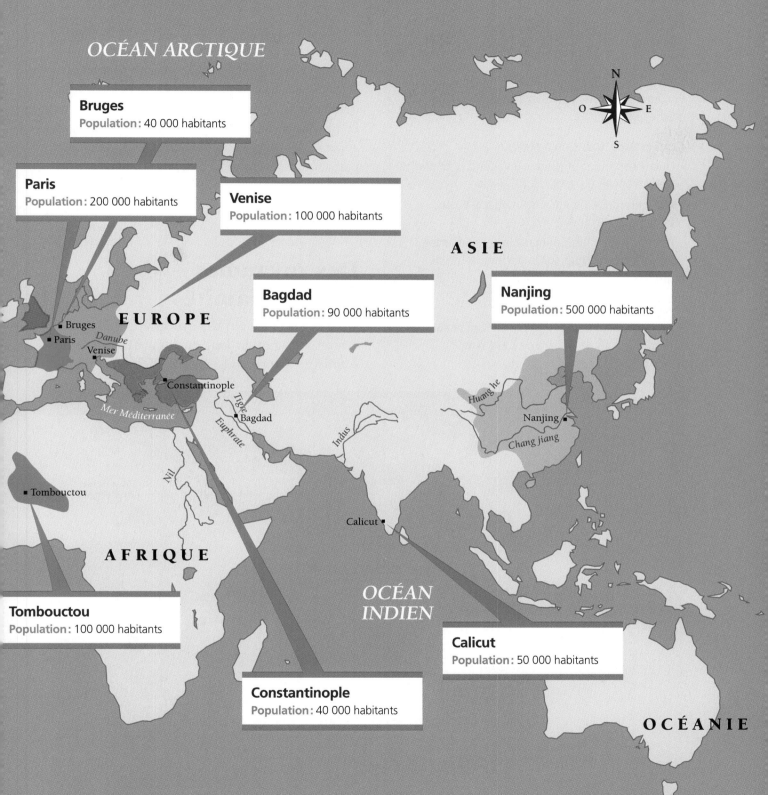

1 L'EUROPE EN FORMATION

1 TON SUJET D'ENQUÊTE

Raconte comment s'est constituée l'Europe médiévale.

Commence ton enquête

▶ Décris comment et jusqu'où s'étend le domaine royal français à partir du 10ᵉ siècle.

▶ Énumère des calamités qui s'abattent sur l'Occident médiéval.

▶ Représente graphiquement la conséquence de ces catastrophes sur la démographie du Moyen Âge.

Poursuis ton enquête

Dresse une liste des rois de France qui se sont succédé durant la guerre de Cent Ans.

CONSIGNE

Organisation des informations

• Conçois un plan d'organisation.

• Regroupe tes données en tableau, en liste ou en citations de textes.

• Identifie tes documents iconographiques et leur provenance.

Au 11ᵉ siècle, rappelle-toi, l'Occident se trouve morcelé en petits territoires contrôlés par de grands seigneurs. Au cours des siècles suivants, de véritables États, avec leurs frontières assez bien définies, recomposent la carte de l'Europe. Durant la même période, un nouveau réseau urbain apparaît : les villes se multiplient et se développent partout en Occident. Cependant, tu découvriras aussi que les populations européennes de la fin du Moyen Âge seront frappées par de terribles malheurs.

Des royaumes et des calamités

À partir du 11ᵉ siècle, des souverains d'Occident désireux d'agrandir leur domaine s'efforcent de soumettre leurs grands vassaux. Comment un roi

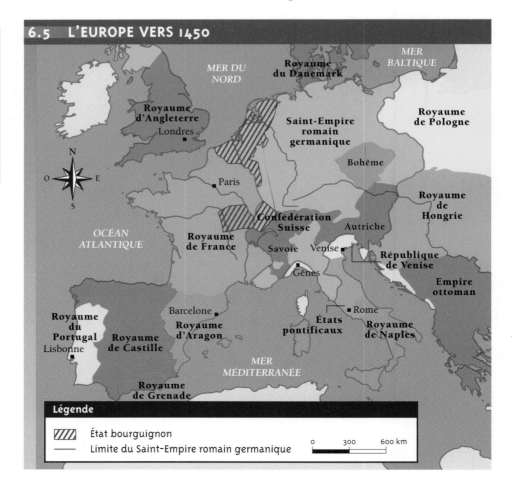

6.5 L'EUROPE VERS 1450

MER DU NORD · MER BALTIQUE · Royaume du Danemark · Royaume d'Angleterre · Londres · Saint-Empire romain germanique · Royaume de Pologne · Bohème · OCÉAN ATLANTIQUE · Paris · Royaume de France · Confédération Suisse · Autriche · Savoie · Venise · Gênes · Royaume de Hongrie · République de Venise · Empire ottoman · Barcelone · Rome · Royaume du Portugal · Lisbonne · Royaume de Castille · Royaume d'Aragon · États pontificaux · Royaume de Naples · MER MÉDITERRANÉE · Royaume de Grenade

Légende

▨ État bourguignon

— Limite du Saint-Empire romain germanique

0   300   600 km

parvient-il à étendre ses terres personnelles? Tous les moyens sont bons. Il rachète des terres, il en acquiert d'autres par héritage ou par mariage. Il profite aussi des conflits pour confisquer les fiefs de ses seigneurs qu'il accuse de félonie. De génération en génération, au fil de luttes sanglantes et d'alliances stratégiques, le domaine royal s'agrandit.

Un peu partout en Occident, le pouvoir royal s'impose en s'appuyant sur une solide administration qui représente le roi à la grandeur du pays. Ainsi, au 15ᵉ siècle, des royaumes européens comme ceux de France, d'Angleterre et d'Espagne s'affirment pleinement en tant qu'États. Seul le centre de l'Europe demeure une mosaïque de petits territoires. De son côté, l'Empire byzantin tombe aux mains des Turcs musulmans, appelés aussi les Ottomans. Constate les changements sur la carte 6.5.

Capétiens Dynastie des rois qui dirigent la France à partir du règne de Hugues Capet (987-996).

Le domaine du roi de France

Si tu observes sur les cartes le royaume de France au 10ᵉ siècle puis au 15ᵉ siècle, un fait te sautera aux yeux : la taille du domaine royal augmente considérablement. Au début du règne des **Capétiens**, le domaine royal ne couvre que 8000 km², un territoire d'une superficie ridicule à côté des vastes terres que possèdent de puissants vassaux du roi comme le duc de Bourgogne. Petit à petit, les souverains de France gagnent du terrain à coup de rachats de terres, de mariages avantageux, d'héritages chaudement

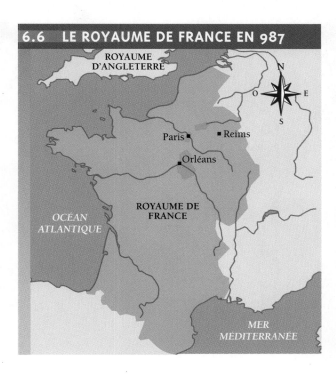

6.6 LE ROYAUME DE FRANCE EN 987

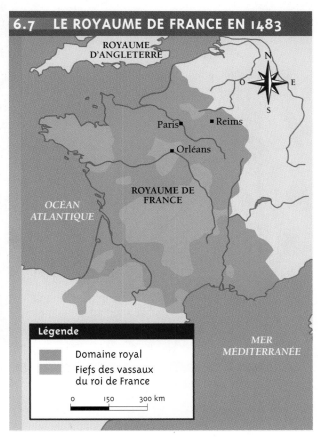

6.7 LE ROYAUME DE FRANCE EN 1483

Légende

▪ Domaine royal

▪ Fiefs des vassaux du roi de France

0   150   300 km

JEANNE CONTRE LES ANGLAIS

bourguignon Du duché de Bourgogne, dans l'est de la France, alors allié au royaume d'Angleterre.

dauphin Titre donné à l'héritier de la couronne de France.

Ce n'est pas sans mal que l'autorité royale parviendra à s'imposer à travers tout le royaume de France. En effet, les affrontements armés menacent régulièrement les ambitions du roi. Au 14e siècle éclate une longue guerre de succession, la guerre de Cent Ans. Français et Anglais ne s'entendent pas sur le successeur de Charles VI, roi de France mort sans héritier en 1328. Ce conflit va ravager la France jusqu'en 1453.

À partir des années 1415-1420, la situation semble désespérée. Le royaume de France est en grande partie occupé par les troupes anglaises et **bourguignonnes**. Jusqu'à ce jour de 1429 où une jeune femme nommée Jeanne d'Arc (1412-1431) se présente devant le **dauphin** Charles. Elle prétend avoir entendu des voix lui ordonnant de délivrer la France de ses envahisseurs. Le futur roi accepte de lui confier son armée. Jeanne et ses soldats battent les Anglais à Orléans, puis volent de victoire en victoire. La même année Charles VII est couronné à Reims. Jeanne, pour sa part, sera capturée par les Bourguignons et livrée aux Anglais. Jugée et condamnée, elle sera brûlée vive en 1431.

6.8

Jeanne d'Arc au siège de Paris, le 8 septembre 1429. Extrait d'un manuscrit français, vers 1480.

● Établis la chronologie des batailles qu'a livrées Jeanne d'Arc pour délivrer le royaume de France.

disputés et de confiscations astucieuses. Au 13ᵉ siècle, par exemple, le roi de France Philippe Auguste retire au roi d'Angleterre les terres qu'il détient en sol français et pour lesquelles il est son vassal. Si bien qu'à la fin du 15ᵉ siècle le royaume de France s'étend sur plus de 500 000 km², soit presque la superficie de la France actuelle.

Des famines, des épidémies et des guerres

Au moment même où le pouvoir monarchique se renforce, les malheurs commencent à s'abattre sur les populations d'Europe. Alors qu'elles traversaient depuis l'an mil une période de prospérité, les voici qui se trouvent cruellement éprouvées par la famine, la peste et la guerre. Au début du 14ᵉ siècle, il y a bien longtemps que les grandes famines n'ont éclaté dans les campagnes européennes. Les historiens ignorent toujours la cause exacte de ces famines qui sévissent au 14ᵉ siècle. Serait-ce le surpeuplement, ou les ravages causés par les guerres, ou encore les mauvaises récoltes dues à un climat plus froid et humide dans le nord-ouest de l'Europe ? Quoi qu'il en soit, la famine tue une partie des habitants. Et les survivants, affamés, sont très vulnérables : des maladies comme le **typhus** ou le **choléra** feront leur lot de victimes.

Ainsi, les famines s'accompagnent de terribles épidémies. En 1347, la peste frappe. Ses effets sont dévastateurs : en moins de trois ans, plus du tiers de la population européenne disparaît ; le fléau n'épargne pas non plus les populations d'Asie. Bref, c'est l'épidémie la plus meurtrière de toute l'histoire de l'humanité. Comment pareille épidémie a-t-elle pu survenir ? La peste, maladie très contagieuse, est transmise par la puce du rat. Or, les villes médiévales grouillent de ces bêtes qui se nourrissent des ordures jetées à la rue. Étant donné la densité de population des villes, les pertes y sont considérables. Les monastères qui regroupent des dizaines et parfois même des centaines de personnes sont aussi durement touchés.

typhus Maladie infectieuse, contagieuse et épidémique, transmise par les poux, caractérisée par une forte fièvre, des rougeurs et un engourdissement pouvant aller jusqu'au coma.

choléra Maladie épidémique caractérisée par des diarrhées, des vomissements, des crampes et une grande fatigue.

AUJOURD'HUI

Énumère des facteurs qui affectent actuellement la croissance démographique mondiale.

6.9
Victimes de la peste à Pérouse, en Italie actuelle. Extrait d'un manuscrit du 16ᵉ siècle.

LA GRANDE PESTE NOIRE

bubon Inflammation et gonflement des ganglions dans les régions du cou, des aisselles et de l'aine.

bouc émissaire Personne sur laquelle on fait retomber les torts.

quarantaine Isolement de durée variable (de quarante jours à l'origine) imposé à des personnes contagieuses ou supposées contagieuses.

La Grande Peste noire de 1347 porte bien son nom. Grande, car elle fait périr entre quinze et vingt millions de personnes à travers tout l'Occident. Noire, car la peste bubonique se caractérise par des marques noirâtres sur le corps. La peste se distingue aussi par la formation de gros **bubons** remplis de pus. La maladie s'accompagne de fortes poussées de fièvre, de douleurs vives, de maux de tête violents, de diarrhées et de vomissements. En moins d'une semaine, la mort met fin aux souffrances du pestiféré.

Pour les gens du Moyen Âge, et même pour les médecins, la peste demeure un mystère. Ne serait-elle pas une punition de Dieu ? Certains cherchent des **boucs émissaires**, et on va même accuser les juifs de répandre la maladie en empoisonnant l'eau des puits. En réalité, la Grande Peste provient des rives de la mer Noire, en Asie centrale. Les marchands européens qui commercent dans la région ramènent dans leurs bateaux des rats porteurs de la maladie. Ceux-ci contaminent d'abord les ports de la Méditerranée, notamment Venise et Marseille. Puis l'épidémie remonte à toute allure vers le nord, le long des routes de commerce, semant la mort sur son passage : à peine un malade sur cinq peut espérer s'en sortir. La panique s'empare des populations. Plusieurs prennent la fuite, contribuant ainsi à propager la maladie. Il faudra du temps pour que les autorités appliquent des mesures de contrôle efficaces comme la **quarantaine** et la destruction par le feu des draps et des vêtements des pestiférés. À partir de 1351, l'épidémie s'éteint peu à peu. Cependant, la peste réapparaîtra régulièrement en Europe jusqu'au 18e siècle.

6.10

Scène montrant des juifs brûlés vifs pendant la Peste noire, au 14e siècle. Gravure sur bois, Allemagne actuelle, 15e siècle.

Les nombreux conflits armés qui éclatent en Europe aux 14e et 15e siècles éprouvent les populations. Mais les nobles ont tout à y gagner. Ils encouragent la guerre car les famines et les épidémies les privent de revenus importants. Dans le cas d'une victoire, les nobles s'enrichissent en s'emparant de nouvelles terres. D'autant plus que sur leur passage ils pillent des châteaux, des églises et des villages. De plus, ils obtiennent des rançons pour leurs prisonniers. Les seigneurs profitent aussi de la guerre pour alourdir les impôts afin de payer leurs nombreux soldats. Des guerres civiles éclatent à l'intérieur même des royaumes; c'est le cas en France ainsi qu'en Angleterre et en Espagne. Il faut encore ajouter que les nobles et leurs armées ne sont pas les seuls à combattre. En effet, des paysans se révoltent, poussés par la haine qu'ils éprouvent pour ces militaires qui dévastent leurs champs et prélèvent sur eux de lourds impôts. La noblesse réprimera violemment ces soulèvements de la paysannerie.

Famines, épidémies et guerres provoquent une formidable chute de la population européenne; il faudra quatre cents ans pour que le nombre d'habitants dépasse celui atteint au début du 14e siècle. Ces calamités, néanmoins, tournent à l'avantage des survivants: les paysans s'installent sur les meilleures terres et la rareté des ouvriers entraîne une augmentation de leurs salaires.

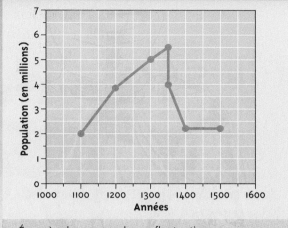

6.11 LA POPULATION DU ROYAUME D'ANGLETERRE DU 12e AU 16e SIÈCLE

- Énumère les causes de ces fluctuations démographiques.

6.12

Les dommages de la guerre. Extrait d'un manuscrit français du 15e siècle.

La ville médiévale

Souviens-toi qu'au début du Moyen Âge les villes d'Occident sont rares et peu peuplées. Les difficultés économiques et les invasions ont réduit les grands centres urbains de l'Antiquité à de gros villages parsemés de ruines.

Rome, qui comptait plus de un million d'habitants au 2e siècle, n'en contient plus que vingt mille! Cependant, dès la fin du 10e siècle, la croissance démographique et la prospérité des campagnes entraînent un renouveau des villes: d'anciennes cités prennent un nouvel essor, de nouvelles agglomérations voient le jour.

Le développement des villes

Les seigneurs, qu'ils appartiennent à la noblesse ou au clergé, encouragent l'urbanisation. Pourquoi? Pour s'enrichir. Les marchés des villes, très achalandés, représentent un débouché avantageux pour les produits de la seigneurie. Les nobles empochent de plus des revenus importants provenant de taxes de toutes sortes. Aussi les villes se développent-elles au pied des châteaux et des monastères. Ces villes, même les plus modestes d'entre elles, ne sont pas que de simples villages

2 TON SUJET D'ENQUÊTE

Décris à quoi ressemble une ville de l'Europe médiévale.

Commence ton enquête

▶ Dresse une liste des matériaux de construction utilisés au Moyen Âge.

▶ Énumère les édifices imposants d'une ville médiévale.

▶ Note les caractéristiques des habitations typiques d'une ville du Moyen Âge.

Poursuis ton enquête

Cherche une représentation de ville européenne ayant encore aujourd'hui des murs d'enceinte datant de l'époque médiévale et raconte son histoire.

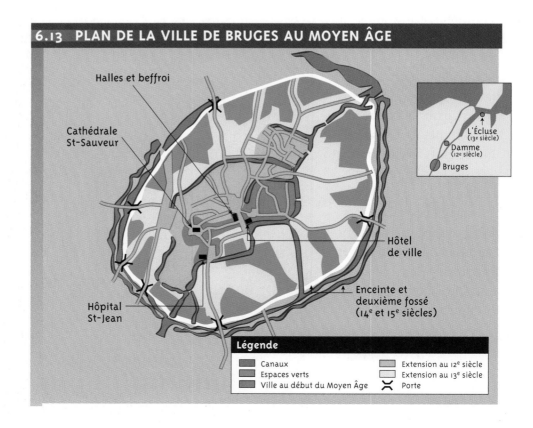

6.13   PLAN DE LA VILLE DE BRUGES AU MOYEN ÂGE

Halles et beffroi

Cathédrale St-Sauveur

Hôpital St-Jean

Hôtel de ville

Enceinte et deuxième fossé (14e et 15e siècles)

L'Écluse (13e siècle)

Damme (12e siècle)

Bruges

Légende

▪ Canaux
▪ Espaces verts
▪ Ville au début du Moyen Âge
▫ Extension au 12e siècle
▫ Extension au 13e siècle
✕ Porte

de campagne. En effet, la ville médiévale constitue un lieu d'échanges et de production artisanale. Située aux abords des principales routes marchandes, elle devient un centre économique, politique et culturel. Les grands seigneurs fondent également des villes dans les zones de défrichement et sur les frontières des royaumes. Ils s'assurent ainsi de nouvelles sources de revenus tout en rendant le territoire plus sûr. En effet, grâce à son enceinte de pierre et à ses lourdes portes, la ville remplit aussi une fonction militaire. Il ne faut pas se surprendre si elle porte parfois le nom de bourg, du latin *burgus* « habitations fortifiées ».

La plupart des villes européennes ne comptent que quelques milliers d'habitants. Ces villes ressemblent à de gros villages; leurs habitants vivent du marché, pratiquent l'artisanat et s'adonnent aux travaux agricoles. Des villes plus importantes constituent des centres administratifs et religieux. S'y trouvent des fonctionnaires du royaume, l'évêque et ses clercs, ainsi qu'un grand nombre de marchands et d'artisans. La Flandre et le nord de l'Italie constituent les régions les plus urbanisées. C'est là que se dressent les principales villes d'Occident, souvent appelées métropoles. Leur prospérité repose sur le grand commerce. En Europe du Nord, Bruges et Gand ne dépassent pas les cinquante mille habitants chacune. En fait, à la fin du 13ᵉ siècle, seules Paris, Gênes et Venise comptent plus de cent mille personnes.

L'aménagement de la ville

De taille modeste, la ville médiévale est un espace fermé, entouré de fortifications [← carte 6.13]. À partir du 12ᵉ siècle, des **faubourgs** apparaissent aux portes de cette petite ville devenue trop à l'étroit entre ses murs. On élève parfois une nouvelle enceinte pour réunir les quartiers récents à la vieille ville. Si certains bourgs récents présentent un plan en damier, la plupart des villes s'étendent autour d'un centre ancien, dans un mouvement circulaire plus ou moins désordonné. En prévision de longs conflits, la ville renferme des espaces verts où sont aménagés des potagers, des vergers, des vignobles et, pour les animaux, des pâturages. Comme tu peux le constater, la différence entre ville et campagne, à cette époque, n'est pas aussi nette qu'aujourd'hui.

faubourg À partir du 12ᵉ siècle, la ville déborde de ses murs. Les nouveaux citadins doivent en effet s'établir à l'extérieur, dans les faubourgs. Ce nom, *faubourg*, provient du latin *foris* et *burgus* « hors du bourg », anciennement *faux bourg*.

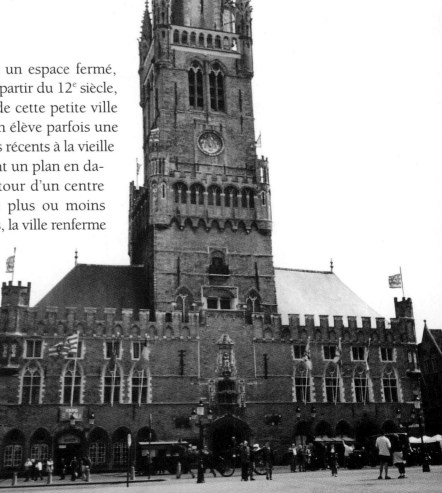

6.14
Le beffroi et les halles de Bruges aujourd'hui, devant la place du marché.

parvis Place située devant la façade d'une église.

hôtel-Dieu Hôpital principal de la ville.

débardeur Personne qui décharge et charge un bateau.

Quel spectacle s'offre à la vue du voyageur qui franchit l'enceinte d'une grande ville médiévale ? La cathédrale, symbole de la richesse des habitants de la ville, domine les lieux ; elle sert de point de repère à des kilomètres à la ronde. Contrairement à ce que tu penses, cette grande église est loin d'être un lieu paisible. Comme sur les places publiques de l'Antiquité, les gens s'y rencontrent et discutent à voix haute, les guildes y tiennent leurs réunions, on y organise même des banquets. Le **parvis** de la cathédrale sert parfois de marché et même de théâtre ! À proximité se trouvent d'autres édifices religieux : le palais de l'évêque, l'**hôtel-Dieu**, l'école cathédrale et des monastères.

En poursuivant sa route, le voyageur s'émerveille devant le palais du roi ou celui d'un grand seigneur. Il peut aussi admirer le beffroi, une tour qui se dresse tout près de l'hôtel de ville, là où se réunissent les dirigeants de la cité. Le beffroi symbolise le nouveau pouvoir des marchands et des maîtres artisans, qui dorénavant administrent la ville. À quelques pas se trouvent la place du marché et les halles, de vastes espaces où s'échangent les produits de la terre et de l'artisanat.

Avec beaucoup de curiosité et un peu de frayeur, le voyageur s'engage dans les rues de terre battue, qui bourdonnent d'animation. Là, la rue des Orfèvres ; ici, celle des Boulangers. Attention ! Quelqu'un vient de jeter ses ordures par la fenêtre ! Dans le bruit et les odeurs nauséabondes, les artisans tiennent leur atelier ouvert sur la rue, signalé par une enseigne stylisée : un ciseau pour les drapiers, une botte pour les cordonniers, etc. Durant sa visite, le voyageur aura l'occasion de contempler plus d'une église, chaque quartier ayant la sienne. Il aura peut-être découvert une université. En effet, certaines grandes agglomérations comme Paris, en France, et Bologne, en Italie, peuvent se vanter d'en avoir une. Et peut-être qu'au bout d'une ruelle il aura entendu la rumeur du port et respiré l'odeur inhabituelle des coûteuses épices d'Asie que les **débardeurs** déchargent sur le quai.

6.15
Ville médiévale de Carcassonne, France actuelle.

6.16
Rue médiévale avec ses maisons à encorbellement et à colombages, typiques du nord de l'Europe.

● Repère et définis les éléments suivants : colombage, torchis et encorbellement.

L'habitation urbaine

Afin de loger la population urbaine grandissante, les habitations sont construites en hauteur, le long de rues étroites. Les charpentes de bois, le manque d'eau et d'espace, voilà qui rend les incendies dévastateurs : ils détruisent parfois une grande partie de la ville sous le regard impuissant des citadins.

La maison urbaine type présente une charpente en colombages. Elle comporte un ou plusieurs étages en encorbellement, c'est-à-dire qu'ils s'avancent en surplomb au-dessus de la rue. Une boutique ou un atelier occupe une partie du rez-de-chaussée, celle qui donne sur la rue. À l'arrière, une cuisine dotée d'une cheminée donne sur une cour intérieure. Aux étages, on trouve les chambres de la famille et des employés, un bureau, et un grenier qui peut servir d'entrepôt. Plus larges qu'à la campagne, les fenêtres sont pourvues de volets de bois. Les habitants les ferment avec du papier ou de la toile huilée, le vitrage étant très coûteux. Le logis urbain est modestement garni : des bancs, des coffres, des étagères, une table montée sur des tréteaux et quelques tapisseries. Bref, comme dans la chaumière, on n'y trouve à peu près que l'indispensable.

Passe à l'action

Des spécialistes décrivent des villes anciennes

Cherche une image d'un lieu caractéristique de Constantinople, Bagdad ou Tombouctou au Moyen Âge, et établis une fiche descriptive que tu utiliseras lors d'un exposé oral.

AILLEURS

DES VILLES CARREFOURS

Le phénomène de l'urbanisation n'est pas nouveau. Depuis la plus haute Antiquité, en effet, la ville exerce une sorte de fascination sur les gens. La concentration croissante de la population dans les agglomérations urbaines ne touche pas que l'Europe. En Amérique, en Afrique et en Asie, des cités s'épanouissent ou déclinent au fil des siècles. À travers les descriptions de voyageurs, découvre Constantinople, la capitale de l'Empire byzantin, Bagdad, la métropole du monde musulman, et Tombouctou, la «perle du désert».

Voici comment le prêtre italien Cristoforo Buondelmonti représentait Constantinople au 15e siècle, dans son atlas des îles, une sorte de guide touristique.

Cette ancienne cité grecque doit son nom à l'empereur romain Constantin, qui l'a choisie comme capitale de l'Empire au 4e siècle. Constantinople se dresse sur l'extrémité sud de la rive européenne du Bosphore, ce **détroit** qui fait communiquer la mer Noire avec la mer de Marmara. Cette situation lui assure le contrôle des routes terrestres et maritimes entre l'Asie et l'Europe. Peuplée de cinq cent mille habitants, la capitale byzantine du 11e siècle rappelle la grandeur de Rome, avec ses édifices impériaux, ses imposantes églises et son **hippodrome**. Centre d'artisanat reconnu et grand port de commerce, Constantinople accueille des marchands, des savants et des pèlerins de tout l'Empire et d'ailleurs.

détroit Bras de mer entre deux terres rapprochées et qui fait communiquer deux mers.

hippodrome Cirque de forme allongée aménagé pour les courses de chevaux.

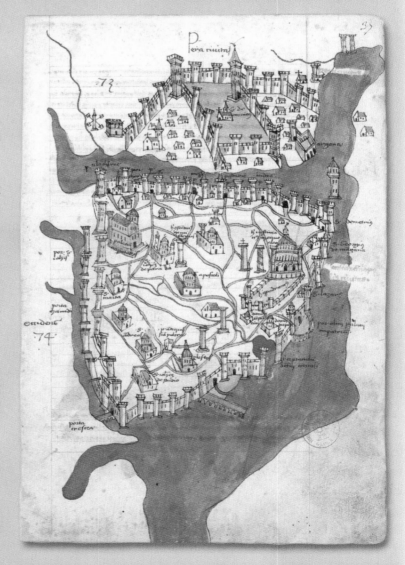

6.17
Constantinople, extrait du *Liber insularum Cicladorum* de Cristoforo Buondelmonti, copie du 15e siècle.

salubrité Caractère de ce qui est favorable à la santé humaine.

transsaharien Qui traverse le désert du Sahara, en Afrique.

Au 9ᵉ siècle, Bagdad compte déjà un million d'habitants. Comme la plupart des grandes villes, elle se dote d'un long rempart qui la protège des envahisseurs venus d'Asie centrale. Centre politique et religieux, la ville émerveille par ses palais et ses grandes mosquées. Les califes y encouragent la vie intellectuelle. Bagdad devient ainsi un important foyer d'études littéraires et scientifiques. Témoin de la prospérité de l'endroit, le géographe arabe Al-Yaqubi considère la région comme le « nombril du monde ».

> Bagdad est le cœur de l'Irak, la cité la plus considérable, qui n'a d'équivalent ni à l'Orient ni à l'Occident de la terre, en étendue, en importance, en prospérité, en abondance d'eau et **salubrité** du climat […]. Tous les peuples du monde y possèdent un quartier, un centre de négoce et de commerce, c'est pourquoi l'on y retrouve réuni ce qui n'existe dans aucune ville au monde. Elle s'étale sur les deux rives de ces fleuves considérables, le Tigre et l'Euphrate, et voit affluer des produits commerciaux et des vivres, par terre ou par eau. (Al-Yaqubi, *Livre des pays*, 9ᵉ siècle.)

Construite à la limite du désert, près des rives du fleuve Niger, en Afrique de l'Ouest, Tombouctou connaît son apogée au 15ᵉ siècle. Elle est la plaque tournante du commerce **transsaharien**. On y échange des produits de luxe comme l'or, l'ivoire, le sel et aussi des esclaves. Tombouctou, comme Bagdad d'ailleurs, est une ville multiculturelle. Parmi les cent mille personnes qui vivent dans son enceinte, on trouve des Berbères et des Arabes venus du nord, des éleveurs peuls, des paysans songhaïs, et bien d'autres. Léon l'Africain, un savant arabe, décrit ainsi Tombouctou :

> Les maisons de Tombutto [Tombouctou] sont des cabanes faites de pieux crépis d'argile avec des toits de paille. Au milieu de la ville se trouve un temple construit en pierres maçonnées avec un mortier de chaux […] et aussi un grand palais […] où loge le roi. Les boutiques des artisans, des marchands et surtout des tisserands de toiles de coton sont nombreuses. Les étoffes d'Europe parviennent aussi à Tombutto, apportées par les marchands de Berbérie. […]
>
> Les habitants sont fort riches, surtout les étrangers qui sont fixés dans le pays… […] Il y a dans Tombutto de nombreux juges, docteurs et prêtres, tous bien appointés par le roi. Il honore grandement les lettrés. On vend aussi beaucoup de livres manuscrits qui viennent de Berbérie. (Léon l'Africain, *Description de l'Afrique*, vers 1526.)

6.18

Mosquée de Sankoré, Tombouctou, Mali actuel, reconstruite au 17ᵉ siècle. Bâtie au début du 15ᵉ siècle, la mosquée de Sankoré abrite alors une université islamique très réputée, fréquentée par des étudiants venus des quatre coins du monde musulman.

2 LE COMMERCE, MOTEUR DE L'ÉCONOMIE

TON SUJET D'ENQUÊTE

Explique pourquoi on trouve des ateliers de production textile à la ville et à la campagne à la fin du Moyen Âge.

Commence ton enquête

▸ Décris un des métiers pratiqués à la ville au Moyen Âge.

▸ Explique l'importance de la production textile européenne pour le commerce.

▸ Décris les nouveaux outils de production du Moyen Âge.

Poursuis ton enquête

Dessine un métier à tisser horizontal et explique son fonctionnement.

Tu possèdes déjà quelques connaissances sur les activités économiques au Moyen Âge, en particulier sur l'agriculture, la construction, et l'organisation des métiers. À partir du 11e siècle, la prospérité des campagnes et la croissance des villes en Occident donnent un nouvel élan à la production artisanale et aux activités commerciales. L'élevage se développe pour approvisionner les villes ainsi que l'artisanat du textile, qui se taille une brillante réputation sur le marché international. Tu découvriras les succès de cet artisanat ainsi que les pratiques des marchands de l'époque : les routes commerciales qu'ils empruntent, les produits qu'ils échangent, les instruments qu'ils inventent en matière de finance et de gestion.

CONSIGNE

> **Place à la créativité**
> • Essaie plusieurs façons de faire.
> • Mets de l'avant des idées nouvelles.
> • Envisage de nouvelles formes d'expression.

Des draps de bonne réputation

C'est à la ville que l'artisanat se développe avec le plus de vigueur. Tu n'as qu'à penser à tous les artisans présents sur les nombreux chantiers de construction d'une ville médiévale en pleine croissance : tailleur de pierre, maçon, charpentier, sculpteur, peintre, etc. Dans le dédale des rues et ruelles, on trouve aussi le boulanger, le boucher, l'épicier-**apothicaire** et le marchand de vin, artisans de l'alimentation, le **tanneur**, le cordonnier et le **pelletier**, artisans du cuir, ou encore le forgeron et l'orfèvre, maîtres de la transformation des métaux. En général, cet artisanat répond aux besoins des habitants de la ville et des environs, qui se fournissent dans les boutiques, aux halles ou sur la place du marché. Dans l'Europe du Moyen Âge, un secteur artisanal se distingue des autres : le textile.

Une « industrie » florissante

Dès le 11e siècle, le textile, ou plutôt la **draperie**, est en plein essor. Les étoffes de laine sont recherchées non seulement dans les marchés locaux et d'Europe, mais aussi dans les **souks** des lointaines villes musulmanes. C'est pourquoi un grand nombre d'artisans travaillent dans l'industrie textile. Certains spécialistes vont jusqu'à parler de « grande industrie ». Attention ! Les artisans du textile ne travaillent pas encore sous un même toit dans une vaste manufacture ; la plupart exercent toujours leur métier dans de modestes ateliers.

apothicaire Pharmacien.

tanneur Artisan qui prépare les peaux avec du tan (écorce de chêne réduite en poudre) pour en faire du cuir.

pelletier Artisan qui prépare les peaux garnies de leurs poils pour en faire des fourrures.

draperie Fabrication et commerce du drap, un tissu de laine feutrée.

souk Marché couvert des pays musulmans.

DES BÊTES POUR LA CONSOMMATION, L'ARTISANAT ET LE COMMERCE

La plupart des paysans de l'Europe médiévale pratiquent l'élevage, ce qui leur permet d'assurer leur subsistance. Les plus pauvres d'entre eux se contentent d'élever quelques volailles et quelques porcs, alors que les paysans plus aisés possèdent aussi des bœufs, des moutons ou encore des chèvres.

bourrelier Artisan qui fabrique et vend des harnais, des selles, des sacs et des courroies de cuir.

Les bêtes de la ferme fournissent également à plusieurs artisans les matières premières dont ils ont besoin. Le bétail fournit les peaux nécessaires au travail des tanneurs, des cordonniers et des **bourreliers**. La peau plus fine des chèvres et des moutons sert à la confection des précieux parchemins.

La laine alimente les ateliers de filage, de tissage et de teinturerie. Durant les derniers siècles du Moyen Âge, le métier de boucher connaît un grand essor grâce aux populations aisées qui consomment plus de viande. Aussi certains seigneurs et de riches paysans en viennent-ils à constituer d'importants troupeaux. Pas surprenant que certaines régions privilégient de plus en plus l'élevage : par exemple, les terres d'Angleterre et du sud de l'Europe conviennent bien au mouton, alors que les pâturages du Danemark et de la Hongrie sont plus favorables au bœuf.

6.19

Élevage de moutons. Gravure sur bois, 15ᵉ siècle.

Le cœur de la production textile se situe en Flandre, dans le nord de l'Europe [← carte 6.5]. Densément peuplée et très urbanisée, cette région constitue à elle seule un excellent marché pour le tissu. Bien situés sur les rives de la mer du Nord, les marchands **flamands** peuvent aussi exporter leur drap vers d'autres pays. Et lorsque la laine des environs vient à manquer, les drapiers s'approvisionnent en Angleterre, un royaume voisin.

flamand De la Flandre.

6.20
Le filage et le tissage
de la laine.

La production drapière

Comment la laine brute se change-t-elle en drap fin ? Dans un premier temps, le drapier, un riche commerçant, achète la laine dans un marché de Flandre ou d'Angleterre. Cette laine passe ensuite par de nombreuses mains : des artisans d'une vingtaine de métiers participent aux différentes étapes de la fabrication du tissu. La laine doit être triée, battue, nettoyée et **cardée**, avant d'être transformée en fil par l'artisane fileuse. On livre alors le fil de laine chez le tisserand. Ceux qui exercent ce métier, bien souvent des hommes, jouissent d'un grand prestige. Depuis le 11e siècle, le tisserand peut produire de longues pièces d'étoffe grâce à une nouvelle machine, le métier à tisser horizontal, actionné par un système de pédales.

Au tissage succède le foulage. Cette opération consiste à dégraisser et à feutrer le tissu en le piétinant dans des bacs d'eau chaude. L'étoffe est séchée, battue, puis foulée de nouveau. Le drap acquiert ainsi de l'épaisseur, de la force et du moelleux. Les foulons sont de grands consommateurs d'eau et de bois de chauffage : leur activité pollue l'environnement. Leur métier n'inspire pas beaucoup d'estime. Pour obtenir un drap de grande qualité, il faut ensuite que d'autres artisans peignent, **épincent** et tondent le tissu. Dernière opération, le teinturier donne au tissu sa couleur définitive. Le drapier peut enfin récupérer des ballots de drap prêts pour la vente.

Les tisserands européens produisent avec la laine d'autres tissus que le drap, comme le velours. Tissée selon un procédé plus complexe, cette étoffe est réservée aux plus nantis. D'autre part, les artisans du textile travaillent d'autres matières que la laine, notamment le lin, dont riches et pauvres sont habillés. Ramené d'Orient durant les croisades, le coton demeure rare et coûteux. Quant à la soie, on l'importe à grands frais d'Asie depuis l'Antiquité, mais les maîtres italiens commencent à la fabriquer eux-mêmes à partir du 12e siècle.

Pendant longtemps, les tissus sont fabriqués soit à la maison pour répondre aux besoins du ménage, soit dans des ateliers urbains, surtout flamands, à des fins commerciales. Des innovations techniques viennent changer la situation. Le rouet permet à l'artisane de filer cinq ou six fois plus rapidement

AUJOURD'HUI

Décris la place de l'artisanat dans nos sociétés industrielles.

carder Démêler, en parlant de fibres textiles.

épincer Débarrasser le drap de ses nœuds et de ses impuretés avec de petites pinces.

UN ARTISANAT HAUT EN COULEUR

Comme les foulons, les teinturiers exercent un métier peu prestigieux. Leurs doigts, tachés par les produits corrosifs qu'ils manipulent, leur valent le surnom méprisant d'« ongles bleus ». De plus, leurs activités exigent de grandes quantités d'eau et de substances chimiques qui dégagent des odeurs désagréables.

En quoi consiste le travail de l'artisan teinturier ? Il place d'abord les pièces de drap dans de grandes cuves chauffées pour les imprégner de mordant, un produit qui sert à fixer les teintures. Les étoffes apprêtées sont ensuite plongées dans d'autres cuves remplies de colorant. Les apprentis font sécher le tissu puis le lavent à grande eau. D'où vient la couleur ? L'artisan prépare ses teintures dans le plus grand secret, à partir de plantes ou de substances animales. Ainsi, la racine de garance et la cochenille, un insecte, donnent un colorant rouge, alors que les feuilles et les tiges de pastel produisent une teinture d'un bleu clair. Les clients apprécient aussi le brun, le vert, le jaune et le noir, mais, jusqu'au 13e siècle, ils préfèrent le rouge. Associé à la royauté et aux représentations de Marie, la mère de Jésus, le bleu deviendra au fil du temps une couleur très recherchée.

6.21
Atelier du teinturier. Extrait d'un manuscrit anglais du 15e siècle.

qu'auparavant. Et le foulage s'effectue désormais à l'aide du moulin à foulon, qui utilise l'énergie hydraulique des rivières. Avec ces inventions, la main-d'œuvre nécessaire à la fabrication du tissu se trouve réduite. De petits ateliers apparaissent alors dans les campagnes, à proximité des troupeaux qui fournissent la matière première. Ainsi, de nouveaux centres de production lainière se développent au cours du 14e siècle, en Espagne, en Angleterre et en Italie.

4
TON SUJET D'ENQUÊTE

Raconte comment les Européens s'adonnent au grand commerce au Moyen Âge.

Commence ton enquête

▶ Note des conditions qui favorisent le commerce au Moyen Âge.

▶ Situe les villes commerçantes sur une carte.

▶ Raconte comment est organisé le commerce au nord de l'Europe.

▶ Décris en quoi la situation géographique de l'Italie est avantageuse.

▶ Énumère les raisons qui désavantagent le commerce par voie terrestre.

▶ Décris comment les marchands italiens comblent leur manque de capitaux.

Poursuis ton enquête

Cherche des images de Galata, cette ville européenne édifiée au Moyen Âge en face de Constantinople.

CONSIGNE

▶ **Critique externe**
• Indique d'où proviennent tes informations.

foire Grand marché où l'on vend diverses sortes de marchandises et qui a lieu à des dates fixes, en un lieu fixe.

Le marchand, maître de la ville

Durant la seconde moitié du Moyen Âge, l'essor de la plupart des villes repose sur le commerce régional. À l'origine de cette croissance on trouve des seigneurs, des évêques et des abbés qui confient à des gens de leur entourage la mission d'écouler les surplus agricoles de leur seigneurie. Ces premiers marchands s'installent à la ville. Ils font des affaires au marché hebdomadaire ou encore dans les **foires** de la région. C'est là que les paysans, les artisans et les marchands locaux se retrouvent pour échanger leurs denrées et leurs articles. Peu à peu, des paysans et des maîtres artisans en viennent à pratiquer des activités commerciales qui sortent du cadre de leurs besoins immédiats : ils ne se préoccupent plus seulement de leur subsistance. Pour augmenter leurs profits, les marchands les plus prospères se lancent dans un commerce de plus grande envergure. Certains seront ainsi amenés à franchir de longues distances.

Le grand commerce

Jusqu'à l'an mil, les invasions et l'insécurité en mer Méditerranée gênaient le commerce international. La paix relative, la présence de navires de guerre occidentaux, le développement des villes et la demande des gens aisés pour des produits de luxe relancent le grand commerce. En quoi consiste donc ce grand commerce ? Il s'agit d'échanges de quantités importantes de biens, et ce, non seulement à travers l'Occident, mais aussi avec l'Afrique et l'Orient. C'est ainsi que les nobles français portent des soieries de Chine et des fourrures de Russie, alors que les habitants de Constantinople apprécient le drap fin de Flandre et le sel de France. Note que les grands centres de commerce se développent d'abord à partir des régions productrices de tissus [➔ carte 6.23].

Passe à l'action

Fabriqué au Québec

Avec tes camarades de classe, établis une liste de produits fabriqués au Québec. Puis, entreprenez une campagne publicitaire dans votre école afin de promouvoir l'achat de ces produits de chez nous.

6.22
Reconstitution d'une foire médiévale.

Au nord, les marchands de Bruges, de Hambourg et de Lübeck dominent les échanges en mer du Nord et en mer Baltique. En effet, dès le 12e siècle, les marchands du nord de l'Europe se regroupent en associations, puis, au siècle suivant, des villes entières s'unissent pour accroître leur force économique. Elles forment ce qu'on appelle la Hanse, ou ligue hanséatique, d'un mot allemand qui signifie « s'associer ». Chaque ville apporte sa contribution financière et militaire à la ligue. Celle-ci contrôle le commerce dans tout le nord de l'Europe. Elle y possède des dizaines de **comptoirs**, de Novgorod, en Russie jusqu'à Londres, en Angleterre. Le bois de construction, le blé, la laine, le poisson, les métaux non précieux, le drap, les armes et les fourrures constituent la richesse commerciale de cette vaste région.

comptoir Établissement de commerce fondé par une compagnie ou un État dans un pays éloigné. Il peut s'agir d'une simple maison, d'un quartier d'une ville, parfois même d'un port.

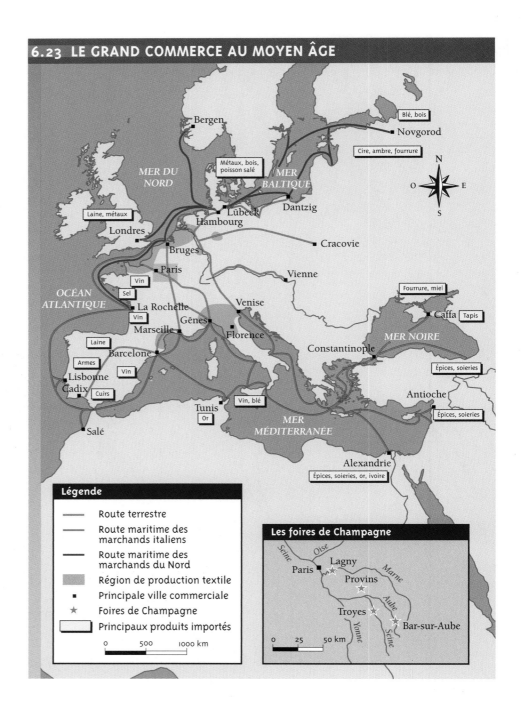

6.23 LE GRAND COMMERCE AU MOYEN ÂGE

Légende

— Route terrestre
— Route maritime des marchands italiens
— Route maritime des marchands du Nord
▨ Région de production textile
■ Principale ville commerciale
★ Foires de Champagne
▭ Principaux produits importés

0 500 1000 km

Les foires de Champagne

0 25 50 km

AUJOURD'HUI

Démontre par un exemple que les moyens de se procurer des biens ont évolué depuis le Moyen Âge.

Au sud, les Italiens sont les maîtres du commerce international dans tout le bassin méditerranéen et même au-delà. Bien situés sur les rives de la Méditerranée, ils s'approvisionnent directement sur les marchés de l'Empire byzantin et du monde musulman. Ils y achètent surtout des produits de luxe : des épices, de l'or, des soieries, des cotonnades, des parfums, du sucre de canne, des bois précieux, sans oublier les esclaves. Puis ils redistribuent ces produits à travers tout l'Occident. Ce commerce, beaucoup plus rentable que celui auquel on se livre au nord, fait la fortune de grandes familles commerçantes établies, entre autres, à Gênes et à Venise.

Des routes commerciales

Comme tu peux le constater, les marchands parcourent de grandes distances. Les routes terrestres sont semées d'obstacles. La route médiévale n'a rien à voir avec la voie romaine : elle se réduit à un chemin de terre mal entretenu. Les ponts sont rares, les péages fréquents, et de nombreux brigands attaquent les voyageurs. Aussi les marchands se déplacent-ils en caravanes de charrettes, de mulets ou de chevaux. Compte tenu des difficultés, ils préfèrent transporter des marchandises de valeur : des tissus fins, des fourrures, des épices. Pour se rendre dans le nord de l'Europe, les marchands italiens doivent en plus traverser la barrière naturelle des Alpes.

Malgré ces inconvénients, au cours des 12ᵉ et 13ᵉ siècles, les marchands du nord et du sud de l'Europe se rencontrent périodiquement lors de grandes foires. Les plus importantes se tiennent en Champagne, au sud-est de Paris, un carrefour propice aux échanges. Les seigneurs de la région offrent toutes sortes d'avantages aux marchands forains : l'entretien des routes, la construction de logements, un service de sécurité assuré par des gardes de foire, un service de rédaction de contrats, et des tribunaux qui tranchent les litiges. À partir du 14ᵉ siècle, les commerçants délaissent les foires de Champagne. D'une part, les grandes compagnies italiennes ouvrent des comptoirs dans les villes d'Europe où elles commercent. D'autre part, la guerre de Cent Ans rend la région peu sûre, ce qui pousse les marchands à emprunter de nouvelles routes commerciales.

Les produits plus lourds, comme le bois de construction, les céréales et le sel, circulent sur les fleuves et les canaux dans de longs bateaux à fond plat. Le transport s'effectue aussi par voie de mer. Cependant, cette navigation se révèle tout aussi risquée que dans l'Antiquité. Les pirates infestent la Méditerranée et le mauvais temps représente toujours un péril, sans parler des conflits qui font parfois rage entre

6.24

Hambourg, sur la mer du Nord, un des plus grands ports d'Europe. Extrait d'un manuscrit médiéval.

6.25

Le passage du Saint-Gothard, une aquarelle de John M. Turner, 1804. Il ne faut pas avoir froid aux yeux pour passer le **col** de Saint-Gothard, dans les Alpes, avec sa caravane !

col   Passage entre deux sommets montagneux.

affréter   Louer un moyen de transport.

capital   Argent, fonds, fortune.

les royaumes d'Occident. Comme les Grecs et les Romains avant eux, les armateurs italiens organisent donc des convois de bateaux qui cabotent de port en port, escortés par des navires de guerre.

Des capitaux pour le grand commerce

Forts de leur grande prospérité, les hommes d'affaires italiens trouvent des moyens ingénieux pour intensifier leur activité commerciale. Le grand commerce exige d'eux qu'ils disposent de sommes considérables, non seulement pour acheter les marchandises, mais encore pour **affréter** les navires nécessaires à leur transport. Or, les **capitaux** d'un marchand seul ne suffisent plus à couvrir ces importants investissements. Aussi, ces grands négociants créent-ils des compagnies. Cette forme d'association permet de regrouper

AILLEURS

LE RICHE MARCHAND, HÉROS DES *MILLE ET UNE NUITS*

Dans les contes des *Mille et Une Nuits*, le personnage principal est souvent un riche marchand animé par la curiosité : c'est un aventurier dans l'âme. Toujours à l'affût d'une bonne affaire à conclure, ce marin d'expérience n'hésite pas à partir au loin, sillonnant les fleuves et les mers du sud de l'Asie.

Ce marchand est aussi un homme honnête et respectueux de la religion islamique : il s'adonne à la prière et remercie Allah de le protéger tout au long de ses voyages parfois très périlleux. En effet, au cours de ses aventures, ce personnage connaît la faim, vit dans la misère et frôle la mort ! Cependant, il retrouve toujours le chemin de sa ville, Bagdad, où il rentre, plus riche encore, pour raconter ses voyages. Qu'il se nomme Sindbad ou Ali Cogia, le héros des *Mille et Une Nuits* représente l'idéal du marchand arabe : **pieux**, vaillant et curieux.

pieux Qui est animé ou inspiré par un grand attachement à son dieu, aux devoirs et aux pratiques de sa religion.

6.26
Navire de commerce arabe. Miniature arabe.

plusieurs personnes qui fournissent ainsi les fonds nécessaires à des activités commerciales d'envergure. Ces investisseurs partagent les pertes ou les bénéfices de l'entreprise à proportion de la somme investie.

Grâce à leurs abondants capitaux, les compagnies ainsi formées peuvent offrir des services bancaires : elles prêtent de l'argent, reçoivent des dépôts et exercent une intense activité de change. Pourquoi ? Parce que la frappe de la monnaie augmente au rythme de la production et des échanges. En Italie, chaque ville où se trouvent établies de grandes familles commerçantes frappe ses propres monnaies d'argent et d'or. Ainsi, on trouve en circulation le génois de Gênes, le florin de Florence, le ducat de Venise, et bien d'autres. Un vrai casse-tête pour les petits commerçants, car la valeur

6.27
Reconstitution d'une lettre de change.

de ces monnaies varie constamment, mais une bonne affaire pour ces marchands devenus banquiers!

En matière de gestion des affaires, les marchands italiens ne cessent d'innover: ce sont des hommes instruits, familiarisés avec la grammaire et l'arithmétique. Pour simplifier les opérations de change et éviter le transport de grandes quantités de pièces, ils utilisent la lettre de change. Par exemple, un drapier de Bruges achète de la laine d'un marchand de Barcelone. Pour éviter que ce dernier ne voyage jusqu'à Barcelone avec une grosse somme d'argent, le Brugeois verse directement le paiement à sa banque, à Bruges. Celle-ci rédige une lettre de change qui ordonne à sa succursale de Barcelone de payer le marchand de laine. Comme tu vois, il s'agit simplement d'un ordre de paiement d'une banque à une autre.

Dès le 13e siècle, les négociants italiens tiennent des livres où ils enregistrent toutes leurs opérations commerciales. Ces écrits permettent de connaître en tout temps les avoirs et les dettes de la compagnie, et de mieux repérer les erreurs. C'est là l'origine de la comptabilité moderne. Cependant, ces techniques comptables ne se répandront qu'au 16e siècle avec la publication des premiers ouvrages traitant de la tenue de livres, notamment celui de Benedetto Cotrugli, intitulé *Le Commerce et le Marchand idéal.*

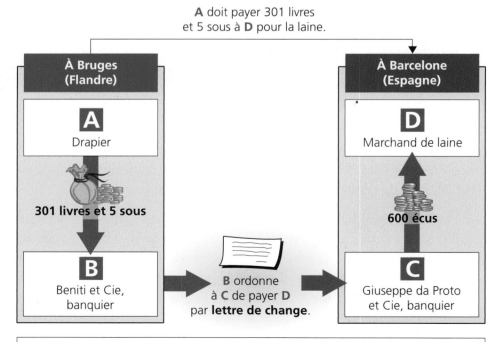

A doit payer 301 livres et 5 sous à **D** pour la laine.

À Bruges (Flandre)

A
Drapier

301 livres et 5 sous

B
Beniti et Cie, banquier

B ordonne à **C** de payer **D** par **lettre de change.**

À Barcelone (Espagne)

D
Marchand de laine

600 écus

C
Giuseppe da Proto et Cie, banquier

Taux : 10 sous et 5 deniers = 1 écu ■ 1 livre = 20 sous ■ 1 sou = 12 deniers

6.28
Le paiement par lettre de change.

AILLEURS

FAIRE DES AFFAIRES À L'ÉTRANGER

À l'étranger, les marchands se rassemblent selon leur région d'origine. Les autorités locales offrent aux marchands des lieux d'hébergement et des entrepôts dans un quartier de leur ville. À partir du 11ᵉ siècle, fatigués de se déplacer sans cesse, les commerçants italiens s'installent de façon permanente, dans des villes d'Europe mais aussi d'Afrique du Nord, de la côte est de la Méditerranée et de l'Empire byzantin. Seuls leurs employés continuent de se déplacer avec les marchandises.

Les Génois et les Vénitiens forment parfois de véritables colonies. Ainsi, au 13ᵉ siècle, l'empereur byzantin accorde aux Génois, ses alliés militaires, un grand territoire en face de Constantinople pour qu'ils y bâtissent une ville. Galata voit le jour : une véritable ville occidentale, avec son enceinte, ses hautes maisons de pierre, ses églises, sa place du marché et son port. Les Italiens disposent même de la forteresse de Yoros, à l'extérieur de la ville, pour mieux défendre le passage du détroit du Bosphore. La forte présence des Italiens leur assure le contrôle du grand commerce de la région de la mer Noire et du Proche-Orient, un commerce qui échappe ainsi aux Byzantins.

6.29

Vue d'Istanbul et de Galata par Matrakçi Nasuh. Gouache sur papier, Turquie actuelle, 16ᵉ siècle.

❸ SOUS L'AUTORITÉ D'UN MONARQUE

5

TON SUJET D'ENQUÊTE

Explique la structure sociale des villes au Moyen Âge.

Commence ton enquête

▶ Dresse un tableau de la hiérarchie urbaine au Moyen Âge.

▶ Note comment la noblesse se distingue des autres classes sociales.

▶ Explique qui sont les exclus des villes médiévales.

▶ Décris le sort réservé aux exclus.

Poursuis ton enquête

Cherche une illustration d'un vêtement du Moyen Âge et fais-en une description détaillée en tant que spécialiste de la mode.

6.30
Des paysans.

Tout au long des derniers siècles du Moyen Âge, la société féodale se maintient, avec ses trois ordres : la noblesse, le clergé, et les autres, ceux qui travaillent. Cependant, l'essor des villes et du commerce fait naître une société urbaine ayant sa propre hiérarchie. Pour sa part, la société rurale connaît peu de changements. Quant à l'Église catholique, elle garde son emprise sur l'Europe médiévale. Lors des guerres, de la peste et des famines, les populations vont d'ailleurs trouver un grand réconfort dans la religion.

La nouvelle société urbaine

Malgré l'urbanisation, la société de l'Europe médiévale demeure essentiellement rurale. Tout au long du Moyen Âge, la paysannerie forme le plus grand nombre de ceux qui travaillent. Mais, au fil des siècles, le groupe des travailleurs n'appartenant pas à la paysannerie se diversifie. C'est à la ville que s'observera ce phénomène appelé à transformer la hiérarchie sociale. Les religieux, néanmoins, conservent une grande autorité sur la vie urbaine, avec leurs églises, leurs couvents, leurs écoles et leurs hôpitaux.

Certains nobles s'établissent à la ville. Propriétaires à la campagne, ils s'introduisent dans le monde urbain pour y faire des affaires ou s'occuper de l'administration de la ville. Cependant, à côté de ces anciennes élites apparaissent peu à peu d'autres groupes : ils se distinguent les uns des autres principalement par leur fortune. Les plus riches et les plus

CONSIGNE

Méthode historique

• Cherche la même information dans différentes sources.

• Distingue les faits historiques des opinions.

• Fais appel à tes connaissances antérieures.

puissants sont les grands marchands et les banquiers. À partir du 13ᵉ siècle, ils s'approprient le gouvernement des villes. Vient ensuite le peuple, dominé par les maîtres artisans et les commerçants locaux. Tous ne mènent pas le même train de vie. Ainsi, le tisserand qui répond aux besoins du grand commerce a une situation beaucoup plus confortable que le petit boulanger de quartier. Parmi les citadins, on trouve aussi beaucoup de gens instruits : des fonctionnaires, des notaires, des avocats, des médecins et des employés au service de compagnies de marchands, de banquiers, etc. Enfin, la ville fourmille d'apprentis et d'ouvriers salariés qui s'activent dans les chantiers, les ateliers et les ports.

Chaque ville constitue un monde en soi. Bien à l'abri derrière ses fortifications, les habitants forment une communauté dynamique. Qu'ils soient **journaliers**, artisans, commerçants ou religieux, tous tirent fierté d'appartenir à cette ville, à cette communauté. Ils honorent les mêmes saints **patrons** et se mêlent les uns aux autres à l'occasion de spectacles de rue et de fêtes très populaires comme le carnaval ou la **fête des Fous**.

journalier   Ouvrier qui travaille à la journée.

patron, patronne   Saint ou sainte qu'une ville ou une guilde reconnaît pour protecteur, ou à qui est dédiée une église, ou encore dont une personne a reçu le nom au baptême.

fête des Fous   Durant la période de Noël, fête où la hiérarchie est inversée : les maîtres deviennent serviteurs, et les serviteurs, maîtres.

6.31
Des nobles.

6.32
De riches bourgeois.

Passe à l'action

Une mode médiévale avant-gardiste
Organise avec tes camarades une exposition de dessins de mode destinée à la noblesse du Moyen Âge.

Un tableau de Pieter Bruegel l'Ancien, intitulé *Le Combat de Carnaval et de Carême*, peint en 1559.

AUJOURD'HUI

Décris une forme de discrimination ou d'exclusion dont tu as été témoin dans ta communauté.

léproserie   Au Moyen Âge, hôpital où l'on isole les personnes atteintes de la lèpre, une maladie contagieuse qui attaque la peau et les nerfs.

gueux   Personne réduite à mendier pour vivre.

Ce portrait de la hiérarchie urbaine ne serait pas complet sans les exclus. Ce groupe se compose de toutes sortes d'individus : des lépreux enfermés dans des **léproseries**, aux portes de la ville, des paysans sans terres venus chercher du travail, des **gueux**, des étrangers sans le sou, ou encore des juifs. Ces gens ne jouissent pas des droits et de la protection accordés aux autres habitants de la ville. Ils sont sans cesse menacés d'emprisonnement ou d'expulsion. Certains de ces exclus, des handicapés, des vieillards, des femmes, des enfants, peuvent se réfugier dans les hôpitaux. C'est que l'hôpital, au Moyen Âge, est d'abord un lieu d'hébergement et non pas, comme aujourd'hui, un établissement destiné exclusivement aux soins médicaux.

LA POÉSIE CRITIQUE LA SOCIÉTÉ

Connais-tu le *Roman de Renart* ? Il ne s'agit pas d'un roman comme ceux que tu as l'habitude de lire. C'est un ensemble de courts récits en vers, écrits aux 12ᵉ et 13ᵉ siècles par plusieurs auteurs anonymes. Ces derniers ont utilisé la langue **vulgaire** de l'époque, l'ancien français ou langue romane, d'où le nom de roman. Ce texte raconte les aventures d'un renard qui, d'un naturel rusé et poussé par la faim, ne cesse de jouer de vilains tours aux autres animaux de la forêt. Ces personnages représentent en fait les membres de la société, qu'ils soient nobles, religieux ou paysans.

> **vulgaire** Courant, très répandu.

Récité par des jongleurs sur les places publiques, ce récit a beaucoup de succès. Tous les spectateurs reconnaissent et moquent les défauts (cruauté, hypocrisie, mensonge, etc.) des gens de leur temps : le *Roman de Renart* est une critique plutôt sévère mais très comique de la société médiévale.

6.34
Renart le goupil et Tybert le chat. Extrait d'un manuscrit français du *Roman de Renart*, 13ᵉ siècle.

CITOYEN, CITOYENNE

Les institutions et l'action humaine

Comme tu le vois, toutes sortes de gens du Moyen Âge sont à la base de l'Occident chrétien. Ce sont des personnages riches et puissants, des rois, des seigneurs et des gens d'Église qui ont financé les grands projets de société. Ils ont mis en place des institutions publiques et religieuses : universités, écoles, hôpitaux, orphelinats, couvents et monastères. Ces institutions ont encore aujourd'hui la même vocation. Poussés par leur foi et leur conscience sociale, des gens simples ont aussi joué un rôle important dans la construction et l'administration de ces institutions. Certains d'entre eux sont passés à l'histoire, d'autres sont demeurés anonymes. Chose sûre, leur rôle a été déterminant de ce qui constitue les fondements de la société occidentale d'aujourd'hui.

FAITS D'HIER — LA PERSÉCUTION DES JUIFS

Jusqu'au 11ᵉ siècle, les juifs sont peu nombreux en Occident, sauf en Espagne et dans le sud de l'Italie. Par la suite, ils gagnent la France, l'Allemagne et l'est de l'Europe. En tant que non-chrétiens, les juifs ne peuvent habiter où ils veulent, ni pratiquer la profession de leur choix. Ils doivent s'installer dans la rue ou le quartier qu'on leur assigne : le « ghetto ». Ils se consacrent très souvent à des activités financières, notamment au prêt sur **gages**, ce qui est loin de leur attirer la sympathie générale.

Avec les croisades, alors que grandit l'intransigeance devant tout ce qui n'est pas chrétien, la discrimination contre les juifs s'accentue. Ils sont parfois expulsés de chez eux et leurs biens sont saisis. Des lois interdisent la cohabitation et le mariage entre juifs et chrétiens. L'Église exige des juifs qu'ils portent un signe distinctif, par exemple une étoile de couleur jaune. Au 14ᵉ siècle, alors que de grands malheurs s'abattent sur l'Europe, la situation des juifs ne fait qu'empirer. Beaucoup d'entre eux seront tués, d'autres, chassés du royaume où ils se sont établis.

> **gage** Objet remis en dépôt à un prêteur pour garantir le remboursement d'un prêt.

Le renforcement du pouvoir royal

À partir du 12ᵉ siècle, certains monarques dont le roi de France, profitant des divisions entre leurs vassaux, entreprennent d'agrandir leur domaine. Rappelle-toi que le roi n'est pas un seigneur comme les autres. Il ne doit hommage à personne. Son couronnement se déroule dans une cathédrale pour symboliser qu'il reçoit son pouvoir de Dieu lui-même. Cet événement, la cérémonie du sacre, augmente d'autant le prestige du roi, monarque de droit divin.

CONSIGNE

Collecte des informations
- Copie entre guillemets l'extrait de texte.
- Résume le propos.
- Observe attentivement l'iconographie.
- Note la provenance de tes données.

6 TON SUJET D'ENQUÊTE

Décris les changements qui apparaissent dans l'organisation du pouvoir à partir du 13ᵉ siècle.

Commence ton enquête
- Décris comment les bourgeois contrôlent l'administration des villes à partir du 12ᵉ siècle.
- Explique ce qu'est une charte de franchise d'un bourg médiéval.
- Énumère les nouvelles institutions sur lesquelles les rois de France appuient leur pouvoir.
- Raconte en quoi la *Magna Carta* limite le pouvoir du roi d'Angleterre.

Poursuis ton enquête
Cherche une illustration de la *Magna Carta* et raconte son histoire.

6.35
Le sacre de Louis VIII et de son épouse, Blanche de Castille, en août 1223, à Reims. Extrait d'un manuscrit français du 15ᵉ siècle.

Les institutions de la monarchie

Pour renforcer leur pouvoir, les rois d'Occident se dotent d'une administration présente dans tout leur royaume. Cette administration maintient l'ordre public, perçoit les impôts, s'occupe du domaine et transmet les ordres. De plus, le souverain s'entoure maintenant de juristes compétents. Ces conseillers connaissent bien le droit coutumier, hérité des Germains, et ils ont appris le droit **canon** et le droit romain dans les nouvelles universités. Ce sont eux qui aident le roi à jeter les bases d'un État **centralisateur**. Comme l'empereur romain dans l'Antiquité, le souverain va devenir l'unique détenteur de l'autorité dans le royaume, les vassaux perdant peu à peu leurs pouvoirs. Au fil des règnes, l'administration, le droit, la justice, l'armée, l'impôt et la monnaie passent sous le contrôle exclusif du monarque.

canon Basé sur les canons, les lois de l'Église.

centralisateur Qui réunit tous les moyens d'action, de contrôle sous une autorité unique.

6.36

Louis IX rendant la justice. Extrait d'un manuscrit français, 14ᵉ siècle.

En France, le roi s'appuie sur de nouvelles institutions. L'armée devient permanente. La justice royale est rendue par un conseil établi à Paris, le Parlement. C'est la plus haute cour de justice du royaume : tous les habitants peuvent venir y contester les décisions de leur seigneur. Le roi confie les finances à la chambre des comptes, qui établit les impôts et surveille la frappe de la monnaie. À partir du 14ᵉ siècle, le souverain réunit parfois une assemblée formée de représentants des trois ordres : des nobles, des religieux, des membres importants de la société urbaine comme de riches marchands. Ne t'y trompe pas, il ne s'agit pas d'une institution démocratique. Le roi cherche simplement à s'assurer l'approbation des **sujets** les plus influents du royaume sur des questions délicates. Et en bout de ligne, c'est lui qui décide !

L'autorité royale n'a pas le même poids à travers tout l'Occident. En Angleterre, par exemple, le roi Jean sans Terre se voit dans l'obligation, en 1215, d'accorder une charte qui limite son pouvoir. Cette charte des libertés, la *Magna Carta*, est due à une révolte de la noblesse anglaise, qui en avait assez de payer des impôts exorbitants et de subir les conséquences des mauvaises décisions du roi. Dorénavant, les nouveaux impôts doivent être approuvés par une assemblée formée de représentants de la noblesse et du clergé. C'est là l'une des garanties qu'offre la *Magna Carta*.

sujet Personne soumise à l'autorité d'un souverain.

Les institutions de la bourgeoisie

Comment le pouvoir s'organise-t-il à la ville ? À l'origine, les villes appartiennent aux seigneurs. Peu à peu, plusieurs d'entre elles se libèrent de l'autorité féodale. Les habitants du bourg, appelés bourgeois, se regroupent en commune, une association de défense de leurs intérêts. Dans la plupart des cas, la commune négocie le rachat des droits du seigneur (taxes, corvées, banalités, etc.). Ce dernier accorde alors à la commune une charte de **franchise**, écrit juridique qui énonce les droits et les obligations du seigneur et des bourgeois de la ville. Obtenue vers 1080, la charte de la ville de Saint-Quentin, dans le nord de la France, est l'une des plus anciennes.

Les bourgeois administrent eux-mêmes leur ville. La ville libre, ou ville franche, rappelle les cités-États des Grecs de l'Antiquité. Le contenu des chartes communales varie d'une ville à l'autre : certains bourgs gagnent plus de libertés que d'autres. Les bourgeois élisent un conseil de ville, conseil formé d'échevins et dirigé par un maire. Le seigneur se réserve parfois le droit de nommer des membres à cette assemblée. Le conseil se réunit à l'hôtel de ville ou au palais communal. Il peut rendre la justice, gérer les finances, lever certains impôts et organiser la défense du bourg. Dans les faits, ce gouvernement municipal n'est pas accessible à tous : seuls les grands marchands et les banquiers dirigent la ville. À la fin du Moyen Âge, les rois reprendront peu à peu le contrôle de la vie municipale.

franchise Droit, privilège qui limite l'autorité du seigneur au profit d'une ville.

opinion

Est-il préférable que le peuple élise ses dirigeants politiques ?

6.37
Charte accordée aux bourgeois de Londres par le roi d'Angleterre Jean sans Terre, 9 mai 1215.

LA RÉPUBLIQUE MARITIME DE VENISE

La ville de Venise est fondée au début du Moyen Âge par des réfugiés fuyant les invasions germaniques. Ils aménagent leur cité dans un endroit sûr et isolé : les îlots d'une **lagune**, au nord-est de l'Italie, sur la mer Adriatique. Une véritable ville flottante ! Tirant parti de ce site, les habitants s'adonnent à un commerce maritime intensif. Grâce à ses comptoirs sur le pourtour de la Méditerranée, la ville devient rapidement une république prospère. Elle dispose d'une imposante flotte marchande et guerrière. Aussi Venise n'hésite-t-elle pas à prendre les armes pour défendre ses possessions.

Dans cette cité-État qui compte cent mille habitants au 13ᵉ siècle, le pouvoir appartient à une puissante association de grandes familles commerçantes. Celles-ci élisent parmi leurs membres un chef, le doge, ainsi que les membres du conseil qui contrôle la ville.

lagune Étendue d'eau de mer comprise entre la terre ferme et une bande de terre généralement percée de passages.

6.38

Une fresque de l'Italien Ignazio Danti, intitulée *Panorama de Venise*, peinte entre 1580 et 1582.

Faire pénitence

Pendant tout le Moyen Âge, les pratiques et les fêtes religieuses rythment le quotidien des gens. Ainsi, les cloches des nombreuses églises de la ville sonnent pour annoncer les prières et les messes, ainsi que les événements heureux tels que baptêmes et mariages. Elles signalent aussi la mort d'un fidèle. Lorsqu'un incendie se déclare ou qu'une menace d'attaque se précise, les cloches alertent la population. La religion est donc présente dans la vie des chrétiens de leur naissance à leur mort. Au 13ᵉ siècle, l'Église est toute-puissante, et elle n'admet aucune forme de contestation. En dehors du chemin tracé par l'Église, les catholiques ne peuvent trouver leur salut.

Les ordres mendiants et la prédication

À la fin du Moyen Âge, les curés et les évêques sont toujours au cœur de la vie paroissiale. Cependant, le manque d'instruction de certains prêtres et les absences fréquentes de plusieurs évêques soulèvent l'indignation. Il n'y a pas lieu de s'étonner si la population se tourne vers de nouveaux ordres religieux, les ordres mendiants. Les membres de ces communautés religieuses vivent dans une pauvreté telle qu'ils doivent quêter leur nourriture. À l'opposé des moines des abbayes, ces nouveaux religieux se mêlent au peuple

7
TON SUJET D'ENQUÊTE

Explique la place qu'occupe l'Église dans l'organisation sociale au Moyen Âge.

Commence ton enquête

▸ Explique ce que sont les ordres mendiants fondés à la fin du Moyen Âge.

▸ Décris le rôle de l'inquisiteur de l'Église de Rome.

▸ Note comment les chrétiens sollicitent la protection divine.

Poursuis ton enquête

Dresse la biographie d'un fondateur d'un ordre mendiant du Moyen Âge.

6.39

Un prédicateur à son pupitre. Extrait d'un manuscrit du 15ᵉ siècle.

confesser Avouer ses péchés à un prêtre dans le but d'être pardonné.

des villes pour prêcher l'Évangile. Tu comprends que, en comparaison de l'Église et de ses grands dirigeants qui accumulent des richesses considérables, ces nouveaux ordres religieux s'attirent la sympathie des populations. Le pape leur accorde le droit de dire la messe, d'enterrer les morts et de **confesser**, comme le fait le clergé séculier. Les ordres des franciscains et des dominicains sont parmi les plus influents de cette époque.

FAITS D'HIER

LE TRIBUNAL DE L'ÉGLISE

L'Église, tout comme les États, se dote d'une administration et d'un gouvernement très efficaces. Elle possède même une institution judiciaire : le tribunal de l'Inquisition, ou Inquisition. Ce tribunal est chargé de punir ceux qui rejettent l'autorité et les enseignements de l'Église. En fait, il s'agit de tribunaux itinérants qui s'installent dans une région pendant quelques mois, le temps d'enquêter et de juger les coupables.

Juge du tribunal, l'inquisiteur est un personnage important et inquiétant. Nommé par le pape, cet homme d'Église détient un grand pouvoir. Son rôle consiste à ramener les **hérétiques** à la foi catholique. Pour obtenir des aveux ou encore la dénonciation de complices, tous les moyens sont bons, même la torture. Au terme de cette enquête, les accusés reconnus coupables d'hérésie sont désignés comme des ennemis de la chrétienté. Remis aux autorités civiles, ils sont condamnés à la prison ou au bûcher.

hérétique Personne qui défend des croyances contraires à celles que l'Église enseigne.

6.40

Tribunal de l'Inquisition présidé par saint Dominique, fondateur des dominicains. Tableau de l'Espagnol Pedro Berruguete, fin du 15ᵉ siècle.

La prédication est un enseignement public de la religion. Elle a pour but de dénoncer les fausses croyances, de lutter contre les vices et d'indiquer aux croyants les façons de trouver leur salut. Grâce aux ordres mendiants, la prédication sort des églises : sur les places publiques, aux carrefours des villes, des foules nombreuses viennent écouter les nouveaux prédicateurs. À la différence de la messe, dite en latin, la prédication se fait en langue vulgaire ; elle peut donc être comprise par tous. La leçon peut durer plusieurs heures. Pour garder l'attention de son public, le prédicateur use de tous les moyens à sa disposition : il gesticule, il mime, il montre des objets, il raconte même de petites histoires inspirées de la vie quotidienne. Certains prédicateurs connaissent un tel succès que les autorités des villes paient très cher pour s'assurer de la venue d'un prédicateur célèbre durant le **carême** ou à l'occasion des grandes fêtes religieuses.

carême Période de quarante jours qui précède Pâques, la plus importante fête chrétienne.

CITOYEN, CITOYENNE

Des institutions qui répondent aux besoins

Les sociétés s'ajustent au fil du temps et des courants de la pensée humaine. Les écoles et les universités sont maintenant prises en charge par l'État, qui a pour mission de rendre l'éducation accessible à tous. Le grand commerce du Moyen Âge est devenu la mondialisation des échanges. Les quelques banques qui finançaient les commerçants feraient aujourd'hui partie d'un important réseau international d'institutions financières. Les transactions bancaires se font à présent à la vitesse de la lumière par fibres optiques. Des institutions publiques comme les gouvernements fédéral et provinciaux réglementent et supervisent ces échanges internationaux. De plus, les préoccupations des communautés, notamment l'environnement ou les conditions de travail, ont aussi fait apparaître une foule d'institutions publiques, comme les syndicats, les tribunaux du travail ou le ministère de l'Environnement. Toutes ces institutions mises de l'avant par des citoyens qui visent le mieux-être de leur collectivité témoignent du fait que l'action humaine peut modifier et améliorer l'organisation des communautés. Ton défi est donc de mieux connaître ces institutions pour trouver comment jouer toi aussi un rôle déterminant dans la communauté.

Questions citoyennes

❶ Énumère des institutions publiques de ta communauté.

❷ Explique comment les adultes de ta communauté s'impliquent dans les institutions publiques.

❸ Décris l'institution publique que tu aimerais fonder et explique dans quel but.

Action citoyenne

S'impliquer pour connaître

Recherche dans ta communauté une institution publique où tu pourrais te rendre utile avec tes camarades.

Opinion citoyenne

Certaines institutions sont-elles dépassées ou inutiles ?

Les pratiques populaires

Pourquoi les prédicateurs sont-ils si populaires? À cause du climat d'insécurité. Au 14ᵉ siècle, les guerres, les famines et la peste qui frappent l'Europe sont considérées par plusieurs comme des punitions de Dieu. Pour apaiser la colère divine, il faut donc avouer ses fautes, prier, faire pénitence et participer à des pèlerinages.

Ainsi, les gens se tournent vers des protecteurs puissants, capables d'intervenir auprès de Dieu. La ferveur populaire va à Marie, la mère du Christ, car on croit que Jésus ne peut rien refuser à sa mère. On lui adresse des prières, on fait des pèlerinages vers les lieux de culte qui lui sont dédiés.

6.41
La Vierge de Miséricorde protège les chrétiens sous son grand manteau. Tableau de Jean Miralhet, vers 1422.

6.42
Reconstitution d'un
reliquaire médiéval.

Les populations demandent aussi l'aide des saints qui ont la réputation de protéger de certaines maladies ou de les guérir. On invoque saint Lazare contre la lèpre, mais on demande à saint Sébastien sa protection contre la peste. Plusieurs croient que celui qui regarde une image de saint Christophe en commençant sa journée sera épargné d'une mort subite.

Lorsqu'un grand danger, comme un incendie, pèse sur toute la ville, il arrive que le clergé, avec l'aide des autorités locales, organise une procession en l'honneur du patron du bourg. Les fidèles défilent dans les rues en portant les **reliques** du saint, conservées dans un magnifique coffret richement orné, le reliquaire.

Certains fidèles plus excessifs, les flagellants, se regroupent pour s'imposer en commun des punitions spectaculaires. Leur pénitence, la **flagellation** publique, et leur grande dévotion attirent un grand nombre d'adeptes. L'Église condamnera rapidement cette forme d'automutilation.

Passe à l'action

Organiser un pèlerinage
À l'aide d'une carte, établissez le trajet d'un pèlerinage partant de votre école vers un lieu saint du Québec.

relique Restes ou ossements du corps d'un saint, ou objet lui ayant appartenu ou qu'il a touché, et auxquels les croyants rendent un culte.

flagellation Action de se flageller, d'infliger des coups de fouet, à soi ou à autrui.

FAIRE L'HISTOIRE

Étudier les monnaies

La numismatique, du grec *numisma* « monnaie », se définit comme la science des monnaies. Les numismates se passionnent pour la fabrication des pièces, leur circulation et leur aspect. Selon leur champ de recherche, ils étudient aussi d'autres instruments de paiement, comme les lettres de change, les jetons, les billets de banque et même les cartes de crédit.

HISTOIRE EN ACTION

Dessine une pièce de monnaie et explique en quoi elle est représentative de tes valeurs.

L'histoire de la monnaie remonte à l'Antiquité. C'est en Grèce, au 7e siècle avant Jésus-Christ, que les premières pièces sont frappées. Cependant, la numismatique demeure longtemps le domaine des amateurs, n'accédant au rang de science qu'à partir du 19e siècle. Grâce à la photographie, les chercheurs disposent de représentations beaucoup plus exactes que de simples dessins. L'identification et la comparaison des pièces de monnaie deviennent ainsi beaucoup plus fiables.

Les numismates collaborent souvent avec d'autres spécialistes de l'histoire, notamment avec des archéologues, des historiens et des historiens de l'art. Ils travaillent à partir de collections déjà constituées, qu'ils trouvent dans les musées, les bibliothèques ou encore les banques. Les numismates ont parfois la chance de participer à des fouilles archéologiques. Ils obtiennent alors

6.43
Conservateur-numismate au travail. Musée de la Monnaie, Ottawa, Canada.

de précieuses informations quant au lieu et à l'époque où la monnaie était utilisée. Ces spécialistes de la monnaie offrent aussi des services d'expertise : ils vérifient l'authenticité d'objets de nature monétaire, ou encore ils évaluent leur valeur marchande comme pièces de collection.

Comment la numismatique contribue-t-elle à l'histoire ? Les monnaies fournissent une foule de renseignements sur les sociétés du passé. Ainsi, elles livrent de l'information sur l'histoire politique d'une région et d'une période données : Quelles ont été les conquêtes de l'empereur romain Trajan ? Combien d'années l'empereur byzantin Constantin V a-t-il régné ? Quels étaient les emblèmes de la royauté française au 14e siècle ? La présence d'une monnaie en de nombreux endroits, à une même époque, peut révéler l'existence d'une route commerciale. Les pièces portent aussi des symboles religieux, elles parlent des goûts artistiques. Les motifs frappés sur leurs côtés, avers ou revers, permettent de connaître l'apparence d'un personnage important ou encore d'un monument ancien aujourd'hui disparu. Tu n'as qu'à examiner un billet de banque pour découvrir des symboles de l'identité canadienne, des personnages et des monuments qui rappellent l'histoire du Canada, des animaux ou des plantes emblématiques, et bien d'autres renseignements encore !

Afin de reconstituer l'histoire des monnaies, le numismate essaie d'établir des séries de pièces. Pour examiner les pièces ainsi que les objets qui ont servi à frapper ces pièces, le chercheur dispose d'outils de pointe : microscope, balance électronique, ordinateur, procédés utilisant la radioactivité, etc. Ces méthodes donnent des indices sur l'usure et le poids des pièces et livrent aussi de nombreux secrets sur la composition et la fabrication des pièces, et des billets : les métaux et leur provenance, les techniques de métallurgie et de frappe, les types de papiers et les méthodes d'imprimerie. L'étude des motifs et du texte que porte la face des monnaies facilite aussi leur datation.

La numismatique n'est pas seulement une profession, c'est aussi un passe-temps que pratiquent de nombreux collectionneurs depuis le 15e siècle. Les premiers connaisseurs, des érudits passionnés d'histoire, appréciaient les monnaies antiques parce qu'elles donnaient un visage aux grands événements décrits dans les manuscrits. De nos jours, la collection de monnaies et de billets de banque est un loisir à la portée de tous. Peux-tu imaginer tout le chemin parcouru par une pièce ou un billet ?

6.44

Hyperpère en or de Manuel 1er Comnène, empereur byzantin au 12e siècle. Les pièces de monnaie constituent les artefacts les plus fréquemment découverts par les fouilleurs de sites médiévaux. Du 4e au 12e siècle, la monnaie byzantine représente une monnaie sûre pour le grand commerce. Elle circule de la Chine à l'Espagne, de la mer du Nord à l'Égypte.

6.45

Un frappeur de monnaie.

EN CONCLUSION

TON **RÉSUMÉ**

Rédige un court résumé de ce que tu viens de découvrir concernant l'essor urbain et commercial au Moyen Âge. Pour établir ton plan de rédaction, consulte la ligne du temps afin de noter les événements marquants, les cartes afin de repérer les éléments géographiques importants et la table des matières pour te rappeler les grandes thématiques traitées dans ce dossier.

MOTS ET CONCEPTS CLÉS

bourgeois	hérétique
capital	lépreux
charte	musulman
comptoir	pèlerinage
dauphin	quarantaine
droit canon	saint patron
foire	salubrité
grand commerce	souk
gueux	urbanisation

! Aide-mémoire

- **Bourgeois :** Habitants d'un bourg, d'une ville. À la fin du Moyen Âge, les plus riches contrôlent entre autres le grand commerce.
- **Capital :** Argent, fonds, fortune.
- **Comptoir :** Établissement de commerce fondé par une compagnie ou un État dans un pays éloigné.
- **Grand commerce :** Il s'agit d'échanges de quantités importantes de biens, et ce, non seulement à travers l'Occident, mais aussi avec l'Afrique et l'Orient.

TON **PORTFOLIO**

- Raconte ta perception du Moyen Âge et explique comment cette période de l'histoire a influencé ta vie et celle de ta communauté.
- Note ce que tu retiens de la démarche d'enquête : la méthode historique, l'analyse de carte, et la collecte, l'organisation et le traitement des informations. Quels aspects vas-tu améliorer à l'avenir et comment t'y prendras-tu ?

TES TRAVAUX PRÉPARATOIRES

Prépare-toi au prochain dossier, *Le renouvellement de la vision de l'homme*, le premier de ton manuel 2 d'*Histoire en action*. Effectue les recherches suivantes :

- Trouve des inventions et des œuvres qui ont marqué le 20e siècle.

- Établis une liste de créateurs et de scientifiques connus de ton époque.

- Note la définition des mots suivants : humanisme, liberté, réforme, Renaissance, Shogun.

- Informe-toi du rôle qu'ont joué les personnages suivants : Christophe Colomb, Calvin, Descartes, François 1er, Gutenberg, Léonard de Vinci, Luther, Michel-Ange, Pascal.

INDEX

A

Abbaye 191
Acropole 86
Afrique du Nord 172, 192
Agriculture 4, 15, 17, 20, 45, 51-52,
   91-93, 134-136, 175-177
Aïn Gev, Site de 11
Al-Yaqubi 219
Alexandre le Grand 109, 147-149
Alexandrie 138-139
Alimentation 21, 179
Angleterre 221
    Autorité royale 238
    Élevage 221
    Production drapière 222-223
Antiquité 38, 78, 138
Arabes 219
Arabie 172, 192-193
Archéologie 34, 35
Architecture mauresque 172
Aristocratie 105
Aristote 103
Artisans 22-23, 25, 60-61, 94-97,
   141-142, 180, 183, 220-221, 223
Assolement 92, 177
Assyriens 70
Athènes 77-116
Auguste 139, 148
Autarcie 135
Averroès 195

B

Babylone 70, 72
Bagdad 218, 219
Barbares 107, 126, 162-163
    Francs 166
    Germains 162-163
    Hongrois 166
    Huns 163
    Invasions 163
    Ostrogoths 162
    Vandales 162
    Vikings 167
Berbères 219
Bologne 194, 216
Bosphore 231
Bouddha 153
Bouddhisme 153
Boukhara 192
Bourg 215
Bourgeoisie 232-233, 239
Bretagne 128
    Climat 128
    Ressources naturelles 128
Bretons 127
Bronze 61-62
Bruges 225-226

Byzance 162
Byzantin 190

C

Cadastre de Dunghi 51
Caracalla 144-145
Carthage 124-126, 138-139
Çatal Höyük, Village de 14, 27,
   32, 33
Cathédrales 180-182, 201
César 128, 148-149
Chalain, Village sur pilotis de 14, 27
Champollion, Jean-François 74-75
Charlemagne 162, 166
Charte 224, 239
Château 168, 173
    au Moyen Âge 171
    de Caerphilly 171
    Défense 170-171
    fort 169-171
Chevalier 187-188
Chine 12, 58, 71, 224
    Cérémonies religieuses 146
    Dynastie des Qin 127
    Empereurs 149
    Empire des Han 146
    Grande Muraille de 127
    Habitations 12
    Poterie 62
    Religions 153
    Routes de la soie 140
Chrétiens 190
Christianisation de l'Occident
   157-202
Christianisme 151-152, 164, 190
Cicéron 145
Cités-États 67-68, 85, 100, 240
Citoyen 100-103, 143-145
Civilisation 37-76
Clovis 165
Cluny 191-194
Code d'Hammourabi 66, 68
Colisée 153-154
Colonisation grecque 90
Commerce 53-54, 56, 98-99, 137,
   139, 220-231
Confucianisme 153
Confucius 146, 153
Constantinople 162, 190, 218, 224,
   231
Convention sociale 57, 69
Coran 193
Cordoue 172, 184, 195
Croisades 197-198
Croissant fertile 10, 42
Croyances religieuses 31-32, 72-74,
   110-111, 151, 241, 244-245

D

Danemark 221
Darius 106, 108
Déesse-mère 32-33
Démocratie 77-116
Division du travail 26-28
Domestication des animaux 18-19
Dragon 62
Droit romain 143-145, 147
Droits seigneuriaux 176

E

Écriture(s) 51, 56-60, 74-75
Église 174
    Abbaye 191
    Architecture religieuse 200-201
    Cathédrales 180-182, 201
    Clergé 191-194
    Croisades 197-198
    Dîme 194
    gothique 200-201
    médiévale 190
    Monastères 194, 200-201
    Ordre clunisien 194
    Ordres religieux 191-194
    Organisation 190
    Pouvoir 194
    romane 200-201
    Tribunal de l' 242
Égypte 55, 58-59, 70, 124-126, 135-
   136
    Climat 128
    Hiéroglyphes 74-75
    Ressources naturelles 128
Empire 127
    assyrien 70
    babylonien 70
    byzantin 162, 231
    d'Akkad 70
    d'Hammourabi 70
    d'Occident 166
    des Gupta 127, 146
    des Han 146
    perse 88, 99, 107-108
Empire romain 117-156
    d'Occident 150, 162, 163
    d'Orient 150, 162, 163
Énée 123
Esclaves 64, 97, 100-102, 143-145,
   226
Espagne 172, 184, 196-198
    Mosquée de Cordoue 184
    Musulmans 172, 192-193
    Reconquista 198
État 135
Euphrate 42, 43, 44

F

Famille 26, 64-67, 100-102, 143, 186
Flandre 221, 222-223, 224-226
Forteresse de Yoros 231
France 209, 224-226
    Capétiens 209-211
    Guerre de Cent Ans 210
    Institutions de la monarchie 238
    Langue vulgaire 235
    Pouvoir royal 236
    Royaume de 209-211

G

Gaule 124-126, 128, 134
Gênes 226
Gilgamesh 68
Glaciations 7-8
Grèce 246-247
Grèce antique 77-116
    Acropole 86, 97
    Agriculture 91-92, 93
    Aménagement de la ville 86-97
    Approvisionnement en eau 83
    Architecture 97
    Artisans 94-95
    Cités-États 85, 100
    Citoyens 100-102
    Climat 83
    Colonisation 90
    Commerce 98-99
    Construction 97
    Démocratie 104-106, 109
    Droits des femmes 101-102
    Esclaves 100-102
    Famille 100-102
    Guerres médiques 107-109
    Habitations 89
    Hiérarchie sociale 100-102
    Institutions 105
    Métallurgie 96
    Métèques 100-102
    Non-citoyens 102
    Philosophie 112-113
    Population 85
    Poterie 95
    Régime politique 104-106
    Religion 110-111
    Ressources naturelles 84
    Territoire 88
    Textiles 94-95
Grenade 172, 198
Guerre de Cent Ans 210
Guerre du Péloponnèse 114
Guerres médiques 108
Guilde 183
Gupta 149, 153

H

Habitations 11-13, 45-46, 89,
    131-134, 217

Hadrien 126, 147
Hambourg 225-227
Hammourabi 68, 70
Hanse 225-226
Harappa 49
Hérodote 114
Hiérarchie sociale 28-29, 64-65, 100-
    102, 143-145, 186-188, 232-234
Hiéroglyphes 74-75
Hindouisme 153
Historiens 114-115
Hittite 55
Hongrie 166-167, 221
Huang he 44

I

Identité sociale 24, 27, 30, 169,
    196, 199
Inde 146
    Empereur 149
    Religions 153
Indus 44
Inquisition 242
Institutions 104, 105, 130, 133, 235,
    237-239, 243
Invasions « barbares » 163, 165-167
Irrigation, Système d' 45
Islam 162, 192
Istanbul (voir Constantinople)

J

Jachère 177
Jeanne d'Arc 210
Jérusalem 150, 152, 196-198
Jésus 151-152
Judaïsme 153
Juifs 150, 212, 234
    Persécution des 236
Justice 66

L

La Mecque 192-193
Laozi 153
Légionnaire 125
Lois (règles) 69
Londres 225-226
Lübeck 225-226
Lusitaniens 127

M

Macédoniens 109
Mahâbhârata 146
Mahomet 192-193, 196-198
Mallaha, Village de 11-12
Marathon 78, 107
Marseille 212
Massalia 90
Mégalithe 24
Mésopotamie 37-76, 150
    Administration 69

Agriculture 45, 51-52
Alimentation 51-52
Aménagement de la ville 48
Artisanat 60-61
Cités-États 67-68
Climat 43
Commerce 53, 54, 56
Croyances religieuses 72-74
Divinités 72-74
Échanges 50
Écriture 56-57
Élevage 52
Empires 70
Esclaves 64, 66
Famille 64, 65-67
Habitations 45-46
Hiérarchie sociale 64-65
Importation 61
Justice 66
Métallurgie 61
Outils 50-51, 61
Pétrole 43
Peuples 45
Port de 53
Poterie 62
Pouvoir royal 67-68
Propriété de la terre 51, 52
Relief de la 43
Ressources naturelles 42-43
Textiles 62-63
Ville 47
Mille et Une Nuits 189, 229
Minéraux 21
Modélisation 154-155
Moissac 182
Monastères 166-167
Monnaies 246
Monothéisme 151-152
Moyen Âge
    Agriculture 175-176, 177
    Alimentation 179
    Artisans 180, 183, 220, 221, 223
    Cathédrale 180-182, 201
    Chevalier 187-188
    Cité-État 240
    Climat 211-213
    Commerce 220-231
    Communautés religieuses 241-243
    Conflits armés 213
    Construction 175-176, 180-182
    Corvée 176
    Croisade 196-198
    Défrichements 175-176
    Droits seigneuriaux 176
    Église 179, 180-182
    Épidémies 211-213
    Esclaves 226
    Exclus 234-236
    Famille 186
    Famines 211-213
    Guildes 183
    Habitation urbaine 217

Hiérarchie féodale 186, 187-188
Hiérarchie sociale 232-234
Hôpital 234
Innovations techniques 177-178,
    222-223
Institutions 235, 237, 239
Métallurgie 177-178
Monastères 180-182
Nobles 232
Ordres mendiants 241
Organisation sociale 185
Outils 177-178
Paysans 175-176, 186, 232
Pèlerinage 196-198, 244
Persécution des juifs 236
Peste 211-213
Population 175-176, 213
Pouvoir royal 209, 236
Pratiques religieuses 241, 244-245
Production textile 221, 222
Pyramide sociale 188
Routes commerciales 227-228
Royaumes 208-209
Seigneurie 175, 176, 185
Universités 194
Urbanisation 218-219
Vassalité 185-186
Musulmans 172, 184, 196-198, 229
    Architecture 172
    Contes 189
    Mosquée 193
    Pèlerinage 193
    Présence en Espagne 172
    Science des 195
    Villes 172

N

Nabuchodonosor II 72
Nalanda 153
Naqsh-e Rostam 106
Néolithique 2, 6
    Agriculture 4, 15, 17, 20
    Alimentation 11, 21
    Animaux sauvages 10
    Climat 6, 15
    Croyances religieuses 31
    Division du travail 26
    Élevage 4, 17-20
    Exploitation des minéraux 21
    Famille 26
    Foyers d'agriculture 4
    Foyers d'élevage 4
    Habitations 11-13
    Hiérarchie sociale 28, 29
    Métaux 25
    Mines 23
    Outils 15, 16
    Population mondiale 9
    Poterie 22-23
    Villages 2, 11-12, 20
Néron 152

Nil 44, 128
Ninive 52
Nippur 47
Noble 233
Nomades 2, 6, 10, 26
    Armes des 6
    Cueillette 6
    Outils des 6
    Pêche 6
Normands 167
Novgorod 225-226
Numides 127
Numismatique 246-247

O

Obélisque 75
Occident
    chrétien 164, 174
    Christianisation de l' 157-202
    Démographie 166, 167
    Dynastie franque 166
    Empire carolingien 166
Oligarchie 105
Orthodoxie 190

P

Paléographie 74-75
Paléolithique 2, 6, 7, 15, 26
    Climat 7
    Croyances religieuses 31
    Division du travail 26-27
    Hiérarchie sociale 28
Palestine 150, 196-198
Papyrus 74-75
Paris 167, 194, 216
Parthénon 97
Patricien 144
Péloponnèse 109
Pépin le Bref 166
Périclès 104
Persépolis 88
Perses 107-109, 114
Peste 211-213
Philippe Auguste 211
Philosophie 112-113
Pictogrammes 58-59
Plan 200-201
Platon 195
Plébéiens 147
Plimpton 59
Pline l'Ancien 145
Pnyx 96, 105
Polythéiste 72-74
Port du Pirée 98-99
Pouvoir 67-68, 104-106, 148-149,
    209, 236
Préhistoire 2
Pythagore 112-113

Q

Qadesh 55

R

Rawlinson, Henry 75
Reims 210
Remus 123
Romanisation 117-156
Rome 122, 195, 196-198
    Agriculture 134-136
    Aménagement de 130
    Aqueduc 129, 131-132
    Armée 119, 125
    Artisanat 141-142
    Christianisme 151
    Chute de 150, 162
    Citoyenneté 144-145
    Climat 122
    Commerce 137, 139
    Croyances religieuses 151
    Démographie 127, 131-132
    Divinités 151
    Droit 143-145, 147
    Empereur 147, 149
    Empire 126
    Emplacement de 122
    Esclaves 143-145
    Expansion de 123, 124-126
    Famille 143
    Fondation légendaire de 123
    Géographie 122
    Guerres civiles 163
    Habitations 131-132
    Hiérarchie sociale 143-145
    Importations 136
    Institutions 130, 148
    Invasions « barbares » 162, 163
    Langue de 145
    Métallurgie 141-142
    Mines 141-142
    Peuples 127
    Plébéiens 147
    Production agricole 134-136
    Régime politique 148-149
    République de 147-149
    Techniques agricoles 136
    Territoire 122-127
    Villes 129, 132-133
    Voies de communication 138
Romulus 123
Rosette 74-75
Routes de la soie 140

S

Saint-Jacques-de-Compostelle 196
Sargon d'Akkad 70
Sarrasins 166-167
Scandinavie 167
Sceau 60, 74
Schisme d'Orient 190
Sédentaires 6
    Agriculteurs 17
    Vie sociale des villages 26

Sédentarisation 2-36
Seigneurie médiévale 175
  Chefs militaires 185
  Fief 185-186
  Liens de vassalité 185-186
  Protection du seigneur 185
Sémites 45, 150
Séville 172
Shang 71
Socrate 112
Sparte 85, 87, 101, 109
  Agriculture 92
  Citoyens 101
  Femmes 101-102
Sumer 67, 68, 70
Sumériens 45
Suse 99
Syracuse 90

T

Tacite 145
Taoïsme 153
Taygète 82
Terre sainte 198
Territoire 9-10, 42-44, 88, 122-127

Textile 62-63, 94-95, 220-223
Thalès de Milet 112-113
Théodose 152, 163
Thésée 87
Thucydide 114
Tigre 42-44
Timgad 132, 133
Tolède 195
Tombouctou 218-219
Trajan 149, 247
Tribunal de l'Inquisition, 242
Tyrannie 105

U

Ur 60, 73
Urbain II 197-198
Urbanisation 134-136, 214-215
Uruk 68

V

Vassal 185-186
Venise 212, 226, 240
Vercingétorix 128
Vikings 167
Village(s) 2, 6
  Aménagement du 14

de Çatal Höyük 14, 27, 32, 33
de Chalain 14, 27
de Mallaha 11, 12
en Mésopotamie 45
fortifiés 16
médiéval 173
néolithique 2, 11-12, 20, 29
Vie sociale des 26
Villes médiévales 214
  Aménagement des 215
  Développement des 214
  Fortifications 215-216
  Hiérarchie sociale 232-234
  Population 215
  Université 216
Ville(s), Premières 40
  mésopotamienne 47-49
Virgile 145
Voltaire 114-115

X

Xénophon 101, 113

Z

Ziggourat 73

CRÉDITS DE PHOTOS